実践する 自転車まちづくり

役立つ具体策

古倉宗治

学芸出版社

はじめに
〜今こそ地に足が着いた自転車政策の推進を図るとき

　自転車利用の推進を国民的な課題として取り上げる時期が到来している。東日本大震災ではクルマに依存する社会の脆弱性が明確になり、これに代わりガソリンを必要としない自転車が大量に活用された。また交通政策基本法が2013年11月27日に成立し、国が国全体の交通政策をしっかりと見直して体系化することが求められるようになった。このなかで、災害発生時の的確な対応、環境負荷の低減、各交通手段の適切な役割分担、連携・協働による施策の推進などを図ることが定められた。自転車はまさにこれに寄与する重要かつ多様な役割を担うことが期待されている。

　一方、健康対策、少子高齢化対策、財政対策など国レベルでの重要な施策が目白押しに出てきているが、前著『成功する自転車まちづくり』で明らかにしたように自転車利用の推進はそれらの重要課題にも大いに貢献する横断的な施策となりうるものである。

　さらに、自転車施策の要としての走行空間のネットワーク形成を図るための画期的な「安全で快適な自転車利用環境創出ガイドライン」が2012年11月に策定され、従来の歩道中心を排し、車道に走行空間を確保する具体的な方策が打ち出された。このような大きな変化を受けて、自転車利用を施策として重要視する機運が高まってきている。

　そこで本書は、自転車施策の実践に携わる人たちのために、自転車施策を、的確な自転車計画や自転車ネットワーク整備などを通じて、実際にどのようにして実現するのかについて、具体のあり方を述べるとともに、主として安全対策、走行空間整備や利用促進策など各論ごとの具体策を述べることにした。特に内外の事例、データなどを示し、現場で役立つことを目ざした。

　第1部では、自転車政策にかかる重要課題である走行空間について最新

の事故の実態のデータから歩道通行の危険性などを明らかにし、次いで、国土交通省（以下「国交省」）・警察庁の走行空間創出のガイドラインを活かした整備のあり方を提案するとともに、走行空間と併せて自転車空間の2本柱である駐輪空間のあり方を最近のデータから提示する。

第2部では、第1部のハード的な施策と併せて総合的に実施すべきソフト施策としてのルールとマナーの学習・啓発の新しいあり方、高齢者社会を迎えて多くの人が避けて通るがますます必要性が高くなる高齢者の自転車利用推進のあり方、観光における自転車の総合的な活用、さらにオリンピックに向けた整備など、さまざまなテーマについての方策を提示する。

第3部では、これらを踏まえて、総合的な自転車計画の策定とネットワークの整備の具体のあり方を提案するとともに、第4部では我が国が参考とすべき欧米の最新施策を紹介する。外国の事例を部分的に取り入れても巧くいかないことが多い。ここでは自転車の優先の位置づけ、総合的な取り組みなどしっかりとした総論とこれに基づく体系的な施策の考え方やあり方を学んでいただきたいと考えている。

すでに、我が国の自転車利用のレベルは、先進国と比較しても低くはない。しかし、単純に自転車の利用が多いからよいというものではない。実態は、根強いクルマ依存型の地域社会、改善しないルールとマナー、向上しない交通安全、安全であると誤解されている歩道通行の危険性、自転車走行空間の確保を難しくする道路空間の狭さなど多数の解決すべき大きな問題を抱えている。

自転車利用への追い風が吹いているが、クルマ依存型の社会で利便性の高い生活水準を享受している人びとに対して、腰の据わらない中途半端な、そして、他の公共団体と横並びで採用されるような自転車施策は脆弱であることを、まず認識をしていただきたい。今こそ地域特性に応じたオリジナルで、かつ地に足が着いた取り組みが求められているのである。

なお、前著『成功する自転車まちづくり』は、体系的かつ総合的な視点から主として自転車政策や自転車計画など総論的な施策のあり方を提示し

ている。本書はこの前著と併せて活用されることを前提としている。

　本書が自転車施策に携わる方々、自転車を利用してさまざまな施策を推進しようとされている方々、自転車利用のそのもののあり方を考えたい方々などに幅広く活用され、安全・快適・迅速な自転車利用の増進に寄与することができれば望外の喜びである。

　なお、本書の内容の基礎となっているアンケート調査などを含めた各種の調査やさまざまな研究のデータなどについては、国、地方公共団体、(公財)自転車駐車場整備センターなどの調査研究を援用させていただいている。特に、(公財)自転車駐車場整備センターには、さまざまな調査研究を通じて、多大なご支援・ご協力をいただいた。心から感謝申し上げたい。また、大学や研究機関などの研究者などの研究成果に基づいて、内容を構成させていただいている部分も多い。さらに、12年以上にわたり毎月継続して自転車先進諸国の自転車政策について連載・紹介させていただいている「自転車・バイク・自動車駐車場　パーキングプレス」の森井博代表はじめ皆さん方にも、世界の自転車政策の調査研究に当たり、継続的なご支援・ご協力をいただいている。その成果の相当部分が本書に活かされている。改めて大きな感謝を申し上げたい。さらに、自転車に関する調査研究を長期にわたり日夜ご一緒させていただいているプラネットフォーの佐藤利明氏、吉川泰生氏などにも心から謝意を表する次第である。

　最後に、本書の執筆に当たっては、学芸出版社の前田裕資氏に言葉には尽くせない多大なご支援とアドバイスをいただいた。その貴重なご支援やアドバイスがなければ、本書は成立しなかったと考えており、心から謝意を申し上げたい。また、校正やデザインをご担当いただい村角洋一氏のご尽力にもお礼申し上げたい。

2014年6月1日

古倉　宗治

目　次

はじめに ～今こそ地に足が着いた自転車政策の推進を図るとき …………………… 3

第1部　走行空間・駐輪空間の整備のポイント ………… 13
徹底して自転車利用者にやさしい環境整備を行う

第1章　最新データからわかってきた危険箇所と対策 …………… 14
～車道で自転車がひっかけられる事故はきわめて少ない～

1　歩道通行に頼ってきたツケ　　14
自転車が通行できる歩道は大幅に拡大 / 自転車事故の防止のための空間確保対策としての歩道整備 / 歩道通行の「推進」によるさまざまなマイナス

2　事故は裏道や脇道の交差点が圧倒的に多い　　18
自転車事故は交差点の割合が他の事故よりも2倍も高い / 事故の件数の多い順を明確に認識する / 事故が1番多い裏道の交差点では出会い頭事故を防ぐ / 事故が2番目に多い脇道の交差点は、車道から右側通行自転車の進入が最悪 / 事故が3番目に多い幹線道路の交差点では左折巻き込みが多い / クルマの動静に注意し車道から左側通行で交差点に進入すること

3　単路では歩道空間の方が車道空間よりも危険である　　24
歩道上の事故件数は対クルマの方が対歩行者より9倍も多い / 左側通行の自転車が車道上で後ろからひっかけられる事故は少ない / 歩道のある道路での車道通行の比率は低くない / 車道上のひっかけ事故は死亡割合が高いので危険なのか / 歩行者にとっても歩道がもっとも危険である / 歩道通行割合が高い人ほどルールに無関心または知っていても守らない

4　車道で自転車専用空間を確保できる幹線道路は少なくない　　31
車道で自転車専用空間を設けることに対する抵抗感が根強い / 本当に自転車空間はないのかを検討する / 大多数が歩道上の整備になってしまう現実を直視する / 沿道や関係機関との調整が大半の原因である / 車道上の空間確保は自転車の位置づけを明確にすることが必要

第2章　国交省・警察庁のガイドラインを活かす ……………… 35

1　「歩道通行の原則」から「車道通行の原則」へ進化　　35

2　国交省・警察庁のガイドラインの三つの特徴　　38

3　車道上で行政が自転車を保護し、バックアップする　　43
　　車道は怖いという直感を払拭する / 自転車ネットワーク地図を作成する

4　矢羽根印の路面表示の効果は絶大　　46

5　安全確保の看板や路面表示を徹底的に設ける　　49
　　自転車利用者にやさしい標識や路面表示で走行空間を確保する / 自転車の走行に関する標識や路面表示はクルマに対するものと考える / 車道を通行できる安心感を自転車に与えるよう配慮する

6　自転車道、自転車専用通行帯（レーン）、車道での混在の選択手順　　53
　　今までの空間整備の手法との違いを活かした空間整備が必要 / 自転車道と自転車専用通行帯のどちらを目ざすべきか

7　自転車専用通行帯の活かし方　　56
　　自転車専用通行帯のマイナス点のカバー / 交差点でも自転車専用通行帯を設けるようにすべき / 自転車利用者は自転車専用通行帯での自動車の駐車に神経質にならない

8　自転車道の活かし方　　61
　　自転車道は、一方通行にして、追越しや交差点処理ができるようにする / 幅員の広い自転車歩行者道において自転車道の設置を検討する

第3章　放置対策から顧客重視の自転車駐輪政策へ　　66

1　曲がり角にある放置対策　　66
　　全国の駅前自転車放置台数は大幅に減少している / 買い物の利便性などを考慮した自転車駐車政策へ / 放置対策としての撤去の効果が相対的に低くなっている

2　国交省の自転車駐車場ガイドラインを活用する　　73

3　自転車利用者の意向を十分に見抜いた対策に　　76
　　顧客重視・サービスのあり方重視 / 駐輪したいと思う箇所での駐輪空間の提供 / 利用者の意向を反映した適切な利用料金の設定 / 適正な料金の格差や特別なスペースの設定は利用者の意向を踏まえる

4　公共交通との連携のための駐輪場の質の向上　　85
　　公共交通との連携を目ざす先進国の自転車駐車場 / 我が国でも進んできた公共交通との連携

第2部 利用促進策のポイント ……… 89
安全快適な自転車利用を拡大するためには

第4章 子どもや市民への啓発・学習にはインセンティブが必要 …… 90

1 自転車利用者に直接役立つ内容へ　90
事故件数の多い箇所から順番に教育する / ルールの徹底はそのルールの根拠を明示して理解してもらう / ルールを守ることが自分を守ることであることを理解させる / ルールを守らないとその責任は重い / 違反者は酷評されていることを強調する / 利用促進や駐輪の啓発も行う

2 有効な自転車講習のための工夫　99
受講機会の少ない層に機会を設ける / 受講機会は重点的・機動的に設ける / 企業・学校・地域と連携する

3 さまざまな安全教育の方法を考える　108
現場・車道での実践教育 / 家族へ学習内容を伝播する / 親と子どものセットでの学習 / 世代間で自転車の安全ルールの教育を行う

4 クルマ利用者に対するルールとマナーの講習　110
クルマにも講習が必要 / クルマ側に自転車の車道走行への理解を促す / 自転車安全教室の講習会でクルマ側が注意すべき内容を含める

第5章 自転車は高齢化社会の最高の移動手段 ……… 113

1 高齢化社会のコンパクトなまちづくりに自転車を活かす　113
コンパクトなまちづくりでクルマ依存率が劇的に減るか / クルマ依存率の削減には自転車の活用が鍵 / 高齢化社会を支える自転車

2 高齢者も意外と自転車を使っている　116
自転車利用者の年齢別構成では高齢者が主役 / 利用頻度も高齢者が成人の年齢層ではもっとも高い / 高齢者は買い物目的の自転車利用が多い

3 高齢者の多くは5km以上まで自転車で行ける　119
高齢者も自転車で5km以上の距離を行くことができる / 高齢者が徒歩で行ける距離はきわめて短い

4 高齢者に自転車を使ってもらうメリット　121
高齢者の医療費・介護費の削減 / 高齢者が自転車を利用することで自ら受けるメリット

5 高齢者の自転車事故件数は多くはない　*125*
　　世間の見方と事故の実態にはかい離がある / 自転車運転とクルマの運転の危険性は違う

6 高齢者の安全・快適な自転車利用のためにすべきこと　*128*
　　高い死亡重傷率に対しては 3 本柱を推進 / 高齢者に容易な走行空間と駐輪空間の整備を

7 高齢者に自転車ライフプランを提示する　*135*
　　50 歳代以前からのライフステージ別の自転車への転換プラン / 年代別の自転車タイプの提案 / 自転車で高齢者が移動できる地域の形成 / 財政改善のための重点施策として実施

第 6 章　自転車は観光の新しい切り札　*139*

1 自転車の観光への活用はポイントを押さえる　*139*

2 観光のための自転車利用者の空間的サポート　*141*
　　ネットワークによる系統的なルートの設定 / 観光客向けのおもてなしとして質的レベルの高い空間設定を行う / 広く利用者参加型により愛称・ルート名称を決定する

3 自転車利用のための情報提供　*144*

4 レンタサイクル、コミュニティサイクルの提供　*147*
　　レンタサイクル / コミュニティサイクル / レンタサイクルやコミュニティサイクルを系統的に提供する

5 持込み自転車ユーザーへの配慮　*150*
　　観光地までの自転車の持ち込みが容易になる方策を用意する / 旅館、店舗、施設などでの特別な配慮

6 自転車による観光イベントの類型と課題　*154*
　　自転車による観光イベントの類型 / 自転車による観光のための必要な環境整備

7 観光を介して自転車利用への転換につなげる　*159*
　　観光客の自転車利用から地域住民の自転車利用へ / 観光でのここちよい自転車利用の体験は日常の自転車への転換を促す

第 7 章　自転車の活用範囲の拡大　*161*

1 災害対策での活用方法　*161*
　　津波避難では、クルマは渋滞に巻き込まれた / 自転車は避難に活用できるだけではない / 災害に備えるには

2　東京オリンピックに向けての自転車政策のあり方　165
ロンドンオリンピックに際して開始された二つの自転車政策 / 東京オリンピック記念自転車道の提案 / 東京自転車スーパーハイウェイの新設

3　全国ネットワークの効用　172
我が国の大規模自転車道は単発の走行空間 / ネットワークの形成の意義・効果

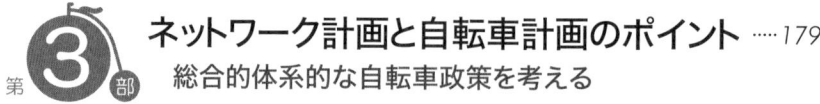

第3部　ネットワーク計画と自転車計画のポイント ·····179
総合的体系的な自転車政策を考える

第8章　レベルの高い自転車計画を策定するには何が必要か ·····180

1　自転車施策の進展状況　～課題は大きい～　180
全国の自転車施策実施市町村の状況 / ネットワーク計画策定済みと検討着手済みの市区町村 / ネットワーク計画を検討していない理由は空間的な制約がトップ / 国民の利用実態や意識もクルマ優先

2　レベルの高い自転車計画の前提　187
自転車推進施策は行政や国民一般の意識を前提に / クルマ依存型の社会や生活からの脱却 / 自転車に対する風向きの変化に乗る

3　レベルの高い自転車計画のポイント　191
自転車計画は、利用目的別の戦略的な施策にする / 自治体の自転車計画は目的別や課題別に体系化する

4　自転車計画の総論のあり方　～自転車の位置づけを明確にする～　195
最初に自転車の悪い点を並べ立てていては前に進まない / 自転車利用の現状や事故の実態の詳細などは参考資料に持っていく / 最初に多くのメリットがあることを並べ立てる / クルマより優遇する位置づけを明確に打ち出す / 自転車計画の策定自体のメリットも大きい

5　各論の施策にストーリーを持たせる　202
自転車の利用目的や課題ごとに体系を組む / 自転車施策を地域に合った内容とする方法（アンケート調査など）/ 観光、イベントも重要だが市民の日常の利用促進にも軸足を置く / 車道は危なそうだなどという感覚的な判断に引きずられない / 最近の我が国の自転車計画の動きを長所短所を含めて参考にする / 総論と管理面が重要

6　自転車走行空間の施策からより総合性のある施策へ　*211*
　　自転車施策はより幅の広い方向へ ／ 国の最新の動きを活用する独創的な自転車施策の展開を

第9章　国交省・警察庁のガイドラインとネットワークの作り方 ····213

1　ガイドライン策定の効果　*213*

2　ネットワークの創出のポイント　*214*
　　自転車走行空間をネットワークで作る ／ ネットワーク路線の選定の方法 ／ 自転車の位置づけや利用目的を十分に明確にする ／ 走行空間のネットワークは最初からあまり欲張らない ／ 総合的な自転車計画が必要

3　ネットワーク計画の最前線　*218*
　　千葉市の「ちばチャリ・すいすいプラン」／ 金沢の裏道活用ネットワーク

4　ガイドラインと自転車ネットワークの課題　*228*
　　ネットワーク拡大の課題と今後の方向 ／ 都市交通機能を重視した自転車ネットワークへ ／ 自転車ネットワーク計画への国の後押し

第4部　世界最先端の自転車計画とネットワーク ······ 233
しっかりした自転車の位置づけと総合的な戦略

第10章　世界の自転車計画から学ぶ ·· 234

1　先進国では国レベルの自転車計画を持っている　*234*
　　世界の先進国の先端的な自転車計画を学ぶ ／ 国レベルで自転車計画や自転車施策が必要な理由 ／ 自転車先進国の施策の最新の状況

2　自転車優先の総論が決め手　*240*
　　世界の先進都市に学ぶ ／ 参考とすべきは卓越した総論の先進性 ／ 各論の施策はその項目ではなく内容に注目する

3　自転車通勤5割以上を目ざすコペンハーゲン　*244*
　　目ざすなら世界最良の自転車都市 ／ 目標達成のための施策を提示

第11章　自転車を唯一の主要交通手段と位置づけたロンドン 248

1　最先端の自転車の位置づけ　248
国の自転車戦略に併せて作成されたロンドン自転車戦略（1997年）/ 自転車を唯一の主要交通手段と位置づける / 先端的な各論の施策をしっかりと見る

2　コミュニティサイクル　251
ロンドンでの導入の概要 / 総合的な施策の一環としての実施 / バークレーサイクルハイヤーの現況と今後 / コミュニティサイクル成功の条件

3　総合施策としての自転車スーパーハイウェイ　257
自転車スーパーハイウェイは通勤目的の連続した空間 / 自転車利用促進策も実施

第12章　最先端の自転車施策のコンセプトがつまったポートランドの自転車計画 264

1　多くの先端的なコンセプトが満載　264

2　走行空間の全体像　266
自転車走行空間の形態別のきめ細かな分類 / さまざまな配慮のある広幅員自転車専用通行帯 / 車道上の自転車優先を徹底する混在空間 / トレイル（自転車散策道）を自転車ネットワークに取り込む

3　自転車ネットワークの密度を確保する　272
密度という質の側面も重要視する / 低ストレスの自転車走行空間の密度を高める / 優先順位を決めプログラム的に整備する / まちづくりとリンクした自転車ネットワークの段階別構成 / 我が国では独自性のあるネットワークの形成を考えるべき

引用・参考文献 279
索引 281

第1部 走行空間・駐輪空間の整備のポイント

徹底して自転車利用者にやさしい環境整備を行う

第 1 章

最新データからわかってきた危険箇所と対策

～車道で自転車がひっかけられる事故はきわめて少ない～

 歩道通行に頼ってきたツケ

（1）自転車が通行できる歩道は大幅に拡大

　1970 年の道路交通法の改正により認められた自転車の歩道通行は、当時の道路環境を前提として自転車の安全性を向上させようとして取られたやむをえない措置にもかかわらず、既成事実化されてきた。

　これにより、歩道通行可の空間を確保するための自転車歩行者道の整備が大々的に実施されてきた。この間、図 1・1 のように、自転車道などの総延長は、1979 年には 2 万 6121 km であったものが、2003 年には 10 万 5795 km と、約 4.1 倍にもなっている。うち自転車道および自転車専用道は同 872 km であったものが、同 1622 km とわずかである。このように、自転車走行空間が確保されたが、ほとんどが自転車歩行者道、すなわち歩道上での歩行者との混在空間であったことがわかる（内閣府資料および交通安全白書に基づき古倉推計）。これらの結果、歩行者と分離された自転車走行空間は現在でも約 3000 km とわずかにとどまっている（国交省・警察庁

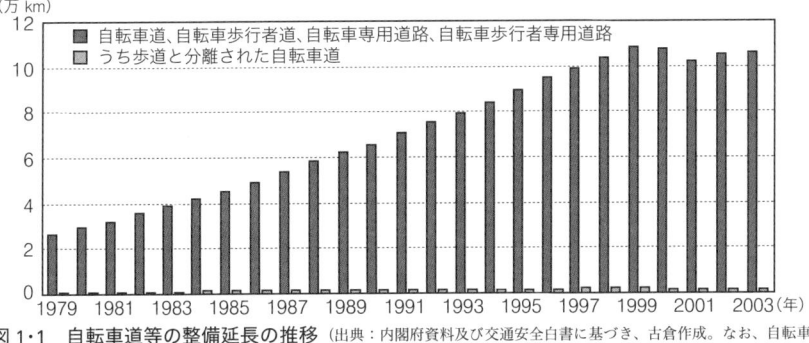

図1・1　自転車道等の整備延長の推移　(出典：内閣府資料及び交通安全白書に基づき、古倉作成。なお、自転車道＋自転車専用道の延長が2000年において落ち込んでいるが、これは精査の結果と思われる)

「安全で快適な自転車利用環境創出ガイドライン」参考— p. I-9)。このような自転車と歩行者が混在する歩道空間の整備がマイナス面を多く有しているにもかかわらず、しっかりと検証されることなく、営々と進められてきたのである (第2章第1節参照)。

(2) 自転車事故の防止のための空間確保対策としての歩道整備

歩道通行が原則であるかのごとき「常識」ができ上がったのは、自転車利用者のみの責任ではない。明確な検証のないまま、見掛け上危険そうに見えるという感覚または恐怖感という主観的な要素に依拠して、とにかくクルマから分離すれば事故は減るであろうという推量のもとで、歩道通行を開始し、踏襲してきた。一方、自転車と歩行者の両方の安全を高めるため整備されるべき自転車の専用空間は、レクリエーションを主たる目的とした大規模自転車道を除き、大きな進展はなかった (大規模自転車道を入れても3000 kmにすぎない)。

すなわち、歩道通行を例外的に認めた当初から、この措置は暫定的であるとされていた以上は、その後、歩道通行の危険性、問題点などをしっかりと分析し、「暫定期間」のうちに適切な対処を取ることが行政の重要な課題ではなかったかと考える。この基本的な作業はあまり見られず、その後

行われた歩道の拡幅・整備などにより、事実上歩道通行をどんどん推進し、既成事実化してきたのである。

(3) 歩道通行の「推進」によるさまざまなマイナス

しかし、これは、さまざまなマイナスを生んでしまった。歩道通行を中心にした自転車交通の推進が、自転車事故の高水準での推移、特に交差点事故の高率化をもたらしたことはもちろんのこと、自転車利用者の劣悪なルールとマナーの醸成をももたらしてしまった[*1]。国際的に比較しても、IRTAD（国際道路統計機関）の調査によると、自転車乗用中の死者数は、調査対象国(30カ国)で群を抜いて第1位の数値になっている(表1・1)。これは各国の自転車利用や走行環境の状況などにより事情が異なるにしても、最悪の状況である点は否定すべくもない。ルールとマナー[注1]の低下の原因は、主として自転車利用者が最強者になる歩道通行にあり、ルールとマナーを守らなくても自身は何も困らないという意識が一般化した。逆に車道を通行すれば、最弱者の立場に転落し、自らルールとマナーを意識して守らないと自らの身の安全性に大きな支障が生ずるため、必然的に守らざるをえないという環境下に自転車利用者を置くこととなる[*2]。

自転車の歩道通行にはクルマとの分離が手っ取り早く実現できる安易さがあり、これにより歩道空間が自転車にとっての一番の安全空間であると

表1・1 世界各国の自転車事故による自転車利用者の死亡者数（上位9番目）

国	日本	アメリカ	ドイツ	ポーランド	韓国	イタリア	オランダ	フランス	英国
自転車乗用中死者数	856	618	399	314	272	263	144	141	111

出典 IRTAD資料に基づき古倉作成。数値は30日死亡に換算されたものである。2011年の数値（米、伊および英は2010年）

注1：ルールとマナーと一言で片づけるが、ルールは道路交通法等の法令の規定に基づき義務として遵守しなければいけないきまりであり、マナーは義務ではないが、円滑、安全な走行等のために従った方がよい道義的要請である。多くの自転車利用者はその両方を実行しないことが多いので、まとめてルールとマナーを守らないと称している。

いう錯覚がその後長い間支配することになった。最近になってやっと歩道通行の危険性やマイナス面が大きくクローズアップされてきたため、あわてて対処しても、道路の構造や幅員構成の面での対処が難しいことや歩道通行に慣れてしまった国民の意識が長い間に形成されており、遅きに失している感は否めない。特に、歩道通行により、歩行者、高齢者、車いす利用者、視覚障害のある人などに対する危険性を大幅に増大していること、自転車事故の交差点割合が他の交通事故に比較して高水準で推移していることの原因を、ルールとマナーを守らない自転車利用者のみに押しつけることは、大きく的を外している。

　これらは、自転車利用に関係する者全体の責任である。

　しかも、この自転車の通行できる自転車歩行者道の大幅な整備は、後述のように、本来目ざしたはずの自動車との事故を防ぐという目的を達成するにはほど遠く、歩道上または歩道由来の交差点事故が多発する結果を生じている。このことからも、自転車の歩道通行は、歩行者や車いすの人、視覚障害のある人などに多大な危険をもたらしているにもかかわらず、本来目ざしてきた目的すら達成できていない。

　さらに、自転車の歩道通行は、よく指摘される歩行者との事故の多発以外に、表1・2のようなさまざまなマイナスを生み出してきた。詳しくは後述する。

表1・2　自転車の歩道通行の問題点

1	ルール不遵守の態度の発生	歩道で強者・信頼性欠如
2	歩行者、車いす、視覚障害者等に対する脅威・危険性の発生	弱者に対する無配慮、主客転倒（歩道は歩行者が主役）
3	緊張感の喪失・安心感の発生	クルマからの分離による不注意
4	車両としての意識の低下	歩行者と同類の意識／端末の付け足しの移動手段としかみなさない
5	交通手段としての意識の低下	クルマと対等の意識が欠如
6	迅速性の欠如	歩道上の自転車の徐行義務（7.5km/h）の存在
7	快適性の欠如	段差、占用物件、構造物等の存在
8	安全性の欠如	単路(走行時)・交差点(進入時)での危険性の増大

❷. 事故は裏道や脇道の交差点が圧倒的に多い

(1) 自転車事故は交差点の割合が他の事故よりも2倍も高い

　自転車事故の発生場所は、交差点が7割程度であり、この状況が継続している。2006年までは、7割を超えており、さらにその翌年から、少し下がっているがずっと60％台後半であり、まだまだ高い割合である（表1・3）。

　これに対して、自転車が当事者である事故を除いた交通事故では、交差点の事故は34.0％にすぎず、自転車事故の方が、約2倍も交差点の事故の割合が高いことになる（2012年）。一般的に交差点は危険だと言われてきたが、2倍程度の高い割合で自転車の交通事故が発生している点に注目することが必要である。歩道はクルマと分離されているため、自転車は、歩行者のみならず自分の安全性に対しても注意を払わず、安心しきって、気を抜いて歩道を通行していることが多い。この安心感を引きずって交差点に進入する。これが、歩道から進入する自転車に気づいていないクルマと遭遇することとなるため一層交差点事故が多くなるが、この詳細については後述する。いずれにしても、この原因をしっかりと見据えて、自転車の安全対策を組み立てる必要がある。

(2) 事故の件数の多い順を明確に認識する

　交差点と単路について、より詳細に分けた事故の状況を見ると、表1・4のとおりである。ここで、①裏道の交差点とは、歩道（縁石線または柵その他これに類する工作物によって区画された道路の部分をいう、以下同じ）と車道の区分がなく、かつ信号機のない交差点をいい、②脇道の交差点とは歩道と車道の区分があるが信号のない交差点をいい、③幹線道路の交差点とは歩道と車道の区分があり、かつ信号機がある交差点のことをいう。

表1・3　自転車事故と自転車事故以外の交差点割合の比較（％）

年	2002	03	04	05	06	07	08	09	10	11	12
自転車事故の交差点割合（％）	70.8	70.5	70.2	70.3	70.2	66.5	67.1	67.3	67.4	68.0	67.3
上記以外の事故の交差点割合（％）	43.2	42.3	42.2	41.6	41.5	37.5	37.3	36.8	36.1	34.9	34.0

出典：警察庁資料および交通事故総合分析センター西田氏提供資料に基づき古倉計算。「上記以外」の事故は、自転車事故以外の交通事故＝交通事故総件数－自転車事故件数として計算。2013年警察庁修正後データ。

表1・4　自転車の交通事故発生場所（2011年、単位：上段件数、下段対全件数割合％）

交差点内				交差点内以外（単路）					合計
①裏道の交差点	②脇道の交差点	③幹線道路の交差点	小計	歩道と車道の区分ありの区間			区分なしなど	小計	
				④歩道	⑤車道	他			
3万7906	3万2863	2万7207	9万7976	1万3626	1万3236	1619	1万7561	4万6042	14万4018
26.3	22.8	18.9	68.0	9.5	9.2	1.1	12.2	32.0	100

出典：（公財）交通事故総合分析センターへの古倉委託集計データに基づき古倉作成。
注　表の①は「歩道なし交差点」、②は「歩道あり・信号機なしの交差点」、③は「歩道と信号機がある交差点」に当たると仮定して集計。

　表1・4によると、自転車事故の発生場所は、①裏道の交差点（歩道がない交差点）、②脇道の交差点（歩道はあるが信号機のない交差点）、③幹線道路どうしの交差点（歩道と信号機がある交差点）という順で多く、次いで単路である④歩道、⑤車道の順となっている（区分なしやその他を除く）。従来から筆者が指摘してきた交差点が一貫して危険な状態であること、および歩道が危険であるということは当然のこととして、細かく見ると、歩道がない裏道の交差点がもっとも危険である。

　自転車事故対策は、車道が危険だなどとする誤った先入観によらず、事故件数を基にして、まず裏道の交差点、脇道の交差点、幹線道路の交差点などの順にその事故原因など基礎的なデータ分析に基づいて行うことが最優先の課題である。

（3）事故が1番多い裏道の交差点では出会い頭事故を防ぐ

　第1に、裏道交差点の自転車事故3万7976件の相手方を見ると、96％が

表 1・5　裏道交差点での車両との事故の類型

①出会い頭	3万1586件	86.6%
②左折巻き込み	1362件	3.7%
③右折巻き込み	1069件	2.9%
④その他	2440件	6.7%
計	3万6457件	100%

出典：表 1・4 と同じ。

クルマを含む車両である。第 2 に、このうち 86.6％が出会い頭事故である。第 3 に左折巻き込み 3.7％、右折巻き込み 2.9％となっており、これらはほとんどない（表 1・5）。

これらから、車両との出会い頭事故を防げば、裏道の交差点の事故は大幅に減少する。このためには、①裏道交差点で一旦停止や安全確認を励行させること、②クルマから死角になる右側通行での交差点進入をなくし、クルマから認識されるよう左側通行を徹底させることである。この必要性を一般的に広く広報啓発するとともに、

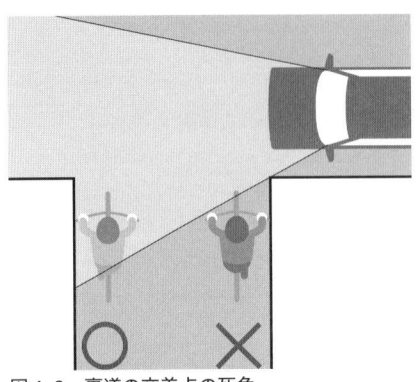

図 1・2　裏道の交差点の死角

当面は事故発生現場のみでもよいので、明確な路面表示や看板を立てて、上記の①および②をしっかりと徹底すべきである（図 1・2）。

(4) 事故が 2 番目に多い脇道の交差点は、車道から右側通行自転車の進入が最悪

歩道はあるが信号機のない交差点としての典型は脇道交差点である。この交差点での自転車事故 3 万 2863 件の相手方を見ると、クルマを含む車両が 97.7％になっている。このうち出会い頭事故の割合は表 1・6 のように 76.2％と依然として高く、左折巻き込みの 10.0％を大きく上回っている。

そして、前者では、図 1・3 のように、車道から右側通行で交差点に進入する自転車が、道路交通法にのっとり車道から左側通行で交差点に進入する自転車の 50.4 倍も危険であるとされている。歩道から進入する場合も、

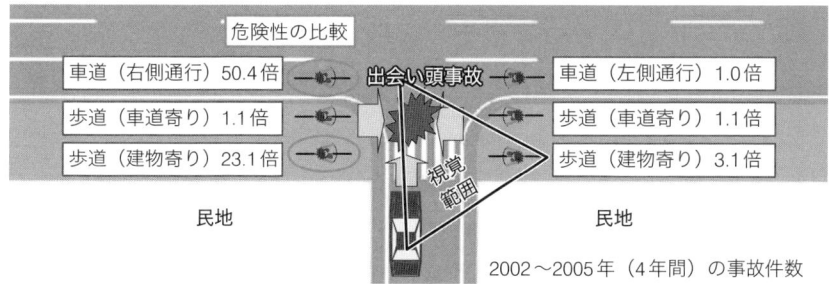

図 1・3　脇道交差点での車両との危険性比較　(出典：国土技術センター岸田論文による。通行台数を加味した事故発生率（件/100万台）を倍率により計算されている。)

表 1・6　脇道の交差点での車両との事故の類型

①出会い頭	2万4467件	76.2%
②左折巻き込み	3210件	10.0%
③右折巻き込み	1362件	4.2%
④その他	3075件	9.6%
計	3万2114件	100%

出典：表1・4と同じ。

表 1・7　幹線道路の交差点での車両との事故の類型

①左折巻き込み	8797件	33.5%
②出会い頭	7188件	27.3%
③右折巻き込み	3087件	11.7%
④その他	7191件	27.3%
計	2万6263件	100%

出典：表1・4と同じ。

　道路交通法にのっとり車道寄りを徐行すれば事故の確率は低いが、建物寄りを特に右側通行で進入すると危険性はきわめて高い（車道左側通行からの進入よりも23.1倍）。

　なお、左折巻き込みはわずかであるが、この場合は歩道から交差点に進入するケースが危険であるとされる。

(5) 事故が3番目に多い幹線道路の交差点では左折巻き込みが多い

　これらに対して、幹線道路の交差点の自転車事故2万7207件では、対車両がやはり96.5%（2万6263件）となっており、他の交差点事故と同様に車両との事故が多いが、表1・7のように出会い頭よりも、左折巻き込みが33.5%とトップである。なお、出会い頭は2番目の27.3%があるが、これは信号があることを考慮すると信号無視などが原因であると考えられる。

　鈴木氏の研究におけるシミュレーションテストでは、歩道から交差点に直

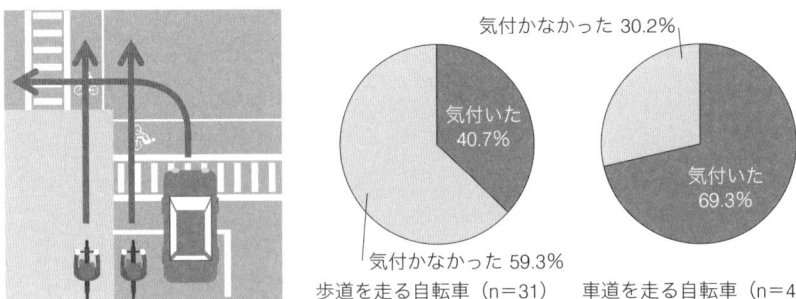

図1・4　左折のクルマの自転車の認識率（出典：鈴木美緒「自転車配慮型道路の幅員構成が自動車走行特性に及ぼす影響に関する研究」2008年、土木計画学論文集）

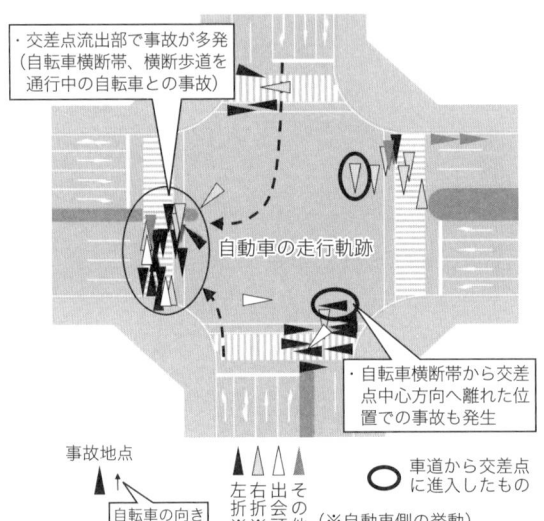

図1・5　幹線道路どうしの交差点での事故発生状況
（出典：松本幸司「自転車走行環境整備の現状と課題」（警視庁事故データ（2002年8月～2007年6月）より作成）

進する自転車がクルマから認識されないケースが多く、図1・4のように自転車が歩道から交差点に進入した場合は、自動車が気づかなかった割合が59.3%であるのに対して、車道から進入した場合は、これが30.2%と半分近くとなっている。

また、これとは別に、松本氏らの研究による東京都内の自転車事故が多い幹線道路の交差点での自転車事故の発生地点から推測しても、事故は歩道から進入したと考えられる位置のものがほとんどである。すなわち図1・5では、事故発生地点が45プロットあるなかで、左折巻き込みは25プロットであるが、このうち道路交通法にのっとり左側通行で車道から交差点に進入したものと考えられるのは、わずか2プロットであり、残りの

ほとんどは歩道から（少数は車道の右側通行で）交差点に進入したものと推測される。歩道からの進入は、歩道上の街路樹、ガードレール、占有物件などにより、並行して走行するクルマからは認識されにくく、さらに、自転車側もクルマと分離されている歩道を無警戒で走行し、そのまま交差点に進入するために、このようなことが生じている[*3]。

　このように、幹線道路の交差点では、歩道から自転車が進入した場合左折巻き込みなどが多く発生するのに対し、車道から左側通行でクルマにはっきり見えるようにして注意して進入すれば、ほとんど事故がない。また、歩道から進入する場合は、徐行義務の励行、安全確認や一旦停止して、クルマの右左折の動静に対する注意、さらに行政からは自転車のみならず、クルマに対する右左折の場合に自転車の動向に注意するよう広報啓発をする看板設置などが必要である。

（6）クルマの動静に注意し車道から左側通行で交差点に進入すること

　以上のように、交差点での自転車事故の特徴に十分配慮したルールの徹底策が必要であるのは当然のこととして、これらに共通している点は、自転車事故を最小にするには、第1に、事故の大半が生じている交差点での走行を最重点とすること、第2に、この場合、道路交通法にのっとり、車道の左側通行により、交差点に進入することを徹底することがもっとも重要なポイントであること（なお、自転車横断帯は問題点が多く、後述のようにガイドラインに基づき、撤去が進められている）、第3に、この場合に、自転車側はクルマの動静に留意し、安全確認することはもちろんであるが、クルマ側にもこのような状況を十分理解してもらうように、自転車の安全確保のポイントについて徹底することなどの3点が重要である。行政としては、上のデータの意味を理解し、次に述べるような歩道の危険性および車道の安全に対するデータを踏まえて、交差点の安全確保のためのポイントを押さえた的確な措置を講ずることが必要である。

❸ 単路では歩道空間の方が車道空間よりも危険である

　次いで重要な点は、車道走行と歩道通行との危険性の比較である。上で述べたように、脇道の交差点や幹線道路の交差点では、原則にのっとり車道から進入した方が事故の可能性は少ない。それでは、交差点以外の道路の部分である単路については、歩道通行と車道走行ではどちらが危険なのか。後述の2012年の国交省・警察庁のガイドラインでは、車道の走行空間を前提として、ネットワーク計画を策定し、これを実施することとされているが、その前提となる車道空間と歩道空間の相対的な安全性について、実務上の誤解の解消と理解が必要である。

（1）歩道上の事故件数は対クルマの方が対歩行者より9倍も多い

　自転車の歩道上での事故件数をみると、表1・8のように、圧倒的にクルマとの事故が多く、4分の3を占めている。危険だと言われている歩行者との事故は、わずか8.3％にすぎない。このようにクルマとの事故は歩行

表1・8　自転車の歩道上の事故（2011年、単位：上段件数、下段構成比％）

対歩行者	対自動車	対自動二輪	対原付	対自転車	その他車両	相手無・対物	合計
1127	1万135	122	263	809	350	820	1万3626
8.3	74.4	0.9	1.9	5.9	2.6	6.0	100

出典：（公財）交通事故総合分析センターへの古倉の委託による集計データに基づき古倉作成。なお、すべて歩車道分離道路での事故件数である。

表1・9　歩道上の自転車とクルマとの事故の（2011年）

①出会い頭	5595件	55%
②左折巻き込み	1631件	16%
③右折巻き込み	591件	6%
④その他	2318件	23%
計	1万135件	100%

出典：（公財）交通事故総合分析センターへの古倉の委託による集計データに基づき古倉作成。

者との事故の約9倍強である。

　この原因を分析したところ、表1・9のように、歩道上での自動車と自転車の事故は、出会い頭事故が過半数に上ることがわかった。すなわち、歩道に隣接する駐車場などから出てきたクルマと出会い頭に自転車が接触するものである。また、左折巻き込み・右折巻き込みも、沿道の駐車場に入る場合に巻き込んだものと考えられる。このような数値を見ると、歩道通行は、歩行者に危険であるだけでなく、自転車自身の方がより危険であることがわかる。この場合の自転車側の主たる事故原因は、歩道上の自転車利用者が徐行義務および車道寄り通行義務を無視しているうえに、クルマから分離されているという安心感を持ちすぎて必要な注意を怠り、通行しているものと推測される。

(2) 左側通行の自転車が車道上で後ろからひっかけられる事故は少ない

　次に、車道での自転車事故の状況を見ると、表1・10のように、自転車が自動車にひっかけられるとされる「追突（進行中）」および「追越追抜時衝突」の二つの事故件数は、1578件であり、自転車が正規に左側通行をしていて後ろからクルマが追い抜く際にひっかけられる事故は、幅の狭い車道などを含めた全車道できわめて少ないことがわかる。

　自転車の車道上の事故は、表1・11にあるように、自転車が車道を右側通行しており、これを見落として沿道から出てきたクルマとの「出会い頭」の事故が多いと考えられる。また、左折や右折についても、クルマの沿道駐車場への出入りなどで右側通行の自転車との事故であろうと思われる

表1・10　車道で自転車がひっかけられる事故の件数（2011年、単位：件数）

事故の相手方	自動車	自動二輪	原付	自転車	他	合計
追突（進行中）	454	25	66	6	31	582
追越追抜時衝突	1124	74	85	26	133	1442
合計	1578	99	151	32	164	2024

出典：（公財）交通事故総合分析センターへの古倉の委託による集計データに基づき古倉作成。

表1・11　自転車と自動車の車道上の事故の原因（2011年、単位：上段件数、下段構成比％）

出会い頭	ひっかけ※	左折	右折	すれ違い	正面衝突	その他	合計
2591	1578	807	695	418	316	4192	1万597
24.5	14.9	7.6	6.6	3.9	3.0	39.6	100.0

出典：(公財)交通事故総合分析センターへの古倉の委託による集計データに基づき古倉作成。
※「追突（進行中）」および「追越追抜時衝突」の合計。

（先述の脇道交差点と同様の危険度が想起される）。もっとも多い「その他」の自転車の車道上の事故の原因はさまざまであり、特定することが難しいが、この類型では、不規則横断などが想定される。

　以上から、正規に車道を左側通行していて、通常生じると思われるひっかけ事故の件数は、事故の大半を占める交差点を含む自転車事故全体の件数（14万4018件）の1.1％（1578件）程度にすぎないのに対して、自転車の安全のため歩道に上げているにもかかわらず、歩道通行中に自動車に接触する件数が7.0％（1万135件）となっている。これを単純に比較すると、歩道走行中の自転車とクルマとの事故は、自転車の通常の車道左側通行によるクルマとの事故よりも、6.4倍も多い件数である。

(3) 歩道のある道路での車道通行の比率は低くない

　この場合に、自転車の歩道通行と車道通行の比率が問題となるが、これは、特定の場所ではなく、自転車利用者が全体としてどの程度の割合で走行しているかの総走行距離の比率で比較検討すべきである。この歩車道の走行比率については、筆者の関与したものも含めて、各種アンケート調査がいくつか存在する。これらによると、表1・12のように、おおむね2割から4割程度の割合の範囲で車道通行していることがわかる。平均で3割強程度であるが、最近の豊橋市、千葉市、茅ヶ崎市および奈良市の比率は、おおむね歩道通行2に対して、車道通行は1以上になる。また、最近の自転車安全利用五則の普及に伴い「自転車は車道が原則、歩道が例外」が浸透してきており、大都市部のみならず、地方都市でも、車道通行の自転車が

表1・12 自転車の車道通行割合

アンケート調査	京都市	守山市	内閣府	東京都	福島市 静岡市	豊橋市	千葉市	茅ヶ崎市	奈良市	平均
車道通行割合	22%	25%	27%	28%	33%	33%	37%	40%	54%	33%
サンプル数	n=851	n=1379	n=1501	n=332	n=631	n=410	n=951	n=1008	n=1048	

出典：各市で実施したアンケート調査に基づき古倉計算。自転車で通行する空間について、京都市から福島市までは主に歩道を通行するか車道を通行するか、半々ぐらいかを、後三者は歩道のある空間での歩道と車道の通行比率を質問している。豊橋市は2012年、千葉市、茅ヶ崎市および奈良市は2013年のアンケート調査である。

目に見えて増加してきている。

この走行割合を考慮しても、交差点に比べ自転車事故が相対的に少ない単路について、正規に車道の左側通行する自転車の安全性は歩道通行のそれよりも高いと言える。これに加えて、自転車事故の大半を占める交差点事故を含め、歩道通行および歩道からの交差点進入と、車道通行および車道からの交差点進入（もちろん左側通行で）を比較すると、一貫して車道走行（左側通行）の方が安全性が高いと言える。

（4）車道上のひっかけ事故は死亡割合が高いので危険なのか

なお、自転車の死亡事故割合は、歩道でのクルマとの出会い頭事故よりも車道での後ろからのひっかけ事故の方が高いという指摘がある。事故の件数が少なくても、死亡事故割合が高いので、やはり、車道走行に特有のひっかけ事故が危険であるとする指摘である。しかしながら、件数が少ない事故の死亡事故割合が高いとしても、全体でその事故件数に遭う確率が低ければ、全体として死亡事故に遭う確率が低いと言える（全体でわずか1件しか起こっていない類型で、これが死亡事故であれば死亡割合は100%だとして危険視するのは適切でない）。

すなわち、表1・13で、歩道走行に特有の出会い頭事故件数に対する死亡事故の割合と車道通行に特有の追突・追越事故件数に対する死亡事故の割合は、それぞれ0.4%と1.7%であり、この面から見ると追突・追越事故の方が危険であるように見える。しかし、自転車事故の総件数（18万3653）か

表1·13　自転車事故の原因（2011年）

類型	死者	事故件数	死亡事故割合%	自転車事故総件数	死亡事故割合%
出会い頭	473	9万7816	0.4	18万3653	0.25
追突・追越	118	6697	1.7		0.06

出典：警察庁「自転車の安全利用促進に関する提言」(2006年) p.5をもとに古倉作成。2005年の数値。

表1·14　自転車と歩行者の事故の発生場所（2011年、単位：上段件数、下段対全件数割合%）

交差点内（交差点付近は除く）				交差点内以外（単路＋その他）					合計
①裏道の交差点	②脇道の交差点	③幹線道路の交差点	小計	歩道と車道の区分ありの区間			区分なしなど	小計	
				④歩道	⑤車道	他			
173	136	328	637	1127	241	42	754	2164	2801
6.2	4.9	11.7	22.7	40.2	8.6	1.5	26.9	77.3	100.0

出典：(公財)交通事故総合分析センターへの古倉委託集計データに基づき古倉作成。
注　表の裏道交差点は「歩道なし交差点」、脇道交差点は「歩道あり・信号機なしの交差点」、幹線道路交差点は「歩道と信号機がある交差点」に当たると仮定して集計。

ら見ると、出会い頭事故で死亡する割合は0.25％（473人）であるのに対して、追突・追越事故で死亡する割合は0.06％（118人）である。

　事故発生の危険性を加味して、トータルで判断した場合にも、明らかに歩道通行の危険性の高いのである。

(5) 歩行者にとっても歩道がもっとも危険である

　自転車事故全体では、交差点の割合が極めて高い（表1·4）のに対して、歩行者との事故では、これとは逆に、表1·14のとおり、交差点が22.7％であるのに対し、交差点以外が77.3％もあり、この場合、その半数以上が歩道上である。歩行者にとって歩道がもっとも事故件数が多い危険な箇所である。

（6）歩道通行割合が高い人ほどルールに無関心または知っていても守らない

　自転車側にルール違反がなければ、自転車事故の多くは防止することができる。しかし、歩道通行の割合が高い人は、ルールに対して不遵守または無関心（不知）の割合が高いことがわかった。

　奈良市におけるアンケート調査[*4]において、歩車道が分離されている区間で、歩道と車道の通行割合を合計10の数値になるよう回答者に回答してもらった（たとえば歩道対車道＝1対9）。そして、これと同一のアンケート調査で回答を得た自転車の三つのルールの遵守・認知状況とのクロス分析を行った。これらのルールは、「歩道は歩行者優先・車道寄りを通行」、「自転車は車道が原則、歩道は例外」および「自転車は車道左側通行」である。いずれも基本的なルールであり、これらを遵守・認知しているかは、ルール全体に対する遵守や理解の有無につながる。

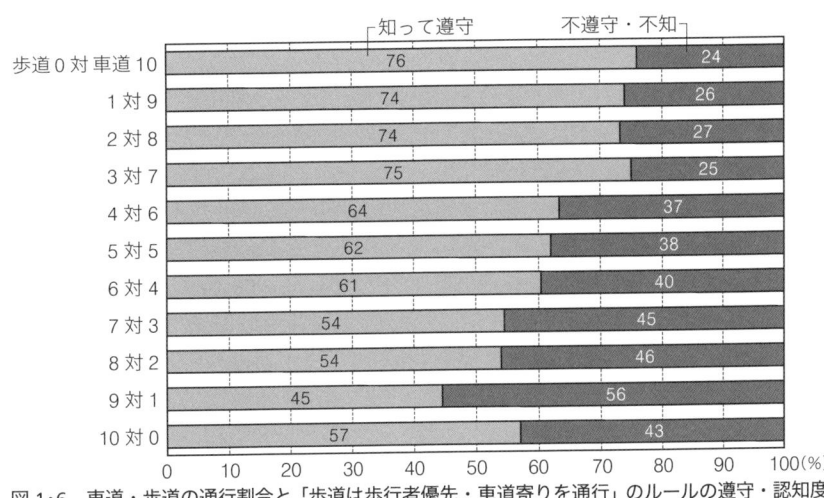

図1・6　車道・歩道の通行割合と「歩道は歩行者優先・車道寄りを通行」のルールの遵守・認知度
注：上記グラフで0対10は回答者の通行割合が歩道0で車道10であることを示す。
（出典：奈良中心市街地自転車ネットワーク計画検討委員会アンケート調査結果（2013年12月実施）。奈良市内の駐輪場利用者、商業店舗利用者、高校、大学等生徒学生5013配布、1126回収、回収率22.5％。）

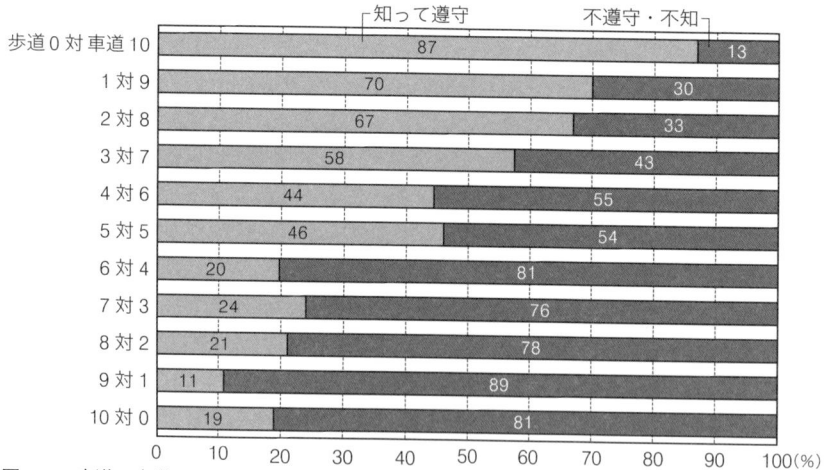

図1・7　車道・歩道の通行割合と「自転車は車道が原則歩道は例外」のルールの遵守・認知度
(出典：図1・6と同じ)

　図1・6は、このアンケート結果を「歩道は歩行者優先・車道寄りを通行」のルールについて遵守しているか、または不遵守・不知（知っているが守っていない、および知らない）かについて示したものである。歩道の通行割合が高いほど不遵守・不知の割合が高いという結果が出ている。他のルールについても同様に、一般的に歩道通行比率が高いほどそのルールの不遵守または不知の割合が高いという結果である。

　これらの結果から、一般的に歩道通行の比率が高いと、ルールを守らないまたは関心がない（不知）ことにつながることがわかった。歩道通行は安全のためのルールの徹底上も大きな問題であり、歩道通行の間接的な危険性を示していると言える。これは、第4章に述べる啓発・学習にもかかわる重要な論点でもある。

4. 車道で自転車専用空間を確保できる幹線道路は少なくない

(1) 車道で自転車専用空間を設けることに対する抵抗感が根強い

　我が国では、道路が狭いので車道に自転車空間を作るのが困難とする地方公共団体が多かった[*5]。仮に空間があったとしても、その空間は部分的であり、細切れであるため、ネットワークとして確保するのは難しい。さらに、車道は危険であるという主観的な感覚はどうしても付いて回る。これに加えて、自転車を収容するために車道を削って歩道を拡幅し、幅の広い歩道空間があるのに、さらにもう一度車道を削ることはやりにくいなど、さまざまな抵抗感があることも確かである。これらは、ガイドラインの制定後にも地方公共団体に多かれ少なかれ感覚的には存在していると考えられる。

(2) 本当に自転車空間はないのかを検討する

　空間の多寡を議論する場合、欧米の道路には余裕があるが、我が国にはないので、自転車空間を確保することは難しいとする議論がある。しかし、大脇氏らの研究[*6]に基づき試算すると、我が国の幹線道路のうち、自転車専用通行帯（レーン）として有効な幅員 1.5m の空間を両側に確保できる道路は現状の状態で 47.2% もあり、全国の道路交通センサスの対象となるような幹線道路 17 万 6833.3 km のうち、両側 1.5m 以上の余裕幅のあるのは、8 万 3479.5 km である。もちろん、道路の幅員構成などを変えればもっと増える。これに対して、実際には、全国で約 3000 km の自転車専用空間があるにすぎない。自転車専用通行帯の空間可能性と現実とのギャップが大きすぎると考える。

(3) 大多数が歩道上の整備になってしまう現実を直視する

　自転車施策を一切実施しない地方公共団体は別として、自転車走行空間を整備したいというところは少なくない。

　2007年10月から全国の98モデル地区で車道での空間整備を標榜して実施してきたが、この結果でも、自転車道30.7 km および自転車専用通行帯（レーン）29.6 km の合計60.3 km の延長を整備したに過ぎない。これに対して、歩道または自転車歩行者道という歩行者との共用を前提とする走行空間は213.4 km も整備している（表1・15）。

　当初の計画延長と最終の計画延長および整備された延長を比較すると、大々的に歩道上での整備が伸びている。すなわち、全体の延長に占める歩道上での整備延長は、当初計画の61.5％から最終計画の75.3％、さらに整備結果は78.0％となっており、8割近くが歩道上での整備である。必然的に、自転車道は同25.8％から11.2％に、自転車専用通行帯は12.7％から10.8％と割合が下がっている。

　当初、このモデル地区は、車道での自転車専用空間を大々的に設置して、これをモデルとして、単体での車道上の空間を検証し、これをもとに、車

表1・15　全国98モデル地区における自転車走行空間の整備結果

整備種別		計画延長（当初）		計画延長（最終）a		整備結果（2010年度末）b		整備率(a/b)
		延長	割合	延長	割合	延長	割合	
自転車道		74.3 km	25.8%	48.3 km	14.0%	30.7 km	11.2%	63.6%
自転車専用通行帯		36.7 km	12.7%	36.7 km	10.7%	29.6 km	10.8%	80.7%
自転車の歩道通行可		177.4 km	61.5%	259.7 km	75.3%	213.4 km	78.0%	82.2%
うち	自転車の通行位置の指定（明示）	128.6 km	44.6%	130.8 km	38.0%	104.8 km	38.3%	80.1%
	指定なし（歩行者と完全共用）	48.8 km	16.9%	128.9 km	37.4%	108.6 km	39.7%	84.3%
合計		288.4 km	100.0%	344.6 km	100.0%	273.6 km	100.0%	79.4%

出典：国土交通道路局資料（2011年7月21日発表　2010年度末）に基づき古倉の計算・作成による。「整備率」は、最終の計画延長に対する整備済み延長。

道空間を中心にネットワークとしてつなぐ自転車都市として発展させることを検討していた。しかし、結局、全国で名乗りを上げた先進的と言われるモデル事業でも、8割近くが歩道上での整備となってしまった（表1・15）。筆者は、この結果を低く評価するのではなく、その原因に注目して、今後の自転車空間の整備の実務の参考にすべきと考える。

（4）沿道や関係機関との調整が大半の原因である

　この整備に当たり困難であった理由および完成しなかった理由を見ると表1・16のようなものである。

　このなかで、未完成または完成した場合の苦慮した点に注目すべきである。我が国の走行空間は、道路が狭いので、新たに自転車空間を見つけ出すことができないというのが従来の自転車走行空間整備担当の多くの説明であった。この回答にこれが多いかと言うと、わずかである。また、自転車は車道が危ないというような安全対策上の問題もわずかであった。自転車の走行空間の整備について、未完成の理由では、大半が地域住民、関係機関や他事業との調整である（表1・16の①および②を合わせると、7割以上である）。

　空間はあるのに、また、安全対策上も大きな問題はないのに地域住民や関係機関が反対する一つの理由に、ここに駐停車することを前提したクルマの利用ができなくなることがあると推定される。そうして、結果として

表1・16　モデル地区での未完成または完成したが苦慮した理由

苦慮した点	①地域住民や関係機関との合意形成	②他事業調整・整備手法	③予算制約	④安全対策	⑤幅員確保	⑥工期・方法	⑦その他
未完成の場合	50%	21% （他事業調整が中心）	14%	4%	2%	2%	8%
完成した場合	65%	12% （整備手法変更が中心）	10%	12%	4%	10%	5%

出典：国土交通道路局資料（2011年7月21日発表　2010年度末）に基づき、古倉の計算・作成による。
注：未完成172路線のうち課題をあげたのはn＝146、完成した269路線のうち苦慮した点をあげたのはn＝104。

歩道を選択する。歩道上であれば、今まで車道空間での駐停車に依存している沿道の利害関係者も、沿道利用について影響が少なく、今までも歩道を通してきたことから沿道利害関係者の賛同が得られやすいのであろう（ヒアリングや各種報道による）。

（5）車道上の空間確保は自転車の位置づけを明確にすることが必要

　これらは明らかに、既得のクルマの駐車空間に自転車が入り込むことを拒むものである。自転車の優位の位置づけをしっかりとしないことが、このように自転車利用の推進の障害を生じさせている。そして、上述のように事故の可能性が高い歩道で空間整備を行う一方で、この歩道通行での危険性をカバーする意味で、利用者個人に対するルールとマナーの遵守を求める各論の施策を重視する方向にベクトルが動くことになる。

　また、現場の各論の議論で、自転車は車道走行が原則で、このために車道で空間を新たに確保すると急にいっても、クルマ利用優先の地域の意識や環境下では直ちに受け入れられない。少なくとも自転車がクルマよりも優先であり、既得のクルマの空間を制約しても自転車の専用空間に充てるという位置づけがないと、現場の担当者がいかに「車道が原則である」と言ってみても、現場での個々の調整では通用しにくいのは明らかである。実務的には、パブリックコメントを経たコンセンサスのある自転車計画を策定する。そして、その総論で、自転車の具体的なメリットをしっかりと提示したうえで、クルマに対する自転車の優位な取り扱いをする位置づけを明示しておく必要がある。

第2章 国交省・警察庁のガイドラインを活かす

1. 「歩道通行の原則」から「車道通行の原則」へ進化

　我が国の自転車政策のうち、走行空間について、どのような変遷があったかについて、まとめたものが表2・1である。1970年の道路交通法の改正により、例外的に自転車の歩道通行が認められたことを皮切りに、これを前提とした自転車の走行空間の整備が進められたこと、および最近になってこれを本来の車道通行の原則に戻す試みが繰り返し行われている点に注目することが重要である。以下において、この変遷を説明する。

1 緊急避難的な歩道通行可

　1970年の道路交通法の改正で、緊急避難的に歩道の通行を認め、さらに、1978年の道路交通法の改正で、歩道通行できる自転車の規格などを明確にしたことが、ソフト面から歩道通行を進行させた大きな契機である。

2 歩道における走行空間の整備の推進

　その後、これにより、ハード面でも歩道を拡幅するような整備が大々的

表 2・1　自転車の走行空間にかかわる施設の変遷

	時期	項目	概要
1	1970、1978	道交法改正「歩道通行可」	1970年改正は、二輪自転車の歩道通行を認める。1978年改正は、これを本格的に認める（三輪自転車を含め歩道通行自転車の規格基準と徐行など通行方法明確化）。
2	その後	自転車事故の増加（件数・割合の増加傾向続く）	以後、歩道を中心に自転車通行空間が展開。自転車の関連する事故が年々増加し、全交通事故の約2割となる（1996年の18％→2008年21％）。歩道通行がかえって、ルール遵守を悪化させ、自転車事故を最悪にした。
3	2001〜	自転車先進都市	全国30の都市が名乗りを上げている。自転車走行空間の整備（歩道上など）を中心に計画を作っている。単発路線を中心とした整備。
4	2006.11	警察庁「自転車の安全利用に関する提言」	「自転車懇談会」①自転車の車道原則の維持（自転車は車道に通行空間をもとめるべき）。②自転車の通行空間の確保（歩道通行の範囲を欧米でも認めている幼児などと、高齢者および危険箇所）。
5	2007.7.5	新たな自転車利用環境のあり方を考える懇談会	警察庁・国交省の懇談会による「これからの自転車配慮型道路における道路空間の再構築に向けて」で歩行者と自転車の「走行空間の原則分離」。
6	2007.7.10	交通対策本部「自転車安全利用五則」	「自転車は車道が原則、歩道が例外」を自転車の安全利用のための大原則として方針決定。以後、全国の警察、パンフレットなどで広報啓発。
7	2007.10.5	自転車通行環境整備モデル地区98地区	警察庁と国交省で共同で、全国98カ所について、走行空間の原則車道上での整備の推進（2010年の結果歩道上での整備77.4％）。またネットワーク化の考慮なし。なお、同月に「自転車利用環境整備ガイドブック」（国交省・警察庁各担当課）が作成され、自転車道、自転車専用通行帯および自転車通行位置の明示の選択肢から順番に検討のうえ、選択して整備することなどが示された。
8	2008.6.1	改正道路交通法施行	歩道通行できる範囲の明確化を通じて、車道走行の原則の強化を図る（歩道通行できる例外として諸外国でも認めている幼児などと我が国独自の高齢者、危険箇所などを定める）。
9	2011.10.25	「良好な自転車交通秩序の実現のための総合対策の推進について」警察庁通達	自転車と歩行者の安全の確保のため①自転車の通行環境の確立（車道での走行空間の整備と歩道通行可の見直し（3m未満）、②車両であることのルールの徹底と歩道以外の通行促進の広報教育の推進、③指導取り締まりの強化など。結果的に自転車の安全利用が推進される。
10	2012.4.5 および 2012.11.29	「安全で快適な自転車利用環境創出ガイドライン」	「みんなにやさしい自転車環境－安全で快適な自転車利用環境の創出に向けた提言－」（2012年4月5日）およびこれを受けたガイドラインの策定がなされた（2012年11月29日）。安全自転車走行空間の都市内のネットワークでの整備と原則車道空間（歩道空間の選択肢が原則存在せず）での整備を推進。

出典：各種資料に基づき古倉作成。

に進められ（表2・1の2）、ここに自転車の収容空間を生み出した。結果として、自転車は例外的に歩道を通行することが認められているのに、主客が逆転し、事実上、歩道通行が原則で、車道通行が例外という行政と国民の双方の共通の認識を常識化してしまうとともに、拡張された歩道に街路樹やガードレールが設置され、歩道と車道の境界を変更することを物理的に困難にした。これにより、この運用が長期にわたり継続することを裏打ちしてしまったのである。2001年ごろから行われた自転車先進都市（表2・1の3）もほとんどは歩道上の空間の確保であり、車道空間に相当の余裕がある場合のみ車道上での整備が一部でかろうじてなされているにすぎない。

3 車道原則の復活の具体的な施策が続々と登場

しかし、この例外的な歩道通行を中心とした自転車交通は、歩行者との事故を含めた自転車の事故を高い水準で推移させ、歩道通行のルールとマナーなどが問題になった。2006年11月の警察庁の懇談会の提言（表2・1の4）で、基本的には自転車の車道原則の維持（事実上の復活または再確認の意義があると考えられる）、このために例外的に歩道通行を認める範囲の明確化、およびこれによりそれ以外の車道原則の徹底などが提言された。さらに、2007年7月の警察庁・国交省の「新たな自転車利用環境のあり方を考える懇談会」では歩行者と自転車と自動車の走行空間の原則分離が提言された（表2・1の5）。2007年7月にはこれらの流れから、従来の「歩道原則」から本来の車道原則にするために、「自転車安全利用五則」が国の交通対策本部で決定された（表2・1の6）。これらを前提として、道路交通法が改正されたが、自転車関係では、法律上は車道原則を維持したため、この部分の改正は行われず、例外的に歩道通行を認める範囲（たとえば子ども、高齢者、車道通行が著しく危険など）を明文化する規定が整備された（表2・1の8）。

これらと並行して、車道での自転車専用空間の整備を進めるモデル事業が、全国98カ所で行われた。しかし、結果的に総延長の77.4%は歩道上に

おける空間整備になってしまった(第1章で述べた)。この車道上での整備が困難であった理由に道路空間の余裕がないというものがほとんど見られないことから、車道での空間の余裕はあったケースが多かったにもかかわらず、歩道での整備が行われたことがうかがわれる。すなわち沿道や関係機関との調整が原因であったことがわかる。沿道や関係機関の理解が今後の整備のポイントである。

４ 画期的な車道上走行空間整備のネットワークでの推進

また、このモデル事業は単体の路線整備を原則対象としており、この段階ではネットワークの形成を目ざしたものではなかった。そして、これらの結果を受けて、2011年には、車道における自転車の走行空間の確保を徹底することとした警察庁の通達（表2・1の9）が出され、さらに、これらを空間的に裏打ちすることになるように、2012年に、今まで歩道上での整備を選択肢に入れたガイドブックなどが作成されてきたが（表2・1の7）、原則歩道上での整備の選択肢（暫定的な取り扱いを除く）を入れないで、車道上での自転車走行空間ネットワークを整備する「安全で快適な自転車利用環境創出ガイドライン」（表2・1の10）が出された。これによって、今後の自転車走行空間の整備の基本を、歩道上の整備に求めず、車道上で行うということが確認された。

2. 国交省・警察庁のガイドラインの三つの特徴

以上のように、現在においては、施策的には、従来の「歩道通行の原則」から本来の「車道通行の原則」に本格的に復帰しつつある。2012年11月『安全で快適な自転車利用環境創出ガイドライン』が制定され、自転車ネットワークの形成は今後これにより進められることとなった。これによって、

従来の自転車走行空間の新規整備が、余裕空間のあるところや、地元調整がしやすいところを中心に行われてきたこと、および単発の自転車走行空間の整備や確保とされてきたことなどの取り扱いから、歩道が原則的に選択肢にない整備手法と、余裕空間や地元調整の容易さを中心とした路線から、計画論として必要な路線を選択するネットワークによる空間形式の取り扱いに移行したことが重要な点である。

1 ガイドラインの構成

　ガイドラインは、「はじめに」「本論」および「参考資料」の三つの部分から構成されている。

◆「はじめに」はガイドラインの適用対象が示されている

　「はじめに」には、「ハード、ソフトの両面から幅広い取組がなされるよう」にすること、すなわちハード面に偏らないこと、および「地域の実情を十分に踏まえ、関係機関などと適切に役割を分担したうえで、各種取組を検討、実施されることが望ましい」という前提が記載されている。ポイントは、それよりも、ガイドラインは「<u>自転車ネットワークを構成する路線を対象として…取りまとめているものであるが、それ以外路線においても参考とすることが望ましい</u>」（下線は筆者）として、ガイドラインの適用対象を示していることである。たとえば車道上に走行空間を求めるネットワーク路線と歩道上に走行空間を求める従来の路線の混在など、同じ都市内で対象路線とその他で取り扱いが異なるのは好ましくないので、将来的にネットワークに取り込む見込みの路線はもちろん、その他の路線についても改良工事などが行われる場合などに可能なかぎりその考え方を適用していくと明示されている。

◆本論は通行空間というハードがメインだがソフト施策の検討も対象となる

　次に本論の構成は、「Ⅰ自転車通行空間の計画」「Ⅱ自転車通行空間の設計」「Ⅲ利用ルールの徹底」および「Ⅳ自転車利用の総合的な取組」の四つから構成されている。今回のガイドラインの制定の意義は、ⅠおよびⅡの

表2・2 「安全で快適な自転車利用環境創出ガイドライン」(2012年11月29日制定)の構成とボリューム

はじめに		6ページ
本論	Ⅰ 自転車通行空間の計画	18ページ
	Ⅱ 自転車通行空間の設計	60ページ
	Ⅲ 利用ルールの徹底	13ページ
	Ⅳ 自転車利用の総合的な取組	18ページ
参考資料	Ⅰ 背景	10ページ
	Ⅱ 通行方法	13ページ
	Ⅲ 関係法令	95ページ

出典：ガイドラインに基づき古倉整理。

ような空間的な整備手法に特徴を持つことである。表2・2のように、これらが相当のボリュームを有するメイン部分であり、ハードの通行空間の整備の技術的な指針の意味が強い。これに対して、ⅢおよびⅣは、このガイドラインが単なる走行空間というハード施策の部分のみにとどまるものではなく、ソフト施策の部分も包含し、総合性を持った施策とすることの必要性を説いている。このようにソフト施策も併せて定めることにより、セットで自転車利用環境の創出が十分に果たせるとしていることを十分に理解することが重要である。ただし、自転車の位置づけや目標値の設定などの自転車計画の総論と言えるようなものは含まれていないので、総合的な自転車計画のガイドラインとは言えない。可能なかぎりは、総合的な自転車計画のなかでネットワーク計画を策定することが望ましいと考える。

② ガイドラインの三つの重要なポイント

そこで、まずこのガイドラインの意義について、重要なポイントを指摘する。第1に、今まで、ともすれば自転車の専用の走行空間の整備は、現実に空間に余裕が存在する区間など整備しやすい空間について、単発の路線でなされてきた。新しく制定された「安全で快適な自転車利用環境創出ガイドライン」は、このことに対して、作りやすい区間のみではなく、これを含めてネットワークの連続性を持たせることを目ざしている。

第2に、ガイドラインでは、このネットワーク対象路線は当面の措置である場合を除き、歩道を選択することなく、自転車道、自転車専用通行帯（レーン）または車道上での混在の三つから選択すること、交差点や混合路線では法定外表示などを用いて安全を確保することなどの基準が示された

ことである。

　ガイドラインでは、「自転車道が（整備手法として）選定される道路において、自転車道の整備が困難な場合には、すでに当該道路で自転車歩行者道が整備されており、自転車交通量が少なく、かつ歩行者と自転車の交通量を踏まえて歩行者と自転車を分離する必要がないときにかぎり、当面の整備形態として自転車道を整備するまでの期間、自転車歩行者道を活用することができる」（カッコは著者）とされている。2013年4月に出されたガイドラインのQ＆A[*1]では、「自転車歩行者道については、当面の整備形態として、…一定の期間、活用できるとしており、将来的には自転車道を整備することとしています」と説明されている。

　第3に、交差点についての自転車の走行空間の取り扱いである。従前の取り扱いでは、単路部分において自転車専用通行帯などの専用空間を確保する空間があるが、交差点手前部分では、クルマのための右折レーン、場合によっては左折レーンなどが路肩その他の部分の空間をほとんど全部取って設けられているため、この部分に単路部分から連続して自転車専用通行帯を設けることは難しい。このため、交差点部分がだめなら、手前の単路部分に専用空間を確保する余裕があっても専用レーンを作らない、または、自転車と自動車および歩行者が交錯して危険な交差点では歩道に上げて複雑な空間の処理を行うということも行われた。しかし、このガイド

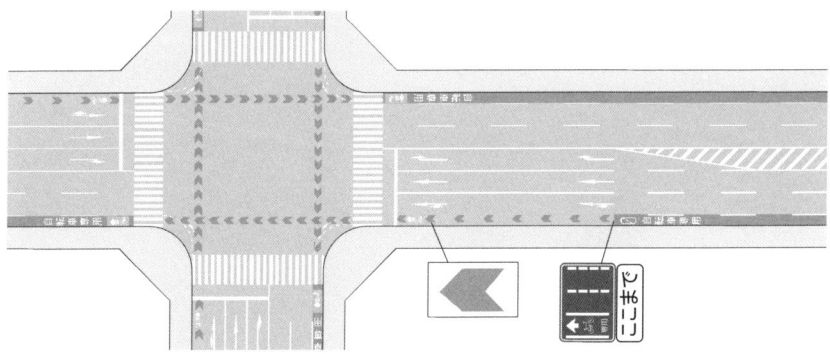

図2・1　交差点における矢羽根印の路面表示(出典：「安全で快適な自転車利用環境創出ガイドライン」p.Ⅱ-35)

ラインでは、表2・3にあるように、自転車通行空間の幅員を確保するため、まず、①右折レーンの廃止も含めた流入部のレイアウトの再編、②歩道幅員の縮小、および③用地買収による拡幅の順に検討して対処することとし、これらのいずれもすぐに実施できない場合は、当面の措置として、車道上に通行位置および通行方向を明確化する路面表示（矢羽根印、図2・1）を設置して、自転車と自動車を1列で通行させることを検討することとされた。

　また、交差点における安全性の確保のための前出し停止線の設置（1台分の長さ、専用通行帯の場合）や直線的な連続性を持たせるために自転車横断帯の撤去なども行う。

　これらにより、交差点部の走行空間の前後の単路との連続性は、混在空間があるにしても、一応確保されることとなり、ネットワーク全体としての連続性の確保におおいに貢献できる。

　これらの特徴と内容の概要を簡単にまとめると表2・3のようになる。なお、ガイドラインを活かしたネットワークの創出については9章で詳述する。

表2・3　ガイドラインの三つの主要な特徴

1	ネットワーク計画がある（Ⅰ）	①98地区のモデル事業など今までは線的・単発であったが、まずネットワーク計画を立てて、面的に整備を推進。 ②密度の明示（約330 m〜2 km間隔）。 ③環境整備の方針・目標・位置づけの明確化。従来の作りやすい路線から、目的を持ったネットワークへ転換。
2	通行空間選択基準が明確・選択肢に歩道が原則ない（Ⅱ）	①a自転車道（自動車の速度50 km超）、b自転車専用通行帯（aおよびc以外）、またはc車道混在（自動車の速度40 km以下かつ自動車交通量4000台以下）から選択するという明確な基準。 ②歩道または自歩道は原則なし（既存広幅員のものは自転車道に）。 ③矢羽根、路面表示などの法定外表示や路線標識を推奨・公認。
3	交差点に大きな配慮（Ⅱ）	①a既存レイアウト変更、自動車右折レーン廃止の検討、b歩道幅員縮小、c用地買収で拡幅　d当面法定外表示などの順で右折車線などのある区間で空間の連続性確保。 ②専用信号、停止位置の前出し、交差点内は自転車横断帯を取り払い、矢羽根表示などの路面表示で直線的に連続性を持たせる。

出典：「安全で快適な自転車利用環境創出ガイドライン」に基づき古倉作成。Ⅰ、Ⅱなどはガイドラインの本文の構成上の表記である。

❸ 車道上で行政が自転車を保護し、バックアップする

　ガイドラインを適用しても、すぐに本来の車道走行が実現するかどうかは、次の方策にかかっている。

(1) 車道は怖いという直感を払拭する

　自転車の車道走行が一般的になるかどうかが一番重要である。各種アンケート調査を見ると、多くの場合には、車道通行が増加してはいるものの、全体から見るとまだ割合的には少ない。依然として、自転車は歩道を通行することが生活習慣としても体にこびり付いているようである。歩道を自転車が通行する最大の理由は、車道走行に対する恐怖感である。データにより車道走行の安全性を示しても、現実の空間では、がまんできずに歩道に逃げ込んでしまう人が多い。このため、この恐怖感を払拭することが必要である。

① 行政が率先しクルマに積極的に呼びかける

　まず、行政が前面に出て、看板掲出、街頭指導などで車道走行を徹底して啓発することが重要である。自転車利用者は、行政のサポートを受けて車道空間を走行していることが明確にクルマに対して示されれば、大きな後ろ盾になり、クルマも配慮せざるをえず、大きな安心感につながる。

　この場合、歩道や交差点での事故のデータなどをもとに当該現地での看板掲出や街頭指導をする。特に、危険な感覚を持たれそうな空間では、口頭の呼び掛けやプラカード、目立つ看板などを示して、クルマに対する啓発を行い、自転車の車道走行をサポートすることが有効である。これがあると物理的に弱い立場にある当該箇所で車道を走行する自転車は、行政や

第三者のボランティアから支持を受けて走行しているという意識と自信を持つことができ、また、その箇所に即したルールの学習も可能になり、より一層恐怖感を軽減することができる。

2 車道走行の安全性などをアピールする

　また、車道走行と歩道通行との安全性の差を本書などで示したような実際のデータで広報啓発することにより、多くの人の車道走行の食わず嫌いを解消する。たとえば、歩道は意外と自転車とクルマの事故が多いこと、逆に、車道は左側通行していれば、事故がきわめて少ないことなどをデータで示して理解してもらうことも大切である。そのためにその点に焦点を絞った資料作りも必要である。

3 現実に自転車空間設置後の自転車空間を走ってもらう

　各種アンケート調査によると、歩道通行に慣れきってしまい観念的に車道は危ないと思い込み、車道を通行しない人が数多く存在する。安全・快適・迅速に走行できるのは車道しかないという理解に加えて、講習会などでの実技において、実際の車道走行により実感してもらうことが肝要である。実際に走行してみると、多少の恐怖感がないではないが、極端に幅員の狭いところ以外では、ルールを守り注意して走行すれば、思ったほど危険を感じるものではない。しかも、歩道のように段差や道路付属物、占用物件もなく、さらに歩行者などもいない。案外快適に走行できる。また、速度も徐行（7.5 km/hが上限）という制限はなく、迅速に走行できる。多額の補償を求められる歩行者との事故も起こらない。

　筆者も柏の葉キャンパスタウンで、車道走行の実証実験を多くの人に行ってもらった結果、普段もっぱら歩道を通行している人に車道が意外に安全快適な空間であることを十分に理解してもらえた。

(2) 自転車ネットワーク地図を作成する

　自転車地図が多くの都市で作成されてきている。もちろん、今までは、ガイドラインに基づくような方法でのネットワーク的な整備がなされてこなかったため、自転車専用通行帯（レーン）、車道混在などの走行空間の種類、また、走行方法などについて明示した自転車ネットワーク地図はなかった。せっかく沿道調整などで苦労して自転車空間を整備しても、このような走行空間の種類を明示した地図が作成配布されないと、その空間の存在が体系的にアッピールできない。なお、できれば、その走行ルールや幅員などを地図に明示することで、走行者もそれぞれの区間に適合した走行方法に留意しながら利用できる。また、整備前後での事故の減少などのデータも併せて掲載し、その効果を明示する。

(3) 体系的に対策を講ずる

　以上のような方法を体系的に講じて、少なくとも自転車ネットワーク空間においては、行政が徹底して自転車の車道走行を支援していることを自転車利用者およびクルマ利用者に継続的に広報啓発することである。特に、その空間での違法駐車の取り締まり、荷さばき施設の整備、さらに、自転車での買い物などによる売り上げ増などのデータの公表も含めて、理解を得るように総合的な対策を講ずる。

　また、自転車専用通行帯（レーン）については、明らかに自転車空間であることがクル

図2・2　県道西宮豊中線（尼崎市内）における自転車専用通行帯　(出典：兵庫県ホームページ)

マからわかるような色彩や看板ににすることより、自転車の安心走行の確保と違法駐車の排除効果を通じて、車道通行を支援すべきである（図2・2）。

④ 矢羽根印の路面表示の効果は絶大

　ガイドラインではクルマと自転車の混在空間の安全性向上のために、矢羽根印の路面表示が推奨されている。

　ガイドラインの制定後、この「自転車通行空間の設計」に則り東京都内で行われた社会実験（文京区千石一丁目交差点・国道17号と都道437号線不忍通りの交差点）では、矢羽根印の路面表示（「ナビライン」と称している）を交差点内に設置したところ、車道を上り方向に横断する自転車は、試行前の51％から80％（ナビライン上）に増加し、また、下りの左折レーンのあるところでの車道を直進して横断する自転車が31％から57％（ナビライン上）に増加した（図2・3）。

　特に、下りは図2・3右上写真のように、クルマ用の左折レーンがあり、自転車がその左端を直進する場合に、試行前では、直進する自転車と左折するクルマが交錯することとなるのを避けて、歩道から交差点に進入する人が53％と過半を超えていたが、施行後は、32％に減少している。このように交差点の通行位置を明示するためのナビラインは、車道から交差点に進入することを指導することに大きな効果があると認められる。

　また、宇都宮市内の国道4号線では、全国でもいち早く直轄国道としてこの矢羽根を取り入れた社会実験が行われた（2013年2月12日～2013年3月12日）。

　実験期間中は、交差点の手前で多くのクルマが左折体制に入っている状況であるが、観察すると、ここを自転車の走行がない場合でも交差点の手前ぎりぎりまでこの矢羽根のゾーンにタイヤが進入していない（図2・4左

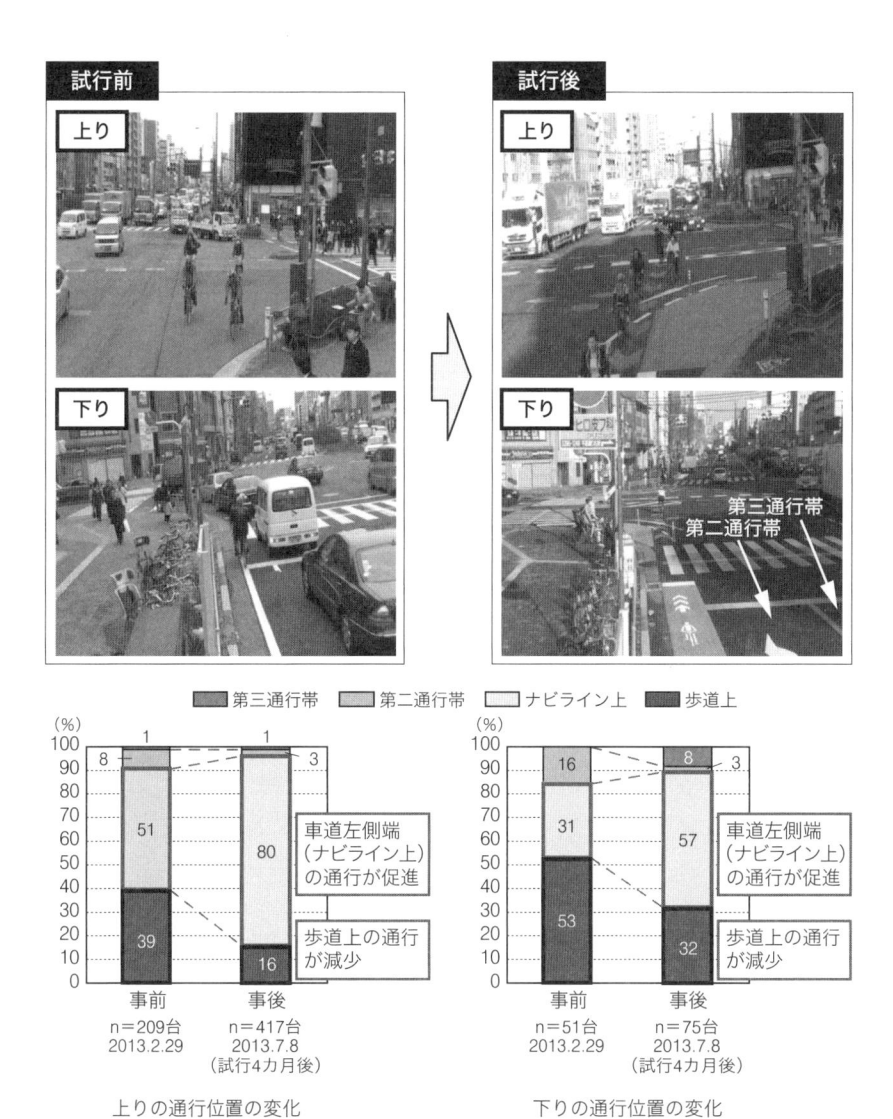

図2・3 矢羽根印の路面表示の効果（東京都内での社会実験）（出典：国交省 東京国道事務所・警視庁交通部 2013年8月12日記者発表資料「自転車、ナビラインで歩道から車道へ」）

上の写真）。図2・4右上の写真は交差点内であるが、右折車があるとき以外は、自転車が走行していない場合もほとんどのクルマは矢羽根を踏んでいない。ここで、自転車の走行がない状況であることに特に注目したい。

第2章 国交省・警察庁のガイドラインを活かす　47

このように、この交通量が日量2.2万台の直轄国道というクルマの交通量がきわめて多い車道で、矢羽根の路面表示効果は絶大であったが、社会実験に際して実施されたアンケート調査でも、車道を通行した半数もの人が安全性の向上に肯定的であった（図2・4）。このように実際に矢羽根印による走行空間の確保は大きな効果を上げつつあり、もっと多くの人に実際に走行してもらうことで、より理解が進むことが期待される。

交差点の手前の左折車の状況（撮影：古倉） 　　交差点内の自動車の横断状況（撮影：古倉）

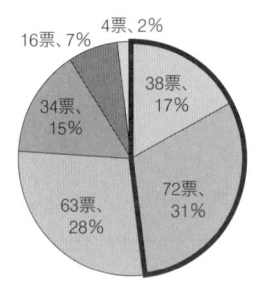

安全になった、やや安全になった：約5割

単路部で矢羽根に沿って
走行した方（回答数227）

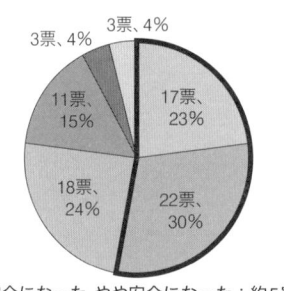

安全になった、やや安全になった：約5割

交差点部で矢羽根に沿って
走行した方（回答数74）

図2・4　国道4号線での矢羽根印の効果（宇都宮市内での社会実験）（出典：国交省関東地方整備局 政策広報誌 2013年4月号（毎月発行・通算第82号））

5. 安全確保の看板や路面表示を徹底的に設ける

(1) 自転車利用者にやさしい標識や路面表示で走行空間を確保する

1 体系的な看板およびフットサインによる空間確保をまず先行する

　奈良県のように短期間に593 kmものネットワークを整備するには、新たに専用空間を整備するのではなく、道路の小規模な改良、不法占用の除去など走行空間の最低限の整備を行う一方で、主として路面表示と標識により、ネットワークをまず構成するのがよい。本格的な道路の改築、再配分を伴う走行空間の整備は、これの後に中長期に行うようなプログラムを設定すればよいのである。

　奈良県の整備は自転車ネットワークの確保が標識や路面表示のサインにより行われるため、安全快適な走行空間になるような細心のノウハウや留意事項が凝縮している点でも重要である（表2・4）。また、ハードの空間整備を行う場合にも、これに合わせて行うべき標識や路面表示が大変参考になる。

表2・4　サインの種類

サインの種別	目的	設置箇所	主な表示内容
案内誘導サイン	自転車ルートの進行方向や通行方法を伝えるために設置する。	単路部	○自転車ルートの進行方向 ○ルート番号 ○目的地（起終点など）までの距離
		交差点	○自転車ルートの進行方向 ○主な目的地 ○ルート番号
注意喚起サイン	自転車ルート走行時の危険事象の発生を防ぐために設置する。	単路部	○歩行者優先（対自転車） ○幅寄せ注意（対自転車）
		交差点	○自動車注意（対自転車） ○歩行者注意（対自転車） ○横断自転車注意（対自動車）

出典：「奈良県自転車利用ネットワークづくりガイドライン」（2011年7月奈良県土木部）。

2 案内誘導サインと注意喚起サインを分類して設置

まず、サインを、「案内誘導サイン」および「注意喚起サイン」の2種類に分けている。前者は自転車ルートの進行方向や通行方法を伝えるために設置するものであり、後者は走行時の危険事象の発生を防ぐために設置するものである。

案内誘導サインは、自転車ルートの進行方向、ルート番号、目的地、目的地までの距離を単路部および交差点部に分けて表示する。これには看板と、看板が設置しにくい場合などのフットサイン（路面表示）がある（図

図2・5 案内誘導サイン　進行方向案内の標識（左）およびフットサイン（路面表示）（中、右）

図2・7 注意喚起サイン（自転車に対して呼び掛けるもの）。クルマに対する注意を促す看板（左）およびフットサイン（路面表示）（中左）、ならびに歩行者に対する注意を促す看板（中右）およびフットサイン（路面表示）（右）

図2・6 案内誘導サイン　目的地までの距離を表示する看板（左）および左側通行を注意する内容を含んだもの（右）

（図2・5〜2・8まで　出典：表2・4と同じ）

図2・8 注意喚起サイン（クルマに対して呼び掛けるもの）。自転車に対する注意を促す看板（左）およびフットサイン（路面表示）（中左）、ならびに自転車の横断があることに対する注意を促す看板（中右）およびフットサイン（路面表示）（右）

2・5、2・6)。

また、注意喚起サインは、自転車に対して呼び掛ける表示として、「自動車注意」の看板とフットサイン（路面表示）、クルマに対して呼び掛ける表示として、当該道路が自転車ルートであることを示すもの、通行する自転車に注意した運転を促すものなどがある（図2・7、2・8)。

③ サインには大きな役割がある

ここで、ポイントは、第1に、案内誘導サインと注意喚起サインに分けた県内全域に統一的かつ体系的なサインのデザインを作り上げている点である。これにより、ネットワーク路線でのデザイン、色彩が統一され、自転車利用者はもちろん、クルマ利用者、歩行者などの他の道路利用者にも容易に認識できる。第2に、これを設置する場所や交通環境に応じて、デザインを使い分け、また、設置の場所や間隔を指定して、利用者の利便性や安全性の向上に的確に対応ができるように、さまざまなケースに分けた体系がシステム的に設けられている点である。第3に、注意喚起サインは、自転車のみならず、クルマに対する注意を喚起する看板やフットサイン（路面表示）がなされることである。

我が国の多くの自転車計画では、自転車側に対する注意喚起やルールとマナーの啓発などを呼び掛けることを内容とするものが多いが、クルマに対して自転車の安全を確保するような啓発を具体的に行う例はきわめて少ない。自転車対クルマの事故のほとんどが自転車側のみ負傷していることを考えると、自転車利用者が勝手に車道を走行しているという意識を払拭するためにも当然の措置である。

第4に、ネットワークにおけるこのようなサインが体系的に随所にあることを通じて、自転車が公から公認されてここを堂々と走行できることを示すことにより、自転車利用者に安心感を与え、自転車利用を促進することに大きく貢献することである。すなわち、このようなサインがクルマに対しても明確に見えるように高い位置などに配置されることになっている

が、これにより、クルマに対してここは自転車ネットワークであり、自転車が多く走行する空間であるので、これに配慮するように公が直接間接に呼び掛けていることが示されるのである。

(2) 自転車の走行に関する標識や路面表示はクルマに対するものと考える

　奈良県の例からわかるように、クルマに対しても、自転車走行を強く認識させるようにすべきである。自転車専用通行帯や法定外表示による混在は、自転車に対してここを自転車が通ることを推奨するという意味は当然のことであるが、自転車が行政からの推奨というお墨付きをもらった空間であり、「なんで歩道を走らないのか」というような自動車側からの見えない圧力を跳ね返す重要な意味がある。これは、いわゆる「低ストレス」の自転車空間につながる。自転車利用促進のためには、この低ストレスの空間の提供が大きな効果があることを前提に、他の交通主体（主としてクルマ）からしっかりと見える標識や路面表示の位置や大きさ、回数などを確保すべきである。

　これらのことは、我が国で行われた各種実験などで、矢羽印などの路面表示により、今までよりも車道空間などが走行しやすくなったとの回答が多いこと、また、現実に車道走行の割合が増加していることなどから、間接的にうかがえる。なお、豊橋市で 2013 年に行われた社会実験では、サンプル数は少ないが、矢羽印の設置の前後で、クルマが自転車を追い越す際確保された側方の間隔は、平均 63 cm が同 103 cm となっている[*2]。今後は、これらの看板、路面表示などの措置の自転車利用者に対する保護効果をより直接的に検証すべきである。

(3) 車道を通行できる安心感を自転車に与えるよう配慮する

　自転車利用者に歩道を通行する理由を聞くと、圧倒的に多い答えが、「車

道が危険であるから」というものである。もっとも大切なポイントは、後ろから来る自動車に対する信頼感と安心感の醸成である。これは、上で述べたように自転車の走行空間でのサインのような間接的なクルマに対する啓発が重要であり、一定の効果があることはもちろんであるが、クルマに対して自転車に対する安全確保を直接的に呼び掛ける公報誌などによる啓発活動と、特に自転車に配慮を要するような現場での自転車に対する配慮の呼び掛けなどの啓発を実施することがより重要である。特に事故地点での簡単な事故内容と必要な注意のポイントの啓発も効果がある。

　もちろん、その際に、クルマ側に一方的に呼び掛けるだけでは、ルールやマナーを守らない自転車を助長する側面あるので、同時に、同じ看板などで自転車にも左側通行などその場で横行しているまたは事故を防ぐために必要なルールを呼び掛ける必要がある。車道走行の危険感という主観的な感覚を払拭することが今後の重要な課題である。

6. 自転車道、自転車専用通行帯（レーン）、車道での混在の選択手順

(1) 今までの空間整備の手法との違いを活かした空間整備が必要

　今回のガイドラインとそれまでの「自転車利用環境整備ガイドブック」（2007年10月）や「自転車走行空間の設計のポイント」（2009年7月）と根本的に異なる注目すべき点がある。今までガイドブックなどは、第1に、「自転車道」の可能性を検討し、第2に、空間構成などでこれが困難であれば、自転車専用通行帯（レーン）」を検討して、第3に、これが難しい場合は自転車歩行者道の整備を検討するという手順だった。本来どの空間が必要なのかという技術的な基準に基づき決定するのではなく、現地での関係者との調整、余裕空間、道路環境などの状況を見て、順番に検討して、可

能なものを採用することとなっていた。この順番で検討すると、特に、交差点などで余裕空間がないこと、沿道との調整などが必要があることなどにより、車道上に一貫した幅員を必要とする自転車道や自転車専用通行帯は設置することができず、結果的には、自転車歩行者道など歩道上での空間確保になってしまうケースが多くなってしまった。

今回のガイドラインでは、ネットワーク対象路線での余裕幅の存在ではなく、図2・9のような車道のクルマの速度と交通量という二つの客観的な基準により、整備手法（自転車道、自転車専用通行帯または車道混在）を選択することになっている。これは従来とは大きな違いである。ちなみに、諸外国はすでに同様の車道の通行量と速度により、どれを採用するかを客観的に選択するという方式を採用している。このようにどの整備手法が原則であるかを明確にすることがまず重要な点であり、これによりがたいときには例外を考え、今後可能なかぎり、この原則に近づくように改良の余地を残しておくのである。この点では大きな進歩である。そして、これをすぐに満たした整備手法が採用できない空間的な制約がある場合は、交通量制御、道路空間の再配分、規制速度の抑制などにより、条件や環境を整え、これを満たすようにすることとされている。前提となる条件の整備を行うことなどにより、ある程度弾力的に運用できるようになっている。

そこで、例外的にこの弾力的な運用を行う場合に、上の条件や環境の整

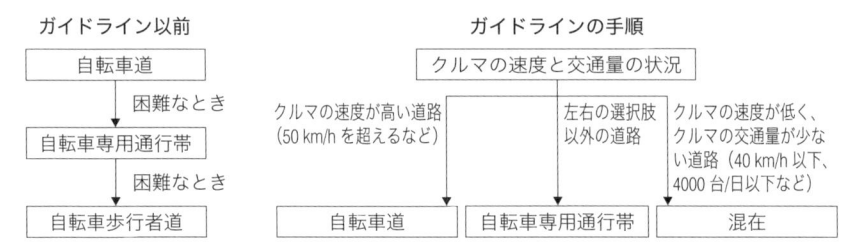

```
ガイドライン以前                    ガイドラインの手順
┌─────────┐                  ┌──────────────┐
│ 自転車道  │                  │クルマの速度と交通量の状況│
└─────────┘                  └──────────────┘
   ↓ 困難なとき         ┌──────────┼──────────┐
┌─────────┐     クルマの速度が高い道路  左右の選択肢  クルマの速度が低く、
│自転車専用通行帯│     (50 km/hを超えるなど)  以外の道路   クルマの交通量が少な
└─────────┘                                      い道路（40 km/h以下、
   ↓ 困難なとき                                    4000台/日以下など）
┌─────────┐     ┌─────┐    ┌─────────┐   ┌─────┐
│自転車歩行者道│     │自転車道│    │自転車専用通行帯│   │ 混在 │
└─────────┘     └─────┘    └─────────┘   └─────┘
```

自転車道：縁石線または柵その他物理的に分離された車道上の自転車専用空間。自転車は歩道やこれ以外の車道を通行してはならない。対面交通が原則
自転車専用通行帯：車道上で自転車の専用通行空間を指定するもの。一方通行。歩道の自転車通行可と併用可能。
自転車歩行者道：歩道上でライン、カラー舗装などで自転車の通行位置を指定するもの。対面通行が一般。徐行義務づけあり。
混在：専横空間を設けず、歩道を自転車通行可にもせず車道をクルマと自転車で共用するもの。

図2・9　整備手法決定の基準

備のいずれを目ざすべきかを、逆に検討することも重要になってくる。

(2) 自転車道と自転車専用通行帯のどちらを目ざすべきか

次に、自転車道と自転車専用通行帯（レーン）の比較について検討する。表2・5は自転車の走行空間整備前と整備後の同一区間の事故の件数の減少率である。これによると自転車道よりも自転車専用通行帯の方が10ポイントも事故減少率が高い。自転車道がクルマから物理的に分離されている空間であるにもかかわらず、自転車専用通行帯の方が安全性の向上の割合が高い理由としては、次のことが考えられる。

すなわち、自転車道は完全にクルマから隔絶した空間であり、これは時には、歩道以上に自転車利用者に安心感を抱かせる。このため交差点に差し掛かったときに、どうしても散漫な注意力の状態で物理的に分離された空間から一挙にクルマとの混合空間に入ることになる。つまり、落差が激しく、クルマに対する注意力が低いまま、事故割合が極端に高くなる交差点に自転車が進入した場合、事故の危険性が一挙に増加するものと推測される。

これに対して、自転車専用通行帯は、物理的に分離されていないため、単路区間でも、クルマの動静に注意をしながら自転車を運転することとなり、この高い注意力の状態でクルマとの完全な混合空間である交差点に進入しても、一挙に危険性が増加することはない。特に、法定外表示の矢羽根の路面表示を交差点に前後の単路部の自転車専用通行帯とセットで設けることができることになったので、これを活用すれば、交差点での危険性は最小にすることが可能である。

また、実務的には、自転車道よりも狭い幅員で自転車専用通行帯

表2・5 自転車事故の減少率

自転車専用通行帯	36%
自転車道	26%
自転車歩行者道（通行位置の明示）	14%
同上（混合）	11%

出典：「自転車通行環境整備モデル地区の調査結果について」2011年7月、国交省道路局

を設置できるのであるから、あとは車道のクルマの通行量の制御か、速度の規制で自転車専用通行帯を選択できるようにすることである。通行量はクルマの迂回路の整備による制御であり、変化させることがなかなか難しいが、規制速度を下げることは比較的対処が容易である。このように、実務的には自転車道より自転車専用通行帯を車道に設けることが現実的である。

7. 自転車専用通行帯の活かし方

（1）自転車専用通行帯のマイナス点のカバー

　自転車専用通行帯（レーン）は、①駐停車のクルマの排除が物理的にはできないこと、②違反である自転車の逆走が初心者を中心に多いこと、③クルマとの物理的分離ではないため、接触の危険性は残ること、④自転車道も同様であるが、自転車専用通行帯は特に物理的なバリアーがないため、クルマが容易に沿道の施設や駐車場などへ出入りすることなどでの自転車とクルマとのクロスがあることなどがマイナス点であろう。

1 接触事故の危険性
　これらについては、まず、特に強調したいのは、③の点であるが、走行中のクルマはこの自転車専用通行帯に進入することがほとんどないことである。これは各種観察からも確認しているので、自転車がこの専用空間をはみ出さないかぎり（つまり違法な行動をとらないかぎり）安全であることである。

2 駐停車のクルマの排除
　なんといっても、この空間が自転車の専用空間であることをしっかりと

認知してもらうような色彩および路面表示と、看板による注意喚起により、行政の強い意志を表示することである。前著に説明したが、ほとんどのドライバーは、明確な行政の意思表示があれば、駐車はほとんど控えたいと考えている*3。その気持ちをよく見抜いたうえで、対策を中途半端にしないことである。このためにも、自転車優先のしっかりとした位置づけが存在することによる車道空間での自転車走行の尊重が不可欠である。図2・10のように、物理的には、あまり高いものではない突起付き（リブ付き区画線など）で反射板のついたラインを設けることなどにより、明確にここは止めさせないという意思表示をしてほしい。また、ガイドラインでも定められているが、コインパーキングを設けて駐車需要に対応するとともに、その車道側に自転車専用通行帯を設けて、駐車需要との調和を図ることも考えられる（図2・11）。

図2・12は、盛岡市の路上駐車帯の外側に設けられた自転車専用通行帯である。このようにすれば、自転車専用通行帯におけるクルマの駐車をある程度防止することが

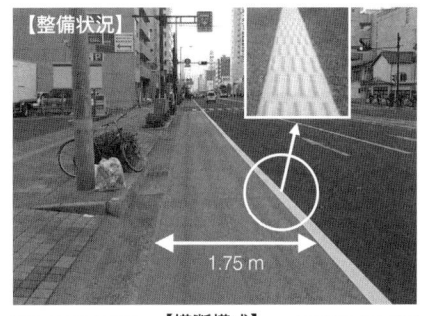

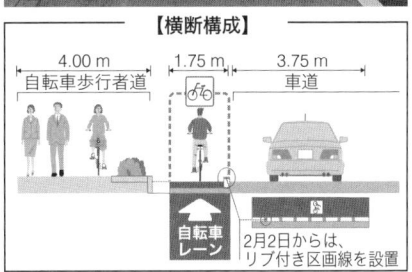

図2・10　リブ付き区画線（出典：松山市自転車ネットワーク計画（2013年8月）のp.18 松山市本町三丁目交差点〜札ノ辻交差点（上り線）の社会実験）

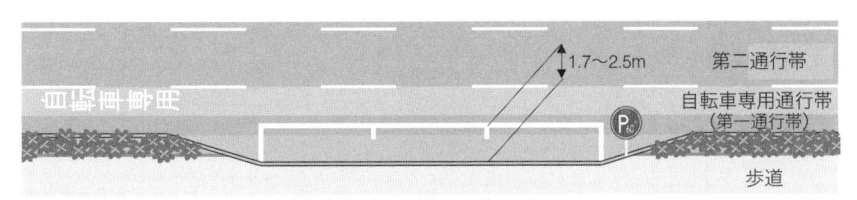

図2・11　コインパーキングと自転車専用通行帯との位置関係（出典：「安全で快適な自転車利用環境創出ガイドライン」pⅡ-27、2012年11月国交省・警察庁）

第2章　国交省・警察庁のガイドラインを活かす

図 2・12　路上駐車帯の外側の自転車専用通行帯
(出典:「自転車走行空間の設計のポイント」p.6、2009 年 7 月　国交省・警察庁・国土技術政策総合研究所)

できる。駐車の前後でクルマがレーンを横切るが、速度を落としており、また、駐車行動は前後左右を注意するので事故の可能性は低い。

それでも駐車するクルマは、強力な指導や取り締まりの対象にすることである。ただし、自転車専用通行帯利用者が行政や警察を責めてばかりだと逆効果になる（後述）。

3 逆走排除

これは、逆走の入口に看板などを立て、さらにハンプのような模様を描いて、進入しにくい路面表示をすることなど、心理的に可能なかぎりバリアーを設けることである。この場合、左側通行（キープレフト）の徹底は当然のことであるが、これがなぜ基本中の基本のルールであるかについて、その理由を含めて明確に啓発することである（第 1 章で十分に説明している）。

4 沿道の施設や駐車場などへの出入りのクルマと自転車とのレーン上でのクロス

沿道の施設などへの出入りのクルマとの事故が多いのは、歩道を走行している自転車とのものであり、キープレフトを守って走行している自転車は、ほとんどのクルマから認識され、左折巻き込みや沿道から出てくる出会い頭事故はほとんど起こっていないので、これは大きな問題ではないと考える。

（2）交差点でも自転車専用通行帯を設けるようにすべき

すべての道路で自転車をクルマから物理的に分離できれば、それに越し

たことはないが、残念ながらこのようにすることは、世界のどの自転車先進都市でも不可能である。簡単な話は、交差点である。すべて立体交差にして自転車とクルマを分離にすればよいが、現実にはできない。また、裏道の細街路ではどうしてもクルマとの混合空間が生ずることは避けられない。

先述のように、我が国で自転車事故が多い箇所は、交差点であり、全自転車事故の7割も占めている。我が国では交差点については自転車専用通行帯（レーン）は実務上認められていない（先述のガイドラン検討委員会での警察庁の見解）ので、交差点はクルマとの混在空間にならざるをえない。そうすると、自転車の専用空間は、単路においてのみ整備されることになる。

本当に自転車事故を減らしたいなら、事故の多い箇所に対して効果がある対策が一番求められる。交差点こそ、混在空間とせず、自転車専用通行帯を設けるべきである。自転車専用通行帯を設けることにより、第1に、専用空間を作ることにより、クルマとの混在関係に不慣れな自転車が多いなか、交差点の走行について、そこしか通れないという義務づけとなり、自転車の秩序正しい交差点通行を確保できる。第2に、これにより、クルマ側から自転車の行動の予測がつき、安全確保も可能となる。第3に、前後の自転車専用通行帯などとの連続性も確保され、自転車利用の安全性快適性が格段に向上し、自転車利用の促進に大きく貢献するのである。

ちなみに、ロンドン自転車スーパーハイウェイは当然のように交差点を含めて基点から終点まで一気通貫に自転車専用通行帯が設けられて、おおいに自転車利用に貢献している。

(3) 自転車利用者は自転車専用通行帯での自動車の駐車に神経質にならない

誤解を生ずることを承知であえて書くと、自転車専用通行帯（レーン）の弱点である自動車の駐車にいちいち目くじらを立てないことである。自

転車専用通行帯は、いろいろな観点から自転車の車道走行空間を確保する意味で最適であることを述べたが、その空間に駐停車するクルマが後を絶たない。これが唯一と言っていいほど、しかし重大なマイナス点である。これを理由にして、自転車利用者からは、安全に走行することが困難である、もっと駐車を取り締まらないと意味がないなどの批判がなされる。このようなことは、自転車専用通行帯（以下ここでは専用通行帯とよぶ）の性格上当然のことで、諸外国でも程度の差はあるにしても、よく見かける光景である。ここで、これに対して、クレームをつけたいと考えるのは当然のことではあるが、これのためにどのようなことが生ずるかを考える必要がある。

　第1は、行政側の反応である。せっかく専用通行帯を苦労して設けても、初めからわかっている弱点を繰り返し言われたのでは、そもそもこれを設けることが不適当であったという判断がなされる可能性もある。少なくとも、次からなるべく作らないようにしよう、または、作るとしたら物理的に駐車できない構造の自転車道にあえてしようというベクトルもありうる。これでは、せっかくの多くのメリット（幅員が狭くてもよい、双方向通行ではない、歩道通行可を併用でき高齢者などの自転車利用との調和を図れるなど）を有する専用通行帯の設置を基本的に縮小させるものとなってしまう。

　第2に、クルマ利用者や沿道の人びとの側にも、せっかくクルマの狭い既得空間を自転車の専用空間に提供しているのに、自転車利用者が専用通行帯に満足できないのであれば、意味がないということになってしまう。今後は自転車利用者自身ですら不満であるような専用通行帯の設置には積極的に協力して取り組むことはないという気持ちになる。

　第3に、交通管理者（警察）にとっても、確かに違法駐車は取り締まりをしなければいけないにしても、昨今のような人員不足のなかで、四六時中取り締まりはできない。しかし、専用通行帯の利用に支障があるというようなクレームがたびたび来ると、専用通行帯の機能が十分に果たされて

いないということを日々担当者は認識させられることになる。専用通行帯の設置に躊躇することになりかねないのである。

　行政としては、専用通行帯を設置した責任は当然あるにしても、きめ細かい管理ができるとはかぎらない。そこを突かれると、きわめて痛いのである。しかし、行政にばかりクレームをつけると、専用通行帯の設置について心理的に縮小する傾向が出かねないと考えられる。むしろ、これを推進する意味から、暖かく見守り、設置を支援するべきである。もちろん、行政や道路管理者は何も対策をしないのではなく、先述の対策などを駆使して可能なかぎり駐車を排除することを求めたい。

　また、自転車利用者も、専用通行帯の拡大を期待して、事故が起こらないよう、より慎重に注意して、安全確認を徹底して違法駐車を回避することとするべきである。事故が頻発すると専用通行帯に対する信頼性が低下する。

8. 自転車道の活かし方

(1) 自転車道は、一方通行にして、追越しや交差点処理ができるようにする

① 柵などの分離工作物なしの自転車道のメリット

　次に自転車道については、今回ガイドラインにより、15 cm 以上の縁石を設置するものとされた。柵などの分離工作物は、「自転車道の幅員をせまく感じさせ、自転車に圧迫感を与えることや、すれ違いや追越時などに接触の危険性があることから、…できるかぎり設置しないものとする」とされた。

　重要な点は、第1に、これによりクルマからもしっかりと自転車の存在が意識され、認識されることとなり、交差点などの左折巻き込みなどが少

なくなること、第2に、閉鎖的な感覚がなくなるため、自転車側も交差点などにさしかかったときも含めて、他の交通を意識するようになることなどにより、交差点の事故を防止できる可能性のあること、沿道の荷物の搬出入、ごみの収集も容易になることなどメリットが多くあると考えられる。

　いずれにしても、空間が物理的に隔絶されているので、この分、単路でのクルマとの接触などの危険性は自転車専用通行帯（レーン）よりは相対的に低い。このようなメリットに着目し、交通量が多く、また、本線の速度規制が 50 km/h を超えるような道路ではこれを設けることとされる（国交省・警察庁ガイドライン）。

② 一方通行の自転車道を検討する

　自転車道のマイナス点としては、第1に、道路空間が狭い我が国で自転車道が必要としている幅を確保できない場合が多いこと、第2に、仮にこれを設けるとした場合には、自転車はそれ以外の空間（すなわち、歩道も車道も）通行が不可となることである。また、自転車道が原則対面通行になることや追い越しがしにくいこと、さらに交差点処理が複雑になること、ママチャリや高齢の自転車利用者などと高速で走行する自転車利用者の利用の調整が必要であることなど問題点も指摘されている。

　このため、一方通行の規制を行い、双方向通行を排除することが考えられる。これにより、自転車道として必要な幅員を狭くすることも可能で、数多く設置されている自転車歩行者道を分割して設置しやすくなること、対面交通がなく、かつ、キープレフトに徹して、安全性のある環境のなかで走行することができることなど、特に交差点処理に関して、双方向通行のために難しかった点が解消することなどのメリットがある。

　ここで、自転車道は、幅員は 2 m 以上とされているが、仮に一方通行の自転車道とすれば、その幅員を速度の相対的に速い自転車のための、追越車線的な空間にすることもできる(ガイドラインp.Ⅱ-6下から3行目以下)。なお、追越が想定される場合は、看板などで緩速の自転車に追越があり、

左側に寄って走行するなどの注意を呼び掛けることも考えられる。

③ 逆走方向の短距離の目的地に自転車で行く場合

一方通行の自転車道の大きな問題点は、短距離の沿道の目的地に行く人が逆走してしまうことである。中長距離の目的地の場合は反対側に渡って順走してもらうことは、抵抗が少ない。しかし、すぐ近くに行くために自転車で歩道を逆行したくなるのももっともなことである。

このようなケースの場合、少なくとも、片側1車線の道路のような道路の全体幅が狭いところでは、反対側に渡ってもらい順走行してもらうことがさほど手間ではないので、これを励行するようにしてもらう。片側が複数の車線の場合、交通や信号機の状況により反対側に渡っての自転車道の順走は、大きな手間になる可能性もある。利便性の観点からは、一方通行の自転車道にかぎり、歩道通行可の扱いができるように、法改正または解釈の弾力化を検討すべきである。

ただし、物理的に専用空間を設けた上に、歩道通行可とはしにくい面もある。また、これ以上歩道通行可を増やすことには異論もあろう。このため、自転車道を設けても、平行する裏道があれば、ここを通行してもらうか、または、いわゆる押しチャリで信号機まで行き、反対側に横断してもらう方法が現実的にはベターである。

姫路市で、駅周辺自転車利用者について押しチャリの我慢できる距離を調べてもらったところ、200 m なら 45％の人（100 m なら 76％の人）が押してもよいとしているので、この程度であれば反対側に渡る信号機や横断歩道があるところなど適当なところまで押しチャリで誘導するシステムは

表2・6 自転車を押して歩く（押しチャリ）の限界距離についてのアンケート

距離	50 m	100 m	150 m	200 m	300 m	400 m	500 m	500 m超	合計
人数	92	84	33	40	59	9	33	27	377
割合	24%	22%	9%	11%	16%	2%	9%	7%	100%

出典：姫路市駅前駐車自転車アンケート調査。200 m なら我慢できる範囲 45％、100 m なら我慢できる範囲 76％。

できそうである（表2・6）。一方通行の自転車道を設ける場合の現行制度下での現実的な一つの対策である。

警視庁が都内の歩道（計約3650 km）の幅を調査したところ、幅3 m未満は約77%だった。基本的には、この3 m未満の歩道は自転車通行可をはずすこととなっている。今までのように安易に歩道空間を自転車に使わせないようになってきている。このような流れを十分に理解する必要がある。

4 同じ側の短距離の移動が多い場合、徒歩の奨励または自転車専用通行帯も検討

短距離移動がきわめて多く、どうしても利便性が低くなる場合は、徒歩を奨励することも考えられる。また、両側にある自転車道の空間を活用して、規制速度を50 km/h以下にし、ゆったり幅の安全・安心な自転車専用通行帯（幅員2 m以上）を設けることも現実的である。自転車専用通行帯の場合は歩道通行可の歩道の設定は可能であるので、逆方向になる自転車は、短距離であれば歩道を徐行して目的地に行ってもらう運用が考えられる。短距離であるため、徐行しても時間はかからないし、歩行者などに対する迷惑も少ない。

要は、その地域住民の自転車利用の実態や希望をよく調べて、これに合った方式としての自転車専用通行帯または自転車道（一方通行の措置を含む）の選択と、このための環境整備を行うことである。また、自転車道はブロックなどがあるので、荷捌きや乗降に支障が生ずる懸念があるが、自転車専用通行帯はそのような物理的な工作物がないので、相対的に荷物や人の出入りの支障度が低いことなどを総合的に考慮する。

(2) 幅員の広い自転車歩行者道において自転車道の設置を検討する

図2・13は、2007年10月に作成された「自転車利用環境整備ガイドブック」（国交省・警察庁）に掲載されている自転車道の図である。

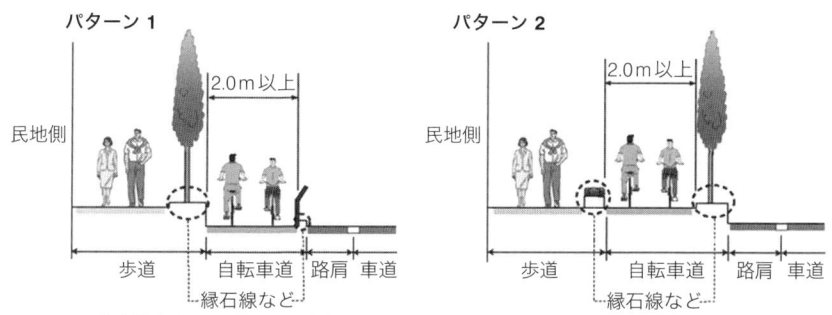

図2・13　道路構造令で規定される自転車道 (出典：「自転車利用環境整備ガイドブック」国交省・警察庁)

　これを見ると、従前の車道上に設けられているパターン1と歩道のレベルに設けられているパターン2がある。これらは、標題から、いずれも道路構造令の規定にのっとっているものであり、道路構造令のこの考え方は変化していないので、現在でも応用は可能であると考える。

　自転車を収容するために歩道を拡幅したり、新設の際に広幅員歩道を設けたために、車道空間に新たに自転車専用空間を設ける余裕が少ない場合に、自転車歩行者道を縁石線などで二つに分けて、自転車道を設けるものである。これに関しては、ガイドラインにも記述があり、自転車道が適当であるが、幅員などの事情で採用できない場合に「当面の措置」として、自転車歩行者道を活用することを検討するものとされている。この場合に、自転車歩行者道であるので分離工作物を設置しないものとされており、「分離工作物が設置可能な場合には、当面の整備形態ではなく、自転車道として整備することを検討するものとする」(ガイドライン p.Ⅱ-17) とされている。現実に、全国でもこのような可能性を持つケースが多くあると考えられる。

第3章 放置対策から顧客重視の自転車駐輪政策へ

1. 曲がり角にある放置対策

　自転車の駅前の放置は、①美観・環境への阻害、②緊急車両の進入阻害、③歩行者・身障者・高齢者などの通行障害、④沿道商店などの迷惑、⑤交通安全に支障、⑥災害時の避難の障害など大きな問題点があり、この問題が生じている全国の自治体では、相当力を入れて対策を講じてきた。特に、駅前通路の通行障害は、通行幅の必要な車いす利用者や点字ブロックを頼りに移動する視覚障害者などには、大変な迷惑となっている。
　しかし、近年一定の成果があがり、放置対策は大きな曲がり角にある。

(1) 全国の駅前自転車放置台数は大幅に減少している

　我が国の全国の自転車放置台数は、ピークの1981年には98.8万台もあったが、その後どんどんと減少し、2013年には12.3万台とピークの約8分の1の水準になっている。

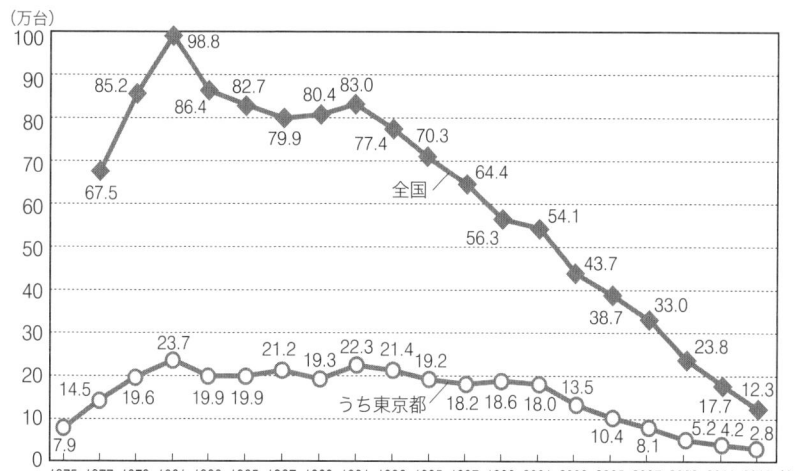

図3・1　自転車の放置台数の推移（全国および東京都）（出典：内閣府「駅周辺における放置自転車等の実態調査の集計結果」2014年3月）

　これらの数値は、駅周辺における自転車駐車場の整備と撤去（広報啓発を含む）という2本柱の放置対策により、得られた大きな成果である。

　自転車駐車場の自転車の収容能力は、全国で1993年に323万台だったが、ピークの2007年には437万台分、直近の2013年には423万台分となっている。また、自転車の撤去の台数はピークの2004年には全国で年間265万台に達しており、直近の2012年には年間214万台である。これらが合わさって、放置自転車の台数の削減に大きく寄与した。

（2）買い物の利便性などを考慮した自転車駐車政策へ

　このように放置台数が減少傾向にあるのは、主として、長時間駐輪する人、すなわち、通勤・通学の目的で駅前に駐輪する人たちが、公共自転車駐車場の整備に伴い、これを利用するようになったことが理由である。これに対して、短時間駐輪をする人、すなわち、買い物目的を中心とした駅前の施設などを利用する人たちは、依然として、目的の商店などの近くに

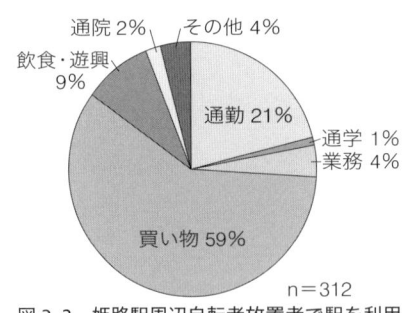

図3・2 姫路駅周辺自転車放置者で駅を利用しない人の自転車利用目的（出典：姫路市「姫路駅周辺自転車利用者アンケート調査」2012年実施）

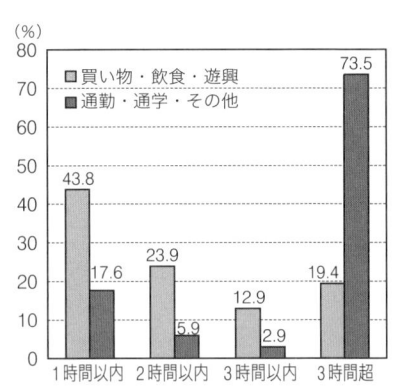

図3・3 姫路駅周辺自転車放置者の目的別駐輪時間（出典：姫路市「姫路駅周辺自転車利用者アンケート調査」2012年実施に基づき、古倉作成）

駐輪（放置が多い）している。たとえば、姫路駅前の自転車を放置している人で駅を利用しない人では、図3・2のように買い物や飲食・遊興、通院などの目的の駐輪が全体の3分の2以上である。これらの人の駐輪時間は、2時間以内で67.7％、3時間以内で80.6％となり短時間しか駐輪していない。

このように、通勤・通学などの長時間放置が割合的に少なくなり、これに対して買い物・飲食・遊興などの短時間駐輪がその分大きく浮かび上がり、これらに対する対策の必要性が相対的に高くなっているのである。

(3) 放置対策としての撤去の効果が相対的に低くなっている

また、貴重な税金を投入して、駅前に駐輪場を整備し、管理し、一方で放置自転車を撤去しても、従来は大きな効果が得られたが、最近の傾向では、大きな課題が残るようになってきている。

1 実収容率は低下傾向、利用率の向上が課題

表3・1によると、全国の自転車駐車場の収容能力が増加してきたが、実際に利用されている実収容台数はこの収容能力に見合ったほど伸びていな

表3・1　自転車駐車場の整備状況・収容台数・撤去状況など（単位：万台）

年	全国自転車駐車場			年	全国の撤去・返還状況		
	収容能力 a	実収容台数 b	実収容率 b/a		撤去台数 c	返還台数 d	返還率 d/c
1993	322.7	263.8	81.7%	1992	212.3	119.3	56.2%
1995	349.2	280.1	80.2%	1994	229.7	125.2	54.5%
1997	362.6	283.2	78.1%	1996	247.0	133.7	54.1%
1999	369.2	282.6	76.5%	1998	259.1	137.2	53.0%
2001	374.9	266.9	71.2%	2000	260.9	138.3	53.0%
2003	386.8	286.3	74.0%	2002	261.7	129.2	49.4%
2005	393.1	291.0	74.0%	2004	265.0	121.6	45.9%
2007	437.7	321.6	73.5%	2006	260.6	121.9	46.8%
2009	432.1	311.5	72.0%	2008	232.8	115.4	49.6%
2011	346.1	256.0	73.9%	2010	194.0	100.3	51.7%
2013	423.6	264.0	62.3%	2012	213.6	62.2	29.1%

出典：内閣府「駅周辺における放置自転車等の実態調査の集計結果」（隔年）、収容率は古倉の計算による。
注：2011年の各種数値の落ち込みは、調査対象の精査などである。なお、撤去台数および返還台数は該当年の前年中になされたものであり、かつ、返還台数は同年中に撤去して、同年中に返還したものであるので、翌年に返還されたものは含まれない。

い。収容能力に対する実収容台数の割合である実収容率は1993年には81.7％であったものが、2009年には72.0％まで、さらに2013年には62.3％にまで低下している。これは、後に述べるように放置対策が急がれたこと、また、放置が量的に多いことなどにより、収容能力の拡大を求めて駅から遠い場所に整備されたり、狭いスペース、2段ラック、3階建て4階建てなどの自転車駐車場が供給されたため、利用者から敬遠される面があると考えられるからである。さらに背景には、高齢化社会の到来により、通勤人口の減少も、影響が大きいと思われる。しかし、これは、予算と適地の制約上やむをえない側面が強い。

② 放置自転車の撤去も費用がかかる割には、効果が薄れている

　多くの費用と手間とクレーム対策のもとに実施される放置自転車の撤去は、一定の効果を上げているものの、保管場所に引き取りに来る割合である返還率は5割前後で低迷しており、直近の2012年には、返還に時間を要するものが多かったせいか、29.1％に落ち込んでいる。すなわち、撤去し

ても、引き取りに来ないため、年間100万台以上の大量の自転車が放置者から見捨てられている状態である。

2011年度の東京都下で撤去された自転車で持ち主に返還されたのは57.2％にすぎない。残りの42.3％が引き取られることなく、処分されている。図3・4は東京都の調査における都下の撤去した自転車の処分台数（2011年度分）の内訳である。廃棄された自転車のうち自治体が廃棄費用を払って処分してもらっているものが、43.8％にものぼっており、売却収入を得られたのはわずか15.7％（資源活用＋リサイクル用途活用）である。

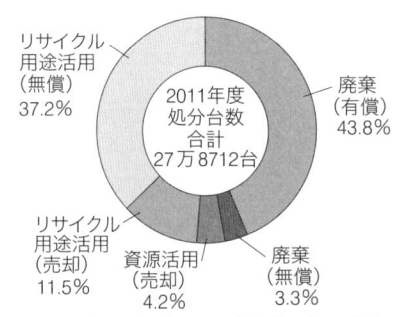

図3・4　引き取り手のない自転車の処理方法
(出典：東京都「平成24年度調査　駅前放置自転車の現況と対策」p. 40)

2011年度処分台数合計 27万8712台
リサイクル用途活用（無償）37.2％
廃棄（有償）43.8％
廃棄（無償）3.3％
資源活用（売却）4.2％
リサイクル用途活用（売却）11.5％

　撤去された自転車の引き取りが少ない理由は、引取料などが徴収されること（2000～3000円が多い）、引き取りに行くのに時間と手間がかかることから、引き取らずに新たに自転車を購入する方がよいと考える人も多いためだ。特に、買い替えを考えていたが、自転車を撤去されれば粗大ごみの処理費用も省略できるという不適切なことを考える人もいる。また、自転車の質にこだわらない人にとっては、安価な自転車の供給もこれに拍車をかけている。このような状況から、個々人の事情によっては、撤去は必ずしも有効な対策とは言えない。もちろん、他の人の通行や景観の阻害、緊急車両の進入の妨害などを除去する効果が大きくあるが、放置の心を抑制する効果については、限定的である。

3　費用は収入に比較して大きなマイナス

　そのうえ、本人に引き取られても、支払われる返還手数料では、撤去、移送、保管などの費用をまかなうことはできず、税金で補っている。この費用は、自治体の財政を大きく圧迫している。

東京都下の自治体の撤去に要する費用と返還手数料などの収入を比較すると、費用は、投資的なものを入れて、約41億4000万円（撤去移送連絡など23億7000万円、保管所の維持管理15億9000万円など）であり、収入は約12億2000万円（返還手数料10億9000万円、売却収入1億3000万円など）で、差引29億2000万円の赤字である（図3・4出典により計算）。

4 放置をしている人は撤去を必ずしも効果のある対策とは思っていない

　このように財政的に重い負担を強いられながら放置対策が実施されているが、アンケート調査によると、自治体は、放置対策のなかで、撤去がもっとも効果の高い施策（66.0%の自治体が効果があるとしている）であると思っているのに対して、放置をしている人は、回答をした15.0%しか撤去の有効性を認識していない（表3・2）。撤去に対する反発心もあるが、総合的に見たときには、自治体が考えているほどは放置抑制に大きな効果があるとは必ずしも言えない（なお、繰り返しになるが、撤去は放置の抑制のみのために実施しているのではなく、通行障害、交通安全の低下、景観阻害などを防止するためにも実施しているので、別の意味でも必要性は高い）。これは先ほどの返還率の低さからもかかわる。

　とはいえ現実には撤去で放置を抑え込んでいるという側面も強い。うま

表3・2　放置対策として有効と考える施策・主体別（複数回答）

	放置者	駐輪場利用者	自治体
①目的地に近い駐輪場の提供	76.8%	60.7%	53.4%
②適正な料金の駐輪場の提供	42.5%	42.6%	19.4%
③利用者のサービスに合った施設やサービスのある駐輪場の提供	31.4%	25.7%	36.5%
④街頭指導	9.2%	14.0%	26.5%
⑤自転車の撤去	15.0%	44.2%	66.0%
⑥自転車放置の問題点の広報啓発	8.7%	9.1%	18.7%
⑦その他	10.6%	8.3%	6.8%
回答数	n = 203	n = 591	n = 438

出典：古倉ら担当の立川市における自転車放置者および駐輪場利用者に対するアンケート調査および自転車駐車施策に関するアンケート調査（自転車駐車対策を実施していると回答した全国の438市町村）に基づき古倉作成。

くいっているような自治体でも、撤去の手を緩めると元の木阿弥になりかねないので、これを多少なりとも半永久的に継続していかなければならない。撤去などの対策を講じない状態で、仮に1台でも放置が見かけられると、我も我もと雪だるま式に放置が増加する傾向も見られる。

⑤ 自治体も撤去から自転車駐車場の質に転換の兆し

表3・3は、自転車駐車施策の現在および今後について、自治体がどれに重点を置いているかをアンケート調査したものである。

これによると、現在の自治体の重点は確かに「撤去」が68.6%となっており、2位の街頭指導や3位の広報啓発よりも群を抜いて高い。しかし、今後の重点は、これが半分以下の32.6%に減少し、逆に既存の自転車駐車場の質の改善が16.6%から28.7%へと大幅に増え、また、新規の自転車駐車場の供給や料金の適切な設定も高くなってきている。また、需給調整を重点に考えるところも、7.0%と増えている。このように、撤去を主体とした放置対策は、転換期を迎えており、さまざまなツールを総合的に活用しながら放置対策を進展すべきものと考えられる。

表3・3 自転車駐車施策の現在および今後の重点（自治体・複数回答）

選択肢	現在	今後
①新規自転車駐車場の供給	13.4%	19.4%
②既存自転車駐車場の質の改善	16.6%	28.7%
③自転車駐車場料金の適切な設定	5.0%	13.2%
④自転車駐車場のサービスの向上	12.7%	13.2%
⑤撤去	68.6%	32.6%
⑥街頭指導	30.1%	19.3%
⑦広報啓発	23.5%	25.0%
⑧自転車駐車の需給調整	1.1%	7.0%
⑨対策の縮小	0.2%	1.1%
⑩その他	6.6%	8.9%
⑪無回答	12.8%	15.9%
回答数	n＝561	n＝561

出典：（公財）自転車駐車場整備センター自転車駐車施策に関するアンケート調査（自転車駐車対策を実施していると回答した全国の438市町村）に基づき古倉作成。

❷. 国交省の自転車駐車場ガイドラインを活用する

　にわかに、撤去に代わる有効な対策があるかどうかであるが、駅前自転車駐輪需要をコントロールして、駅前の駐輪需要を基本的に必要最小限にすることにより、放置台数および撤去台数を少なくすることが基本である。

　2012年11月には、国交省で「自転車等駐車場の整備のあり方に関するガイドライン」（第1版）が策定された。筆者が前著『成功する自転車まちづくり』p.139‐141で提案していた内容も、基本的なものから具体の対策まで、おおいに反映されている。

　このガイドラインの特徴は表3・4のとおりである。駐車対策は、放置の割合が買い物客や駅周辺の用務のある者に移行しつつあるという傾向に基づき、量と質の両方の観点から実施すべきである。また、長時間駐輪と短時間駐輪はその目的が異なるので、自転車駐車場もこれに応じた内容にするべきである。さらに、地区のニーズに対応して自転車駐車場の整備や料金体系も検討して、利用率の向上を図ることとされている。

　特に駅を利用する通勤・通学目的と、買い物を目的とする自転車を分け、それぞれに応じた対策を示していることは本書の考えと一致する（図3・5）。

　今までのように一律に、自転車駐車場の利用台数と放置台数を足して、合計の駐輪台数を量的に満たすような大まかな施策ではなく、次節で詳し

表3・4　「自転車等駐車場の整備のあり方に関するガイドライン」（第1版）（国交省都市局　2013年11月）の概要

1	趣旨	放置の内容が通勤・通学による駅利用者から、買い物客や駅周辺に用務のある人に移行しつつある。
2	量と質の両方の観点	駐輪場の需要が量のみではなく、質も求められるので、両面から的確に把握する
3	長時間の駐輪と短時間駐輪	利用目的が異なるので、駐輪場に求められるもの性格が異なる。
4	地区ニーズに応じた対応	駐輪場整備、料金体系などを含めた利用率の向上を図る。

出典：同ガイドラインに基づき古倉整理。

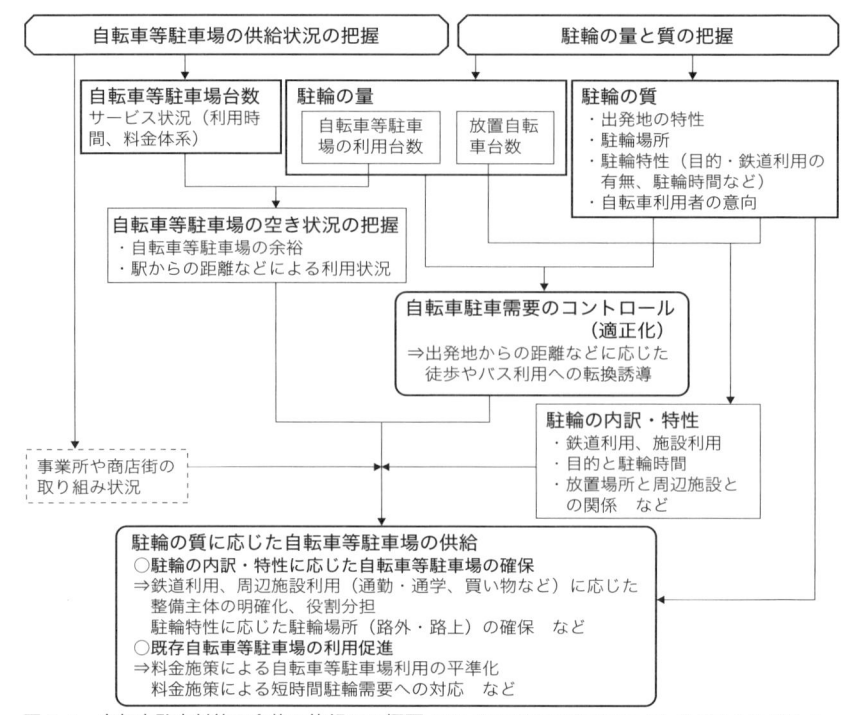

```
┌─────────────────────────────┐    ┌─────────────────────────────┐
│ 自転車等駐車場の供給状況の把握 │    │   駐輪の量と質の把握          │
└─────────────────────────────┘    └─────────────────────────────┘
       │                                    │
       ▼                                    ▼
┌─────────────────────┐  ┌─────────────────────┐  ┌─────────────────────┐
│ 自転車等駐車場台数    │  │ 駐輪の量              │  │ 駐輪の質              │
│ サービス状況（利用時  │  │ ┌─────────┬────────┐│  │ ・出発地の特性        │
│ 間、料金体系）        │  │ │自転車等駐│放置自転││  │ ・駐輪場所            │
└─────────────────────┘  │ │車場の利用│車台数  ││  │ ・駐輪特性（目的・鉄道利用の│
       │                  │ │台数      │        ││  │  有無、駐輪時間など）  │
       ▼                  │ └─────────┴────────┘│  │ ・自転車利用者の意向  │
┌─────────────────────┐  └─────────────────────┘  └─────────────────────┘
│ 自転車等駐車場の空き  │         │                        │
│ 状況の把握            │         │                        │
│ ・自転車等駐車場の余裕│         ▼                        │
│ ・駅からの距離などに   │  ┌─────────────────────┐        │
│  よる利用状況         │  │ 自転車駐車需要のコントロール│        │
└─────────────────────┘  │ （適正化）            │◄───────┤
                          │ ⇒出発地からの距離などに応じた│        │
                          │  徒歩やバス利用への転換│        │
                          │  誘導                 │        │
                          └─────────────────────┘        │
                                  │              ┌─────────────────────┐
                                  │              │ 駐輪の内訳・特性      │
                                  │              │ ・鉄道利用、施設利用  │
┌─────────────────┐              │              │ ・目的と駐輪時間      │
│事業所や商店街の │              │              │ ・放置場所と周辺施設と│
│取り組み状況     │──────────────┤              │  の関係　など         │
└─────────────────┘              │              └─────────────────────┘
                                  ▼                        │
                          ┌─────────────────────────────────────┐
                          │ 駐輪の質に応じた自転車等駐車場の供給   │
                          │ ○駐輪の内訳・特性に応じた自転車等駐車場の確保│
                          │  ⇒鉄道利用、周辺施設利用（通勤・通学、買い物など）に応じた│
                          │   整備主体の明確化、役割分担          │
                          │   駐輪特性に応じた駐車場所（路外・路上）の確保　など│
                          │ ○既存自転車等駐車場の利用促進         │
                          │  ⇒料金施策による自転車等駐車場利用の平準化│
                          │   料金施策による短時間駐輪需要への対応　など│
                          └─────────────────────────────────────┘
```

図3・5　自転車駐車対策の全体の枠組みの概要 (出典：「自転車等駐車場の整備のあり方に関するガイドライン」概要版（第1版）2012年11月国交省都市局)

く述べるように利用者の意向を十分に見抜いたうえで、自転車利用の用途や目的などにきめ細かく対応することとされているのである（表3・5）。

　また、一方では、良質な自転車駐車場の供給を増加する必要があるが、供給主体は、自治体のみが一手に引き受けるのではなく、駅前に立地する商業施設、業務施設などや、さらに鉄道も一定の範囲での責任分担はありうると考える（第4章参照）。しかも、既存施設（付置義務の適用のない施設）などに対しても、付置の努力義務が自転車法にもある[注1]から、たとえば、共同での自転車駐車場などの供給について一定の範囲で協力を求めるようにすべきである。また、付置する駐輪施設も利用しやすいものとなる

注1：自転車の安全利用の促進及び自転車等の駐車対策の総合的推進に関する法律第5条第3項。

表3・5 自転車の利用特性に対応した自転車等駐車施策の考え方

利用特性			対応の考え方		整備主体・関係者
目的地（施設）	目的	駐輪時間	駐輪場所	対応方策	
駅	鉄道利用	長	・路外自転車等駐車場	・駅周辺の自転車等駐車場整備 ・既存自転車等駐車場の利用促進 　⇒駅からやや離れている自転車等駐車場の利用率向上 　※料金施策による対応 　　（距離、施設設備などによる料金格差の設定）	公共団体 鉄道事業者
会社・学校、商業施設など	通勤、通学	長	・会社・学校などにおける従業員用の自転車等駐車場	・附置義務の適用、強化 ・自転車等駐車場確保の働きかけ 　⇒自動車駐車場の自転車等駐車場への転用など	会社・学校などの事業所 商業施設
			・路外自転車等駐車場	・従業員の路外自転車等駐車場利用の徹底 ・既存自転車等駐車場の利用促進 　⇒不便な地域の自転車利用者を既存自転車等駐車場に誘導 　※料金施策による対応 　　（長時間の駐輪を安く設定）	会社・学校などの事業所 商業施設 公共団体
商業施設など	買い物など	短	・商業施設などの自転車駐車場	・附置義務の適用、強化 ・商店等における近接な自転車等駐車場の利用促進 　⇒空地などへの自転車等駐車場設置の働きかけ 　　商店街などの共同による自転車等駐車場確保	商業施設 商店街
			・路上自転車等駐車場	・小規模で商店街などに近接な路上自転車等駐車場の整備 ・自転車等駐車場の利用促進 　⇒短時間駐輪の利用誘導 　※料金施策による対応 　　（短時間の駐輪の無料化、長時間の駐輪を高く設定など）	公共団体 商店街などの団体

出典：図3・5と同じ。

よう現行の量的な基準に加えて距離や設置場所、設備などに関する質的な基準も設けるべきである。なお、アメリカのポートランドなど先進都市での質の基準や、沿道の商店などの要請に基づく公による路上自転車駐車場の整備、公による公的資金の提供とセットでの既存施設に対する至近距離での路上自転車駐車場の整備なども参考になる。

❸ 自転車利用者の意向を十分に見抜いた対策に

　以上のような放置と撤去の関係から考えると、全国的には自転車駐車場の容量に余裕が見える今日、自転車利用者がどのような駐輪環境であれば自転車駐車場を利用するかを見抜いて対応することが必要である。

(1) 顧客重視・サービスのあり方重視

１ 自転車利用者が駐輪しやすい環境を整える

　まず、自転車駐車施設を利用者の意向や需要に沿うような形で供給することがもっとも合理的な永続性を持つ施策であると言える。このようなことは従来からわかっているのであるが、収容能力も向上してきた現段階では、自転車を駐輪する人の意向を十分に把握して、これに対応するような顧客満足度の高い方策を講ずることが一層求められる。これらについては、すでに、前著『成功する自転車まちづくり』pp. 135-145、pp. 168-173 に詳しい。

　ここでは、それ以後の調査により、駅または目的の駅前施設までの我慢できる距離をアンケート調査の結果から説明する。図3・6 は、「駅」を利用する人が駐輪場所から駅改札までの我慢できる距離を累計で表示している。たとえば、放置している人は、300 m 離れた自転車駐車場は21.9％の人しか我慢できないが、150 m 離れた自転車駐車場では52.6％の人が我慢できるということになる。距離に関する需要はかなり厳しいものがあることがわかる。

　これに対して、図3・7 では、「駅前の施設」の利用を目的とする人（買い物など）の我慢できる距離を示している。このグラフでは、この我慢できる距離が一層短く、150 m で32.3％、100 m で62.6％となり、50 m でやっと82.1％の人が我慢できる。買い物などのために駐輪施設を供給する場合

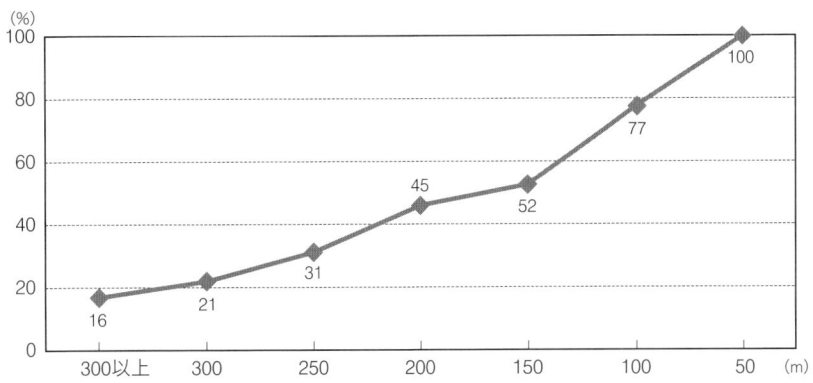

図3・6　駐輪場から駅までの限界距離（累積）：自転車放置者（出典：古倉ら担当の立川市における自転車放置者および駐輪場利用者に対するアンケート調査）

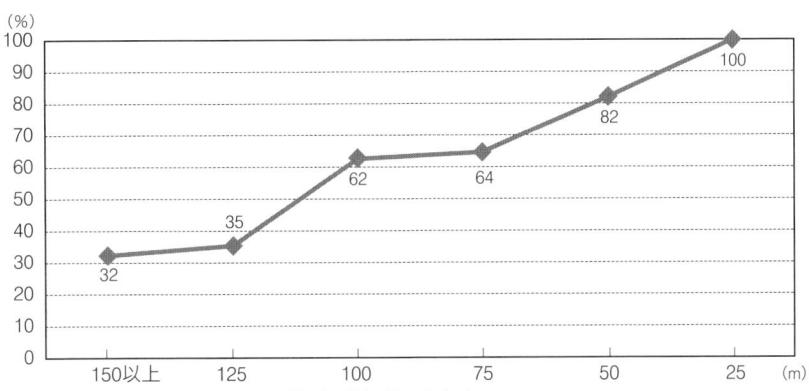

図3・7　駅周辺施設までの限界距離（累積）：放置自転車（出典：図3・6と同じ）

には、目的施設までより距離の短い施設を用意する必要性が特に高い。

2　自転車利用者が求める質を的確に把握する

　また、自転車駐車場の質に対する要求も高度化している。図3・8で自転車駐車場に対して距離を含めて質として求めるものは、目的施設に近いというのが、他を抜いて高い（68％）。次は、屋根付きであり（58％）、次いで、簡単に駐輪できる（55％）である。これは2段ラックではなく平置きなどのことを指すものと考えられる。次の料金が安い（52％）は、特に自

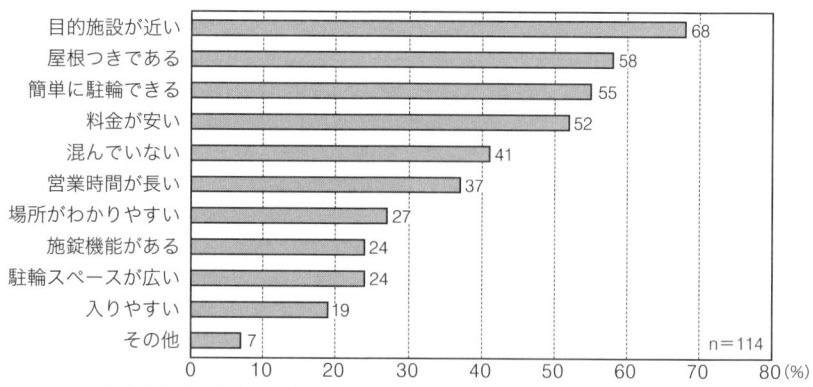

図3・8 自転車駐車場に求めるもの (出典:姫路市「姫路駅周辺自転車利用者アンケート調査」2012年実施に基づき古倉作成)

グラフ内訳:
- 目的施設が近い 68
- 屋根つきである 58
- 簡単に駐輪できる 55
- 料金が安い 52
- 混んでいない 41
- 営業時間が長い 37
- 場所がわかりやすい 27
- 施錠機能がある 24
- 駐輪スペースが広い 24
- 入りやすい 19
- その他 7

n=114

転車駐車場の距離や施設の質に応じた適切な料金が期待されていると考えられる。このような駐輪場に何が求められているか、またその序列や軽重を的確に、かつ環境に変化がある可能性もあるので定期的に把握して、利用者重視のサービスを提供する必要がある。

　これらは、さまざまな制約状況から、利用者の意向をそのまま反映しにくいものが多い。距離や屋根付きなど構造的なものやラックの構造などのハードな内容はすぐには対応ができないし、料金その他のソフト面での対応も難しいものも多い。しかし、少なくとも、施設の新設や改良の場合、さらに管理のみに係るものの場合でも、利用者や放置者が何を求めているのかを十分に頭において、施設の整備や管理をするのとしないのでは大きな差が出てくる。利用者意向の動向は、量的な供給から質的な供給に移行しつつある時期であるので、特に重要で、可能なかぎり的確に対応することが求められる。

(2) 駐輪したいと思う箇所での駐輪空間の提供

① 路上駐輪場の設置を進める

　2005年4月道路法施行令改正では路上駐輪施設が道路の付属物として取

り扱われるようになり、道路管理者が道路上に駐輪施設を設けることができるようになった。次いで、2006年11月改正では車輪止め装置（自転車ラック）を占用許可の対象に含め、道路管理者以外の者も占用許可をうけることができるようになっている。後者については、これに基づき、国交省道路局長通達（2006年11月15日）が出され、駐輪器具の占用基準、占用主体、自転車駐車場の運営形態に

図3・9　路上自転車駐車場（京都市市役所前）
（京都市市役所提供）

ついて記載されている。また、同時に原付自転車・自動二輪車駐車場など設置指針も技術基準として定められている。これらの制度を活用して、利便性の高い場所に路上自転車駐車場を積極的に設置することが求められる（図3・9）。

2 放置できそうな空間を取り込む

また、路上自転車駐車場を設ける場合には、駅前で自転車を放置されそうな空間を見つけ出し、これを有効活用することである。駅前のデッドスペースに、植え込みを作ったり、大きな植物用のプランターを置いたりしているが、せっかくのスペースが無駄である場合も多い。このためには、可能なかぎりこれらのスペースを活用して、景観に配慮した電磁ロック式の駐輪場をわずかでもよいので設けることである。このようなスペースは、駅周辺に多くあり、自転車利用者の意向からすれば、もっと駐輪空間に有効活用してもよい空間である。また、分散しているので、駅周辺のそれぞれの商店などに近く、近くにかつ簡易に駐輪できるという利点もある。

たとえば、橋本駅前（神奈川県相模原市）などでは、今まで無造作に置

図3・10　ペデストリアンデッキ下のデッドスペースでの駐輪施設（神奈川県橋本駅前）

かれていた放置自転車が、電磁ロック式の駐輪施設の設置により整然と並んでおり、放置自転車は激減した。このように並べてもらうと他の人に迷惑にならないし、見た目もすっきりとする。図3・10は駅前のペデストリアンデッキ下の柱の周辺のデッドスペースである。従前は、放置自転車の巣窟であったが、ここに電磁ロック式の駐輪施設を設けたものである。

　自転車駐車場の設置は、法令などによりさまざまな限定はあるが、できるだけ弾力的なものにするとともに、路上で自転車利用者が駐輪したいと思うようなところ（駅近のデッドスペース）などに設置を進めることが、利用者の意向も反映したものとなる可能性が高い。

③ 路上自転車駐車場と施設自転車駐車場使い分け

　電磁ロック式の路上自転車駐車場は、たとえば、2時間無料だが、これ以上は有料にする料金体系とするものが多い。また、この無料時間やその時間を超えた場合の料金体系もきめ細かく設けることができる。このようにして、駅周辺の買い物客の短時間の駐輪需要にきめ細かく対応し、駅前の活性化に資するとともに、通勤・通学などの長時間の利用には、一般公共駐輪場よりも料金を高めに設定して、需要を一般の公共駐輪場に誘導するようにして、使い分けるように持っていく。

　従前は、駅近くに商店街などがある場合、その開店時間前に商店街に自転車が多く放置され、駅から少し距離のある駐車場は利用されなかった。開店前の商店街などの通路は、通勤・通学の放置自転車でいっぱいになっており、しかも、その外側に、買い物用の自転車が二重に放置される場所もあった。

このような事態に対処するため、買い物などの駅前駐輪需要に対しては、駅周辺の路上自転車駐車施設を積極的に整備し、また、空き店舗を活用した駐輪スペースをネットワークで一定の距離ごとに設置する。そして、短時間駐輪は無料に設定して、買い物などの駐輪需要をこれらでしっかりと受け止める。また、長時間駐輪に対してはこれら施設の駐輪料を高額とし、また商店の前などに停められないよう、ロープをはる、ガードマンが注意するなどの措置を取ること、かつ、積極的な撤去を行うことなどにより、公共駐輪場へ誘導することで対処する。なお、駐輪施設が商店街にネットワークで設けられれば、目的の施設のすぐ近くになくとも、そこに自然に誘導する効果もあり、駐輪施設がない場合よりも、放置を少なくするものと考えられる。

(3) 利用者の意向を反映した適切な利用料金の設定

1 階数ごとの利用料金の設定には的確なアンケート調査が不可欠

　利用者の大きな関心は、自転車駐車場の目的施設などからの距離と料金である。特に、利用料金のコントロールにより、大きく利用率などが左右される。料金を利用者の意向に的確に対応することで、利用率の向上と放置台数の減少につながるものである。

　表3・6は、川崎市溝口駅前の5階建て（5階は屋上）の自転車駐車場の

表3・6　川崎市溝ノ口南口第3自転車駐車場

	従前料金	改訂料金2005年	従前利用率	改訂後利用率2005年	2009年利用率
全体			63%	89%	96%
屋外	80	80	109%	125%	140%
1階	100	100	100%	94%	87%
2階	100	100	98%	66%	77%
3階	100	70	49%	94%	94%
4階	100	50	29%	133%	94%
5階	80	30	6%	26%	70%

出典：川崎市資料。

階数ごとの料金（一時利用）と利用率である。2005年改訂前の従前料金は、4階まで同一の100円で、やっと5階になると80円と割引がなされていた。そのときの利用率を見ると、1階と2階はほぼ埋まっているが、3階～5階の利用率はきわめて低い。筆者らはこれについて、川崎市からの依頼を受け、アンケート調査を実施した結果、改訂料金のような金額であれば入れてもよいという利用者の意向が明らかになった。このアンケート結果に基づき、さっそく条例改正がなされ、料金が改訂されたところ、利用が平準化し、5階の部分で従前は6％の利用率であったものが、2009年には70％となって、全体の利用率の向上と放置の減少に寄与している。

　このように市民の意向の調査のデータに基づく条例改正は利用者の意向に基づくものであるので、反対もなく、容易に改正され、また、大きな成果を得られた。利用者の意向を最大限参考にすることの重要さがわかる。

② 理論的な格差は必要であるが、これによる値上げは慎重に

　階数による料金格差はわかりやい。これは距離別の料金にも当てはまる。的確なアンケート調査により、利用者の意向をしっかりとつかむことと、可能なかぎりこれを反映することが重要である。ただし、駅からの距離が短い、施設の質がよいなどの理由で、何の質的改良もないまま、または料金に見合わない改良を施しただけで、需給関係という理論的な説明だけで、値上げする方向にいくのは適切とは言えない。意向に沿って格差をつけるのはよいが、理論的な考えを重視しすぎ、結果的に現在そこを利用している者の負担が増えすぎることや、需給がひっ迫してそこを利用せざるをえない箇所などでの需給関係のみに基づく値上げは避けたい。立川市のアンケート調査では、基準の自転車駐車場よりも駅に近いところについて、料金が上がってしまうとすれば、多くが離れた遠くの自転車駐車場の利用を検討する可能性があることがわかった。駅から近いところでも、利用者が利便性を十分評価し、これに見合う利便性があるかがこれを利用するかどうかの重要なポイントである。かりに、増額するにしても、両者の意向を

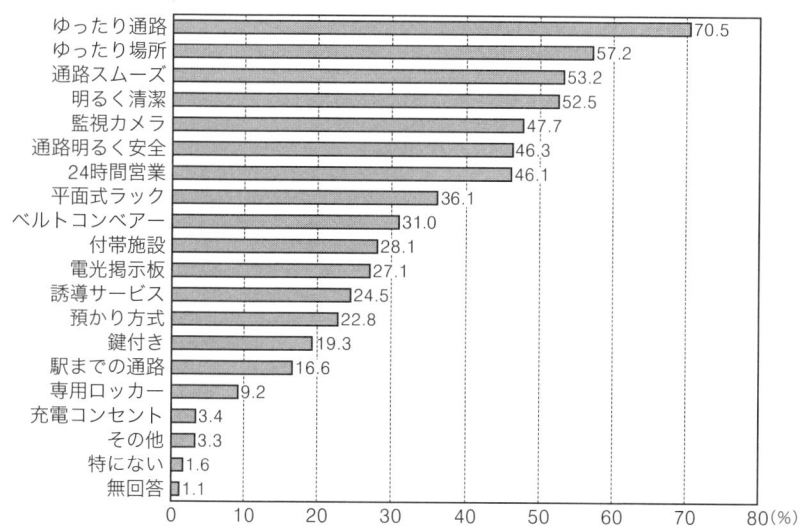

```
ゆったり通路    70.5
ゆったり場所    57.2
通路スムーズ    53.2
明るく清潔      52.5
監視カメラ      47.7
通路明るく安全  46.3
24時間営業      46.1
平面式ラック    36.1
ベルトコンベアー 31.0
付帯施設        28.1
電光掲示板      27.1
誘導サービス    24.5
預かり方式      22.8
鍵付き          19.3
駅までの通路    16.6
専用ロッカー    9.2
充電コンセント  3.4
その他          3.3
特にない        1.6
無回答          1.1
```

図3・11　自転車駐車場利用者の設備・サービスに関する要望　(出典：(公財)自転車駐車場整備センターの①中央線武蔵境駅(東京都武蔵野市)②小田急線・京王線多摩センター駅(多摩市)でのアンケート調査に基づき古倉整理)
注：通路スムースは、駅までの通路が確保されていることを意味する。

考慮しながら、率をセーブするなど緩和措置をとることも必要である。

　また、図3・11は自転車駐車場利用者の設備・サービスに関する要望であるが、自転車の質の向上や大型化の傾向からゆったりとした空間を求める傾向が読み取れる。また、安全性快適性に関する事項に対する要望も強い。自転車駐車場利用者がその質に関してどのような考えを持っているかにより、今後はよりきめ細かなサービスの提供と料金の設定が期待される。

(4) 適正な料金の格差や特別なスペースの設定は利用者の意向を踏まえる

　(公財) 自転車駐車場整備センターの2013年の調査によると、自転車駐車場について、さまざまな料金格差や特別のスペースの設定を積極的に考える自治体も多いことなどが明らかになった。今後は自転車駐車場の管理などもきめ細かく行うことが必要である。この調査では、料金割引などの

格差を設けるべきか、および駐輪場所について特別のスペースを設けるべきか、またその特別のスペースの大きさや場所について優遇すべき内容・程度などは何かなどを対象にして、同じ項目について、自転車駐車場利用者と自治体に質問している。

① 自転車駐車場利用者は質および属性の割引を幅広く希望

　自転車駐車場利用者は、料金格差について、割引するべきとする項目は、階層別割引および屋根なし割引、駅からの距離割引など施設の質の格差を重視しており、同時に高校生・大学生割引、身体障害者割引、高齢者割引などの人の属性についての割引についても過半数以上が支持している（図3・12）。これに対して自治体は屋根なし割引、駅からの距離割引以外の施設の質的な差への割引意欲は低く、逆に、人の属性への割引には積極的であり、考えている割引率も高い。また1カ月の定期利用の料金は実態が16.3日分であるのに対して、利用者も17日程度が妥当としている。

　一方、身障者・高齢者のための特別のスペースの設置は利用者、自治体

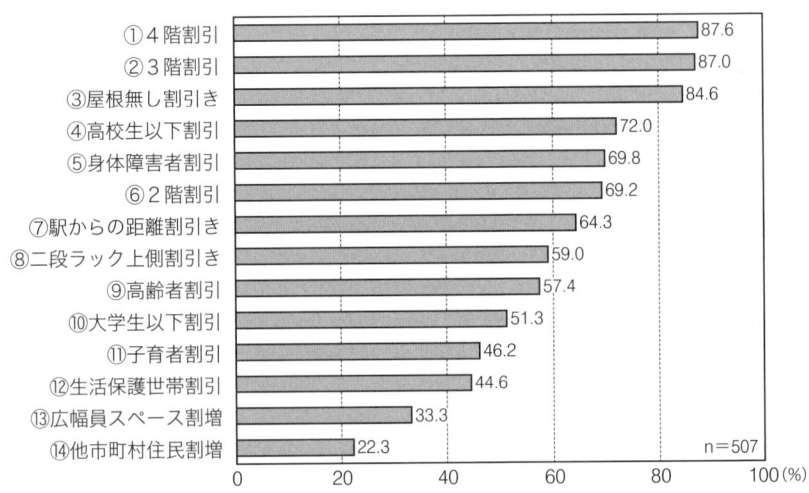

項目	%
①4階割引	87.6
②3階割引	87.0
③屋根無し割引き	84.6
④高校生以下割引	72.0
⑤身体障害者割引	69.8
⑥2階割引	69.2
⑦駅からの距離割引き	64.3
⑧二段ラック上側割引き	59.0
⑨高齢者割引	57.4
⑩大学生以下割引	51.3
⑪子育て者割引	46.2
⑫生活保護世帯割引	44.6
⑬広幅員スペース割増	33.3
⑭他市町村住民割増	22.3

n=507

図3・12　料金格差を設けるべき項目（利用者）（出典：(公財) 自転車駐車場整備センター「自転車駐車場の管理運営の重要課題に関する調査（2012年度）」によるアンケート調査に基づき古倉作成。）

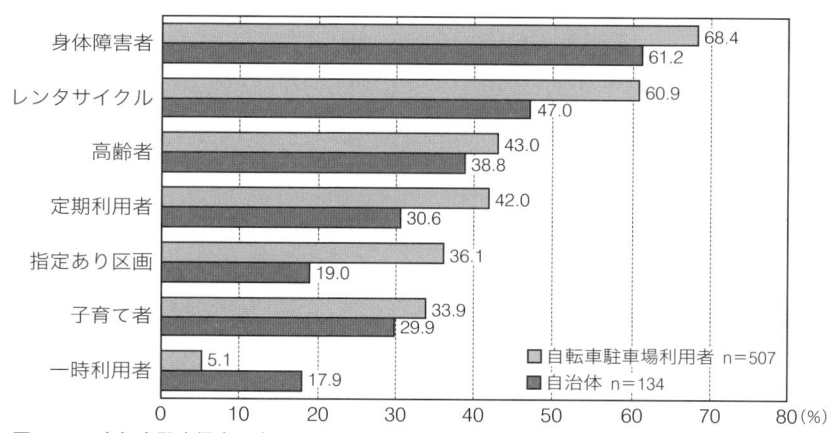

図3・13　自転車駐車場内で専用スペースを設置すべきとする意向 (出典：図3・12と同じ)

ともに肯定的だが、子育て者への特別のスペースへは両者の支持は高くない（図3・13）。レンタサイクルスペースを入り口近くに設けることは両者とも肯定的で、特に利用者の支持は高い。

自治体は自治体間の横並びを重視する傾向があるが、要は利用者がどのような意向を持っているかが、自転車駐車場の利用を左右する大きな要素であるので、これらの意向を優先して考慮すべきある。

④. 公共交通との連携のための駐輪場の質の向上

(1) 公共交通との連携を目ざす先進国の自転車駐車場

欧米各国や都市の自転車計画のなかで、駐輪施策について記述のあるものを整理してみると、表3・7のようになる。公共交通との連携により自転車および公共交通の総合的な利便性および迅速性を確保して、クルマからの転換を目ざすことを重要な施策としている。我が国では駅周辺の放置対

表 3・7　先進各国の自転車と公共交通との連携方策

オランダにおける自転車（政府資料）	○自転車の公共交通との連携利用 自転車は公共交通機関の長距離の移動の前または後において抜群の適性を発揮する。連携の良し悪しは、駅における自転車駐車場の場所によってきまる。この質がよくなればなるほど、クルマよりも自転車と公共交通機関を選択するようになる。このために鉄道インフラ運営会社がすべての駅における自転車保管施設の大幅な拡張と品質改善に取り組んでいる。
コペンハーゲン自転車政策 2002	○重点項目 4　自転車と公共交通との連携 多くの交通需要は、自転車または公共交通のみでまかなえるものではない。連携を密にすることで、クルマの代替になりうるものである。屋根がある駐輪場がターミナル駅に備えられ、また、鍵がかけられる駐輪施設は、新しい環状線のすべての駅に備えられる予定であり、建設中の地下鉄の駅でも計画されている。
ロンドン自転車革命 2010	○10の事業　3番目　自転車駐輪空間 鉄道または地下鉄の駅などにおいて駐輪場の改善に努めている。確実な一貫した自転車と鉄道との連携が鉄道網全体に確保されることを目ざしている。
ポートランド自転車計画 2030	○第3部第3章第4節　自転車と他の交通手段との連携 自転車利用者は、公共交通を利用することにより、長距離の移動、勾配、接続の悪さなどの障害を克服することができる。1996年以降、40マイル以上のライトレールや市街電車が整備されたが、これに合わせて、125マイル以上の自転車走行空間がこれと結合するようにした。新しい駅には、自転車ラックやロッカーの設置が義務づけられる。
ベルリン自転車交通戦略 2004	○公共交通との連携 ベルリンの郊外鉄道は、2005年までに駐輪事業を前倒しにし、2000台分の施設を追加してパークアンドライドのために利用可能にすることとしている。ベルリン交通は、主要な地下駅、市街電車およびバスの停留所に、2006年までに 2000台の駐輪施設を追加すること、および 2010年までに 5000台の駐輪施設を追加すること、および区役所との連結部にもこれを設けるように予定するように要請されている。ドイツ国鉄の駅、とりわけベルリン駅や動物公園駅などにも、駐輪場環境の改善を働きかける努力を引き続き行うものとされている。

出典：各国、各都市の資料に基づき古倉作成。

策を重点としてきたが、今後は、買い物などのための自転車利用を支えることと併せて、この公共交通との連携を重点的に取り上げるべき段階にきている。

（2）我が国でも進んできた公共交通との連携

　クルマから自転車への転換が、自転車の単独利用では、なかなか進みに

くいため、公共交通との連携という観点からの駐輪施策は、双方の利用促進のために必要である。今まで、鉄道側は、自転車利用者に駐輪施設を設けると、そうでない人との間でサービスの提供に差が出てしまい適切でないこと、施設の設置などの義務を負う可能性があることなどのため、自転車駐車場の整備について、地方公共団体に対する相応の協力をするにとどまってきた。自転車法でも協力義務というような記載となっている。

　もちろん、これも一つの考え方ではある。また、自転車利用者による顧客が増えれば、一層のラッシュ時の混雑、これによる輸送力の増強という投資的負担などがあることになる。しかし、高齢化社会の進展で、通勤人口が減少しつつあることや、沿線の安定した顧客による公共交通機関の利用促進を図ることも重要なテーマであると考える。鉄道側が自転車でアクセスする客のみに優遇策を講ずることが適当かという議論などしている時期ではない。鉄道内でトイレをする人とそうでない人で料金格差を設けているわけではないのである。長期的に見て、また、交通政策上も、自ら、顧客の開拓や維持のために積極的に自転車との連携を図ることが大切である。

　ただし、逆に、鉄道側が、自転車で駅に来た人の駐輪する時間帯すべてについて駐輪空間の供給の責任を取らされても困るというのは筋が通っている。つまり、通勤する先の勤務地で過ごしている時間など、明らかに鉄道を利用していない時間までも居住地の最寄り駅で駐輪をしているのであるから、その時間まで責任を取らされるのは筋違いであることも、もっともである。スーパーの付置義務駐輪場に駐輪した人が隣の飲食店に行った場合に、この駐輪時間までもそのスーパーが駐輪空間を提供せよと言われても責任を負いかねるというのと同じである。そこで、鉄道側は、駐輪している時間のうち、鉄道を利用している時間の割合、すなわち、駅前の駐輪時間のうちの職場などで活動している時間を除いた鉄道での一般的な移動時間の割合分は、鉄道会社間の乗り換えなどがあっても鉄道側が連帯してその分の責任を分担すべきものであると考える。

　すでに、鉄道会社やバス会社にも、この動きが起きており、図3・14のよ

駅改札口横の自転車駐車場（鉄道会社）

駅改札口近くの高架下（用地提供）

バス停付近自転車駐車場
図3・14　公共交通側の自転車との連携に対する取り組み例

うな、鉄道の改札横の敷地を自ら自転車駐車場に供する例やバス停に自転車駐車場の整備を行う例が数多く見られる。

　自治体も今までのような量的な自転車駐車空間の確保ではなく、鉄道などとの乗り換えの利便性を重視した自転車駐車場の整備を行うとともに、かりに利便性が低いものは料金的に優遇することにより、連携のための料金抵抗の緩和などを含めて、少しでも利用者重視を考えるべきである。

　また、鉄道会社が供給する場合も、または鉄道の敷地内で土地を提供する場合も、連結性を最重視して、利便性の高い駐輪空間とすべきである。これには、先述のがまんできる距離が参考となる。利便性の低いものは、結局利用されない空間となってしまい、公共交通との連携を達成することは難しく、今後の顧客離れに対する対策とはなりにくい。

第2部

利用促進策のポイント
安全快適な自転車利用を拡大するためには

第4章
子どもや市民への啓発・学習にはインセンティブが必要

　自転車の安全教育は、第1に、自転車利用者に直接役に立つものにする必要があること、第2に、世代間で偏りがなく、定期的に繰り返し実施する必要があること、第3に、受講人数を増やすために今までない方法を採用する必要があること、第4に、自転車利用者ばかりでなく、クルマ利用者にも実施する必要があることなど課題は多い。以下順次説明する。

1. 自転車利用者に直接役立つ内容へ

(1) 事故件数の多い箇所から順番に教育する

　交通安全教育は、危険な箇所として事故件数の多い場所とその場合の危険なルール違反を中心にして、理解してもらうことがポイントである。表4・1は、第1章で述べた自転車事故の実態と分析に基づき、自転車事故の多い箇所の順に、事故の多いパターンと最低限このルールを守れば事故を確実に減らせる方法を整理したものである。

表4・1 自転車事故の多い箇所順での対処方法

自転車事故の多い箇所順	自転車事故の多いパターン	事故防止の方法
①裏道交差点 （3万7906件 26.3%）	出会い頭事故 87%	交差点での安全確認、一旦停止、左側通行で進入
②脇道交差点 （3万2863件 22.8%）	出会い頭事故 76%	車道からは左側通行で進入、歩道からは道路寄り徐行で進入、安全確認
③幹線交差点 （2万7207件 18.9%）	左折巻き込み34%、出会い頭27%	車道からは左側通行で進入、歩道からは車道寄りで認識可能な状態で進入
④単路注1の歩道 （1万3626件 9.5%）	歩行者との事故より、クルマとの事故が9倍強	車道走行に転換、または歩道を通行する場合は車道寄りを徐行(時速7.5 km程度)を徹底
⑤単路の車道 （1万3236件 9.2%）	出会い頭25%、その他40%(後ろからのひっかけ15%)	左側通行徹底、右側走行、不規則通行、車道の不規則横断などの禁止
合計注2 （14万4018件 100.0%）	出会い頭事故 53.5%	クルマに視認させることがもっとも重要

出典：(公財) 交通事故総合分析センターに対する古倉依頼のデータ (2011年分) などに基づき古倉作成。
注1：単路とは交差点以外の道路の場所をいう。
注2：①〜⑤以外の事故は1万8180件 13.3%。

　幹線道路交差点、脇道交差点および裏道交差点は、それぞれ交差点の類型が全く異なるので、事故パターンや対策が異なる。にもかかわらず、これらを十把一絡げにして「交差点だから出会い頭事故が多いので、これに気をつけよう」というような型どおりの学習や、車道は事故が一番少ない箇所であるにもかからず、直感的に危なそうだから一番先に項目として取り上げる先入観に基づいた学習などでは、おおざっぱすぎて本当の意味で事故は防げない。

(2) ルールの徹底はそのルールの根拠を明示して理解してもらう

　ルールは必ずその根拠があるが、これをデータに基づき、表4・2で説明する。

表4·2 自転車ルールの基本である自転車安全利用五則の根拠

①車道の左側通行	左側通行は後ろから来るクルマの動向がわからないので自転車のすぐ横を通過しているように感じ、主観的には怖いように感じるが、現実はクルマから認識され、クルマも側方の距離を相当程度確保しているので、事故は少ない（歩車道分離区間での事故は1578件と全自転車事故の1.1％にすぎない）。また、車道でのクルマとの正面衝突は、316件と全自転車事故の0.2％とわずかであり、これの防止のためだけではない。 逆に右側通行での交差点進入は、自転車がクルマから死角になり、出会い頭事故が多発する原因となっている。自転車の右側通行は自転車事故の7割を占める交差点事故の大きな原因である。
②自転車は車道が原則、歩道は例外	車道（左側通行）では、後ろからクルマにひっかけられるケースはわずか（上述）であり、かつ、交差点でも視認され、事故は少ない。迅速性や快適性も保持される。自転車の歩道通行は、歩行者との事故を多く起こしているが、それ以上にクルマとの接触事故を多発させており、歩行者との事故の9倍に達している。また、歩道から交差点に進入した事故はさらに多い。
③歩道は歩行者優先で車道よりを徐行	歩道上でスピードを出したり、車道寄りを通行しない場合、歩行者に対する危険性だけではなく、クルマ（沿道の店舗などの駐車場への出入り）との歩道上の出会い頭事故の大きな原因になる。 車道寄りを徐行して走行すると、歩行者との事故や、もっと危険なクルマとの事故も防止できる。
④安全ルールを守る	ⅰ）飲酒運転：判断能力・運転能力が大幅に欠如 ⅱ）二人乗り：ふらつき、二人の会話で注意力が散漫 ⅲ）並進：全幅2m以上になり、左側端からはみ出す。会話で注意力が散漫 ⅳ）無灯火：他の交通から認識されず、自転車事故の大半を占める認知ミスを誘発 ⅴ）信号不遵守：出会い頭事故の主原因、円滑交通の障害 ⅵ）交差点での不停止・安全不確認：一番事故の多い裏道交差点などでの認知ミスを誘発
⑤子どもはヘルメット着用	死亡事故の7割を占める頭部外傷を防止

出典：古倉作成。

（3）ルールを守ることが自分を守ることであることを理解させる

「ルールは決まりであるからとにかく無理やり守らせる」のではなく、ルール遵守は自分自身を守ることになることをしっかりと理解させることが第1の基本である。このためには、次の点を徹底することが必要である。

◆自転車事故による死傷者の3分の2には自転車側のルール違反がある

自転車事故の死傷者数は14万4000人にのぼる（2011年）。そのうち3分の2に自転車側の法令違反がある（図4·1）。ルールを守れば大半は事故

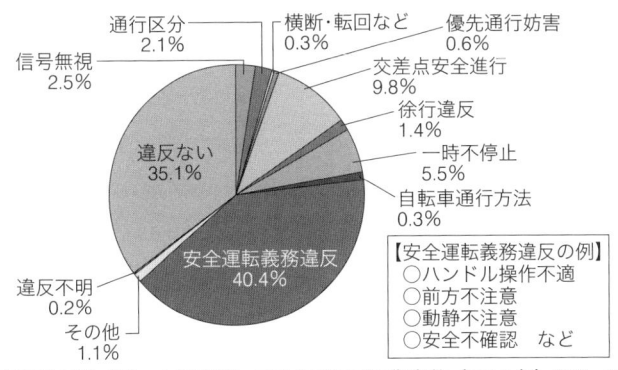

図4・1 自転車乗用者（第1・2当事者）の法令違反別死傷者数（2011年）（出典：警察庁資料）

【安全運転義務違反の例】
○ハンドル操作不適
○前方不注意
○動静不注意
○安全不確認　など

にあわなくてすむ。

◆ルール違反の多くは自転車側の一時停止無視や信号無視

これらのうち、信号無視による事故の違反率では、クルマ運転者が16.9％であるのに対して、自転車運転者は33.9％、一旦停止無視による事故の違反率は、同じく、36.8％と80.0％となっている（図4・2）。自転車側のルール違反割合が倍以上高い。特に、これらは自転車事故の大半が発生している交差点事故に多い。自らルールをしっかり守ることは自分を守ることであることを自転車利用者にしっかり認識してもらうことが重要である。

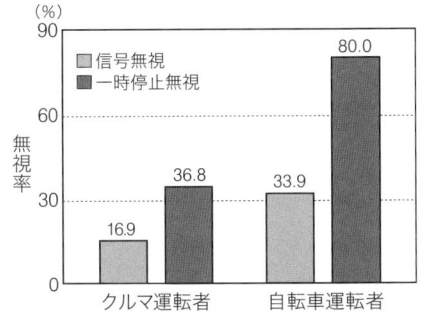

図4・2　信号無視率、一旦停止無視率の数値（各無視の件数／自転車事故の件数）（1993〜2001年）（出典：（公財）交通事故総合分析センター『イタルダ・インフォメーション』No.78, p. 10）

◆クルマとの自転車事故では自転車利用者側が死傷

（公財）交通事故総合分析センターの資料によると自転車事故の84％を占めるクルマとの事故では、自転車の無傷率は0.4％であるのに対してクルマの側は99.9％である[*1]。ほとんどは自転車のみ負傷している。

表4・3　自転車運転者の検察庁への送致件数

年	2009年	2010年	2011年
送致件数	4648	4754	4693

出典：警察庁懇談会提言（2012年12月27日）。

表4・4　自転車事故の多額の損害賠償の例

9500万円	専業主婦67歳意識不明
6779万円	女性38歳死亡
5438万円	女性55歳死亡
5000万円	看護師57歳死亡
4043万円	男性57歳死亡

出典：損害保険協会資料その他。

（4）ルールを守らないとその責任は重い

◆加害者となった場合、刑法の罪になる

　自転車の事故で他人を死傷させれば、自転車運転者が刑法の重過失致死傷罪や過失致死傷罪になる。この罪の容疑で2011年には約4700人も検察庁に送致されている（表4・3）。

◆多額の損害賠償金

　被害者が意識不明、死亡の場合などでは、加害者などに対して、4000万円〜9500万円の損害賠償が裁判で認められている（表4・4）。これらは近年高額化する傾向にある。特に歩道での歩行者との事故では、自転車側に過失があることを前提にした裁判が行われる傾向にある。2010年3月、東京、大阪、横浜、名古屋の4地裁の交通事故専門の裁判官により、歩道上の自転車対歩行者の事故においては、原則として歩行者に過失はないとする新基準が申しあわされている。

　なお、9500万円の事故は、2013年7月の神戸地裁のケースで、小学生がマウンテンバイクで女性をはねて意識不明が続いているケースであり、小学生の保護責任者としての母親らの賠償責任が認められた。

◆道路交通法違反で多くの人が検挙

　事故にならない場合にも、ルール違反に対しては、警察官から指導警告票が年間約220万人に出され、また、悪質な違反では約4000人も検挙されている。近年は自転車のルール違反に注目が集まり、取り締まりが特に厳しくなる傾向にある（図4・3）。

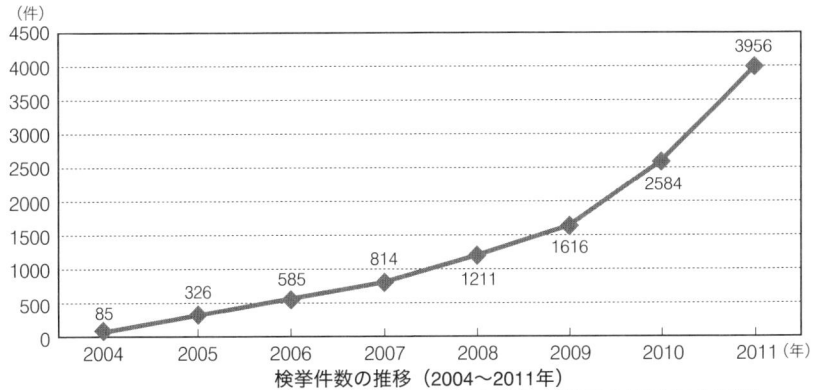

検挙件数の推移（2004〜2011年）

年	2004	2005	2006	2007	2008	2009	2010	2011
件数	85	326	585	814	1211	1616	2584	3956

（注：2004年および2005年の検挙件数は、自転車を含む軽車両の検挙件数）

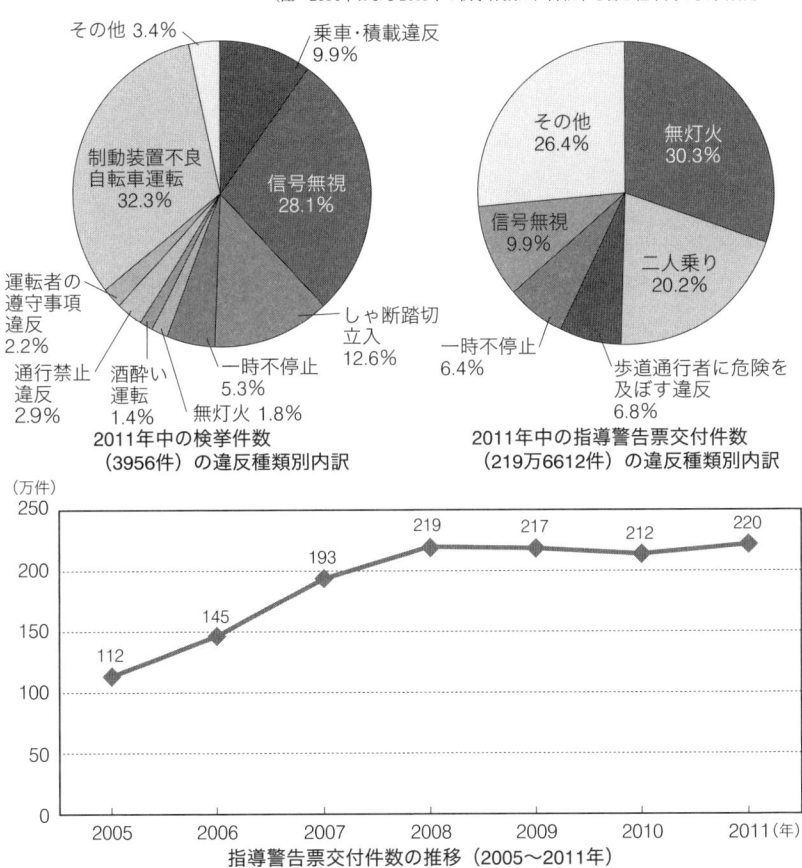

2011年中の検挙件数（3956件）の違反種類別内訳

- 制動装置不良自転車運転 32.3%
- 信号無視 28.1%
- しゃ断踏切立入 12.6%
- 乗車・積載違反 9.9%
- 一時不停止 5.3%
- その他 3.4%
- 通行禁止違反 2.9%
- 運転者の遵守事項違反 2.2%
- 無灯火 1.8%
- 酒酔い運転 1.4%

2011年中の指導警告票交付件数（219万6612件）の違反種類別内訳

- 無灯火 30.3%
- その他 26.4%
- 二人乗り 20.2%
- 信号無視 9.9%
- 歩道通行者に危険を及ぼす違反 6.8%
- 一時不停止 6.4%

指導警告票交付件数の推移（2005〜2011年）（万件）

年	2005	2006	2007	2008	2009	2010	2011
件数	112	145	193	219	217	212	220

図4・3　検挙状況推移　(出典：警察庁資料)

◆自転車の放置は、盗難・撤去にあう

　また、自転車の駅前放置はルール違反である。これにより、多くの自転車が盗まれたり、撤去されたりしている（盗難2012年約30万件、撤去2012年約214万台）。また、撤去の場合、引き取りの時間や手間と手数料（数千円）が必要となっている。

　これらはいずれも、自分自身が直接受ける損害である。

（5）違反者は酷評されていることを強調する

　自転車利用者も、プライドを持った普通の人間である。自身が他人からよく思われたいと考えることは変わりがない。このため、そのプライドに訴えて、ルールを守るように誘導することも大切である。たとえば、自転車のスマートな駐輪はあなたの評価を高め、逆によくない自転車利用をするとあなたの人柄が低く見られる。あなたの人柄が、自転車のスマートな走り方や駐輪に表れるなど、走行や駐輪に見られる行動や態度は、周りから見られていることを訴えることも、効果のある広報啓発である。

　周囲の人は、面と向かっては注意しないが、見えないところで利用者を見ているし、悪いルールとマナーに対しては顔をしかめていることをアンケートなどの結果をもとに強調する。このようなことは、警察に通報される可能性による犯罪の抑止力と異なり、他人からの人格の評価の良し悪しに訴えるものである。

1 ドライバーにも評判が悪い

　アンケート調査では、ドライバーから、十分に左側に寄らない、無灯火である、信号を守らないことが多いなどが指摘されており、評判が悪い。これは、自転車利用者にとっては、危険な行動でもあるので、この側面からも効果のあるルール遵守の訴えが可能である（図4・4）。

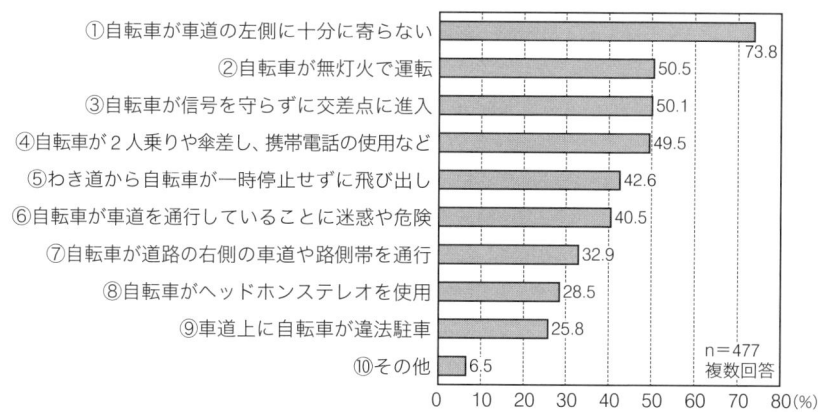

図4・4　クルマ利用者として自転車を迷惑・危険と感じた内容（出典：内閣府「自転車交通の総合的な安全性向上策に関する調査（2011年）における国民アンケート調査」に基づき古倉作成）

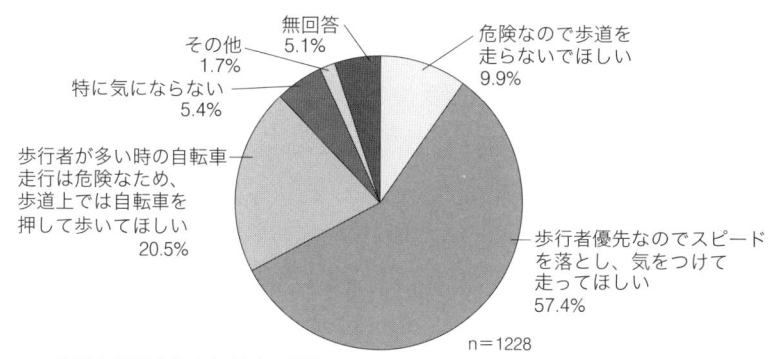

①自転車が車道の左側に十分に寄らない　73.8
②自転車が無灯火で運転　50.5
③自転車が信号を守らずに交差点に進入　50.1
④自転車が2人乗りや傘差し、携帯電話の使用など　49.5
⑤わき道から自転車が一時停止せずに飛び出し　42.6
⑥自転車が車道を通行していることに迷惑や危険　40.5
⑦自転車が道路の右側の車道や路側帯を通行　32.9
⑧自転車がヘッドホンステレオを使用　28.5
⑨車道上に自転車が違法駐車　25.8
⑩その他　6.5

n=477　複数回答

図4・5　歩道を通る自転車に対する評価（出典：2012年度札幌市市政世論調査結果）

- 危険なので歩道を走らないでほしい　9.9%
- 歩行者優先なのでスピードを落とし、気をつけて走ってほしい　57.4%
- 歩行者が多い時の自転車走行は危険なため、歩道上では自転車を押して歩いてほしい　20.5%
- 特に気にならない　5.4%
- その他　1.7%
- 無回答　5.1%

n=1228

② 歩行者からも自転車利用者が低く見られている

　歩行者を優先すべき歩道での自転車利用者の行動について、スピードを落としてほしい、歩行者が多い場合押して歩いてほしい、そもそも歩道を走らないでほしいなど歩行者から厳しい批判があることをしっかりと認識させることが重要である（図4・5）。

③ 自転車のマナーについても悪くなっていると評価されている

　義務ではないが、道路利用者相互が守るべきマナーについて、大阪市の

市政モニターに対する調査では、自転車のマナーが非常に悪くなってきているとする者が42.9％、やや悪くなってきているとする者が30.2％となっており、悪いと見ている人が計73％程度ときわめて評価が低いことも指摘すべきである[*2]。

(6) 利用促進や駐輪の啓発も行う

1 自転車利用促進

　健康でエコな自転車の本当のメリットを具体的に理解する機会は少ないので、しっかりと学習して、自転車のよさを理解してもらい、利用促進につなげる。また、ルールを守った自転車利用が進めば、単位走行距離あたりの事故がどんどん減っていくことは世界的にもさまざまな国で実証され、理解されてきている。これによりクルマでの移動を削減し、間接的に交通事故の削減に寄与することができる点を忘れてはいけない。特に、小中高生は自転車講習会の受講の機会が圧倒的に多い。その際、自転車利用が高校卒業とクルマの免許取得までの暫定的なものではなく、大学生や社会人になったときにも継続的に自転車利用を続けるべきものというような教育をすることが重要である。

2 駐輪のルールとマナー

　自転車のルールとマナーは、走行中のものだけを学習させていることが多いが、これだけではない。駅前や商店街などでの迷惑な駐輪行為も大きな社会問題である。放置禁止区域でなくとも、まちの中に無造作で放置されている自転車は景観上や通行上も支障が生ずる。その危険性、迷惑性などを明確に示して、適切な駐輪行為をすることがルールとマナーであることを教育する。

2. 有効な自転車講習のための工夫

(1) 受講機会の少ない層に機会を設ける

警察庁懇談会提言[*3]の資料によれば、各都道府県警察の自転車教育の受講人員は、2004年には約238万人であったが、2011年には約353万人となり、実施回数も同2万1000回から同2万9000回と、大幅に増加傾向にある（図4・6）。

毎年これだけ実施されているが、内訳は、小学生50％、中学生および高校生20％と約9割が小中高校生が占めている。これに対して高齢者は4.2％であり、その他は合わせて、4.2％である（図4・7）。こ

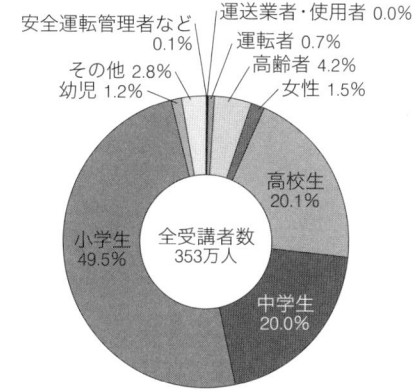

図4・7　2011年中の自転車教室受講人員の対象別内訳（出典：警察庁懇談会提言（2012年12月27日））

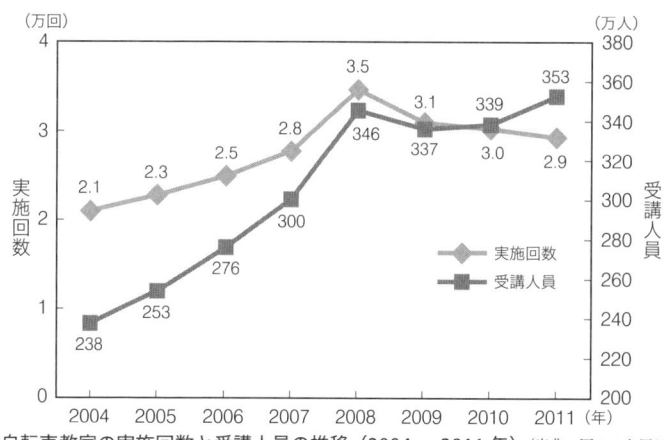

図4・6　自転車教室の実施回数と受講人員の推移（2004～2011年）（出典：図4・5と同じ）

のように、受講人数は若い年齢層に大きく偏っている。このような偏りを解消することが必要である（図5・14、p. 133 参照）。

（2）受講機会は重点的・機動的に設ける

① 受講機会は事故の多い層の順を考慮

自転車事故による死傷者がもっとも多いのは、16歳から24歳の年齢層であり、次いで15歳以下、そして、高齢者である65歳以上である（図5・6、p. 125 参照）。

本来は、この割合を参考にしながら、若者（16〜24歳）、子ども（15歳以下）、高齢者（65歳以上）の順に重点的に提供することが望ましい。また、さまざまな年齢層別の事故件数は低い層もあるが、大きな偏りがないので、さまざまな機会をとらえて、満遍なく実施することが適当である。表4・5は、さまざま自転車安全教育の実施状況である。成人に対しては、企業による社員の教育および自転車販売店を除いてあまり自転車教育が行われていない。また、大学生などに対しても、あまり行われていない。また、内閣府のアンケート調査では、自転車安全利用に関する交通安全教育を受けたことがない割合は60歳以上の人で約7割である（p. 133 参照）。

表4・5　自転車安全教育の対象別実施状況

教育主体 \ 対象	小中高生	大学生など	成人			高齢者
			社員	保護者	その他	
学校などの教育機関	A	C	C	C	C	C
保育園・幼稚園	C	C	C	B	C	C
企業	C	C	B	C	C	C
自治体、町内会など	B	C	C	C	C	B
交通安全関係団体	A	C	C	C	C	B
自転車販売店	B	B	B	B	B	B

出典：警察庁懇談会提言（2012年12月27日）
　A 　多くの主体が自転車安全教育を行っている。
　B 　一部の主体が自転車安全教育を行っている。
　C 　自転車安全教育があまり行われていない。

さらに、一度講習を受けても、講習内容は、事故の状況、ルールの改正、取り締まりの動向、講習のノウハウなどにより変化していくこと、年齢や属性により、利用形態、運転能力などが異なること、繰り返し学習することで安全性が高まることなどにより、各人が属する年齢層や属性などに応じた内容を、反復継続して受講することが適当である。

② 安全講習会の機会の設定および参加の徹底を目ざす

これらに対して、前出の警察庁懇談会提言はさらに表4・6のような機会を提示している。

さらに、これらに加えて、次のような効果的な方法を提案または紹介したい。

◆スーパー、商店街などの商業施設での自転車講習会

スーパー、商店街などでイベント的に自転車講習会を実施する。スーパーや商店街の来店者は自転車による来店者が意外に多い。たとえば、クルマ社会と言われている宇都宮のスーパーでの筆者のアンケート調査では、自転車による買い物（21.4%）がクルマ（33.7%）に次いで多い。また、同調査により試算すると1週間あたりの1人あたり購入金額はクルマでの来店者よりも2割も上回る[*4]。

このような自転車による来店者に対して、ルーマナーを守った安全運転での来店を呼び掛けるのは商業事業者の一種の社会的な責任でもある。ノ

表4・6　安全講習会のあり方の提言

ア）学校などの教育機関による小学生、中学生、高校生および大学生などへの自転車安全教育
イ）企業による従業員への自転車安全教育
ウ）自転車販売店による自転車購入者への自転車安全教育、商店街（小売店）による消費者への自転車安全教育
エ）保育園・幼稚園による保護者への自転車安全教育
オ）自治会、町内会などの地域コミュニティによる高齢者への自転車安全教育
カ）警察による免許証更新者などへの自転車安全教育

出典：表4・5と同じ。

ベルティを配布して参加を誘引し、イベント広場などで自転車利用者に講習会を受講してもらうことは、にぎわいを醸成する一つの手段でもあり、また、自転車による来店を促し、売り上げ増が期待できて、事業者側も決してマイナスではない。自治体などが先導して、または、呼び掛けることが必要であると思われるが、さらに、このような場の設定に対して、講習会の講師の派遣、安全運転の実地指導などを行うなどで事業者と連携した安全講習が可能となる。

◆高齢者への交通安全講習会

さらに前出の警察庁懇談会提言では、次のような事例が紹介されている。

高知県宿毛(すくも)警察署では、警察官などが実施する交通安全講習会を受講した高齢者に「受講修了証」を交付し、修了証を提示することで協賛店での割引などの特典が受けることができる「高齢者交通安全受講者特典制度」を運用している。

量販店（スーパー）や喫茶店など全10店舗（2012年7月現在）が「高齢者交通安全協力サポート店」として協賛しており、特典が受けられる時間帯を15時までとするなど、高齢者の事故防止に配慮している店舗もある。また、修了証の有効期限を1年としており、引き続き特典を受けるためには、再度講習を受講する必要があるなど、継続的な交通安全教育の受講を促す仕組みとなっている。

また、高齢者は比較的自転車をよく利用していることに着目して、高齢者の健康増進のために電動アシストのレンタサイクルなどの貸与を行うことが静岡県袋井市や埼玉県上尾市で実験されており、自転車による買い物に大きな効果を発揮している。このような貸与制度を設けるなどの際に自転車の交通安全講習会の受講を条件とすることも考えられる。

◆勤めをしている成人を対象とした講習会

また、京都府警察本部および京都市では、18歳以上で市内に在住または通勤・通学している者を対象に、土曜日に自転車安全講習会を実施しているが、受講した特典として、無人管理を除く京都市営駐輪場などの無料券

3回分の提供をしている。なお、この特典以外に、自転車点検（TSマーク付）チケットを配布し、協力自転車店では、通常1500〜2000円かかる自転車点検費用が100円となること、自転車反射材、自転車防犯グッズなどを配布している（京都府警ホームページ）。これは、自転車講習を受ける機会が少ない通勤・通学者を対象にして、インセンティブを提供していること、および土曜日に実施していることが重要である。この講習会は希望者が多く、盛況であるとのことである。

3 自転車駐車場の利用者に安全教育を実施する

自転車駐車場は全国で1日約260万人[*5]が来場する格好の自転車教育の場である。すなわち、自転車駐車場に来場する人は、全員自転車利用者である。しかも、自転車教育の手薄な成人などが多く利用している。このため、自転車駐車場を単に「自転車を置く空間」を提供する場所ではなく、自転車の安全利用の啓発場所としても位置づけることが適当である。これにより、今まで放置自転車対策が主な役割であった自転車駐車場が、自転車のルールとマナーの講習の場になる可能性を持っている。

具体的には、自転車駐車場に来場した利用者に、ルールとマナーに関するパンフレットを配布したり、安全利用のポスターを張ったり、資料提供したりすることなどである。これらはすでに一部で実施されているものもあるが、単に配布したり掲示したりすることで、体系的に活用されているとは言いがたい。

このため、（公財）自転車駐車場整備センターはわかりやすい10種類以上の体系的なイラストによるリーフレットを順次作成し、自転車駐車場利用者に配布している。これは、主に自転車利用者の守るべきルールを中心に作成されている。

さらに、このような体系的に作成したリーフレットを定期的に一定の間隔で配布する。たとえば、1年に4から6回程度を1回の周期として、異なる種類のパンフレットを繰り返し、配布する。また学習の程度を測るた

表4・7　自転車駐車場利用者に対する交通安全講習会受講の特典案一覧

①自転車利用料金の優遇（成人でも学割の適用など）
②利用の優先受付（東京都武蔵野市および三鷹市）
③駅から距離の近い自転車駐車場を遠い自転車駐車場の料金で提供
④屋根付きの部分への屋根なしの部分の料金で提供
⑤1階の部分を2階の料金で提供
⑥空間に余裕のある場合に入口に近いまたは1階の駐輪場所の提供
⑦空間に余裕のある場合に2段ラックの下段の優先的な提供
⑧空間に余裕のある場合に広いスペースの駐輪場所の優先的な提供

出典：古倉の提案による。

めにパンフレットの最後に自転車駐車場の評価のアンケートも兼ねたルールの内容、遵守度（○○を守っていますかなどの質問を入れた）チェックシートを用意して、これに回答してもらう。この提出の際にスタンプを押して、規定の数に達した場合に表4・7のような優遇をする。または、機会を設けて自治体と連携し、いくつかの自転車駐車場の利用者をまとめた講習会を実施し、参加者には、自転車駐車場の利用について割引券の配布など表4・7のような何らかの優遇策を講ずる。そして、この場合上記のようなパンレットをまとめたテキストを作成し、配布・使用する。ただし、これらの特典は、受講終了時に際して実施するテストに一定以上の成績を収めた場合に付与するとともに、一定の期間に限定し、さらに特典を受ける場合はもう一度受講してもらうなど繰り返しの受講を促すとともに、一部の人の既得権化を防止する。

　また、特に優先したい年齢層などがあれば（たとえば、高齢者層）、これらに焦点を当ててより多くの特典を用意して優遇することも考えられる。

　なお、筆者らが担当したアンケート調査では、講習会を受講して試験に合格した場合に、自転車駐車場の料金を割り引いてもよいかについて質問したところ、地方公共団体については、わからないおよび無回答を除くと、34.6％が割引くべきとしている（同額でよいは56.4％と半分以上ある、図4・8）。このようなシステムについて質問を受けるのは初めてであると考えられるが、その割には一定の理解があると言える。また、いくつかの自転車

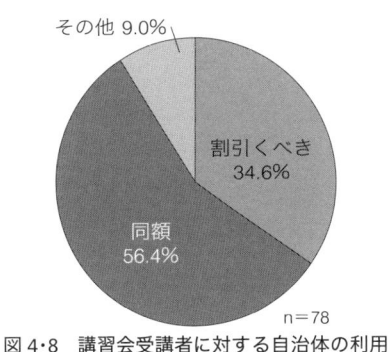

図4・8　講習会受講者に対する自治体の利用料金の割引への意向（地方公共団体）
（出典：（公財）自転車駐車場整備センター「自転車駐車場の管理運営の重要課題に関する調査研究報告書」2013年3月））

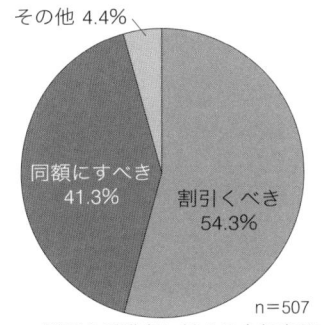

（円グラフ：割引くべき 34.6%、同額 56.4%、その他 9.0%、n=78）

図4・9　講習会受講者に対する自転車駐車場利用者の利用料金の割引への意向（東京圏3カ所、近畿圏1カ所の自転車駐車場）
（出典：図4・8と同じ）

（円グラフ：割引くべき 54.3%、同額にすべき 41.3%、その他 4.4%、n=507）

　駐車場の利用者にも同一の質問をしたが、このような割引については、無回答およびわからないという回答を除くと、過半数の54.3%が割引を支持しており、同額とすべきとする41.3%を上回っている（図4・9）。講習会受講の試験合格者に対する割引は、自転車駐車場利用者には相当程度受け入れられるものと考えられる。なお、この場合、地方公共団体で割り引くことを可とするもの（回答数24）が回答した割引の率は、平均で2.5割であり、自転車駐車場利用者で割り引くことを可とするもの（回答数184）の同平均で2.0割である。前者が後者を上回っているが、実施する場合は自転車駐車場利用者の意向に沿った割引率でも効果のある講習会が期待できる。

　なお、自転車駐車場の利用に関連して、自転車安全講習会受講者を優遇する例としては、前出の警察庁懇談会提言で、次のような例が紹介されている。すなわち、武蔵野市および三鷹市で、中学生以上の者を対象として、各警察署と連携した自転車安全講習会を開催しており、講習会に参加して認定を受けた受講者については、有料駐輪場の申込みなどにおける優先的な取り扱いを行っている。受講者に交付される「自転車安全利用認定証」（武蔵野市）や「自転車安全運転証」（三鷹市）には有効期間があるほか、認定を受けた受講者に対するTSマーク付帯保険費用の助成（対象については市民のみ）も行っている。

(3) 企業・学校・地域と連携する

① 企業・学校の自転車通勤・通学の推進とタイアップした受講推進

　企業、大学、高校などにおいて、自転車教室を受講した者に限って自転車通勤・通学を認めるなどの措置を実施するなど、前出の警察庁懇談会提言では、次のような例が紹介されている。

◆自転車通勤許可の更新条件として講習参加を義務づけ(㈱ブリヂストン)

　2012年9月から、自転車通勤許可の更新条件として、警察が実施する自転車交通安全講習会（自転車シミュレータによる実技と講義）への参加を義務づけている。

◆自転車通学者に対する講習などの義務づけ(立命館大学)

　「自転車通学者交通安全講習会」の受講を要件として自転車通学を認める「自転車登録制度」を導入している。

　さらに、自転車の盗難対策および安全対策をとること、対人・対物事故に備えた賠償責任保険に加入することも要件としており、具体的には、前照灯、鍵の設置、防犯登録についての自転車点検を受けるほか、1事故につき1億円（限度）を補償する自転車の賠償責任保険に加入しなければ、登録を受けることができない。

◆高校生自転車運転免許制度(浦和学院高等学校)

　高校生に参加体験型の交通安全教育を実施し、受講者に高校生自転車運転免許を交付し、教職員（生徒指導係）が交通安全指導者として、交通法規・校則違反などを認めた場合、違反項目別に点数を付加し、累積点数により個別指導を実施するとともに、累積点数によっては自転車通学を禁止する。

◆提言以外の方法

以上のほか、次のような方法もあるので提案しておきたい。

　　①通勤手当の支給に当たっては、自転車講習会を受講した場合に支給
　　　または増額する
　　②自転車に関連しての法規違反での検挙や一定の回数以上の指導警告

をされた場合には、一定の期間、通勤・通学での使用を禁止し、適切な自転車講習会を受講した場合には、解除する

③学校などでの授業や課外活動などのテーマに、身近な自転車の学習として、そのルールとマナーを取り上げて、教材やポスターを作成し、配布や貼付するなど積極的な地域の交通安全活動を実施する。このことを通じて、自らも実践的な学習をする

2 自転車の運転免許証は有効期限とメリットを付す

　自転車講習会の受講者に、自転車の運転免許証制度を設けることは多くの自治体で行われている。これらには、先述のように何らかのメリットを付与することが望ましいが、この際にこれの有効期限を付して、定期的に受講することを促すことも大切である。場合によっては、試験をして、学習効果を上げるとともに、成績に応じてたとえば免許証の色を変えることにする。たとえば、学生生徒に対しては、自転車通学を認めるのみのものと、これに加えて、従来すべての学生に適用していた自転車駐車場の料金の学割を廃止し、これを持っている者のみ学割料金を適用するもの、さらに、商店、スーパーとの提携により、学割の学用品を用意するなどして優遇するものなど、学習の成果に応じて各種優遇をするのも学習意欲を向上させる。

3 通学路で地域と連携しクルマと自転車の違反をダブルチェック

　自転車が多い通学路では、クルマに対しても、ここは自転車が通る通学路であり、自転車走行に対して配慮するように訴える看板を出す。また、通学する学生生徒についても、地域と連携して、ルール違反を指導したり、その状況を通報してもらうことにより、日常的なルールの徹底がはかれる。

4 企業を対象として自転車交通安全セミナーを実施する

　企業に対しても、当該企業の自転車通勤者の交通安全の向上のための講

習会を実施するようにする。この場合、今まで述べてきたような自転車事故を防止するために必要な知識のみならず、自転車通勤のメリットを説く。具体的には安全性に関する誤解の解消（自転車通勤はクルマ通勤の事故割合よりも少ないなど）、健康によく、企業の業務効率の向上、欠勤の減少、健康保険費や通勤手当の削減などにおいて企業に大きなメリットを直接もたらすものであること、これにより、企業のエコや健康への姿勢において、社会的な信用度も増加することを説明する。このように、自転車通勤の推進企業になってもらうことを呼び掛けるセミナーも兼ねた方向性をもっと強く出す。

呼びかけに応じる協力企業には、さまざまな支援策を検討して用意する。たとえば、自転車ネットワークの優先整備、自転車駐車場の整備のラックの補助（自動車駐車場から転換など）、シャワーロッカーなどの設置補助などにより、企業行動を推奨し支援する。さらに、このような行動をとった企業は表彰するなどして推進支援する。

❸. さまざまな安全教育の方法を考える

(1) 現場・車道での実践教育

机上や校庭のみの学習でなく、自転車通勤・自転車通学の経路の実走や危険箇所などの確認・学習をすることも有効である。自転車専用通行帯などを設置してもなかなか利用してもらえない理由の多くが車道で走行したことがないのに、危ないと思い込んでいることがある。実際に自転車専用通行帯ができ上がり、そこを走行してみると、現実に安全快適性が向上したと回答する割合が7割程度も存在している例もある[*6]。このように車道の専用通行帯を実際に通行し、安全教育とそのよさを理解してもらうこと

を兼ねて実施するとよい。

(2) 家族へ学習内容を伝播する

　受講機会の多い小中高生に対して、講習会で学んだ内容を家に帰って家族に報告するような教材を用意し、家庭内での高齢者や成人への伝播を図るべきである、これにより、警察庁懇談会報告で手薄になっているとされる成人層や高齢者に対する学習の機会を提供するとともに、親子や祖父母などとの対話の機会を増やすものとする。

　学生生徒向けの講習会で、大人向けの内容のリーフレットなどを配布したり、学生生徒向けの教材でも帰宅後にこれを家庭内で話題にできるよう工夫する。これには、安全のルールのほか、自転車利用のメリットなどをふくめて家庭内でクルマからの転換推進の内容を含めることが適当である。

(3) 親と子どものセットでの学習

　学校や幼稚園、保育所などへ子どもを保護者が送り迎えすることも多い。この場合、授業参観などの機会に、両親や祖父母などに送迎のあり方や自転車の安全ルールなどについて、学習機会を設けることが有効である。安易に親や祖父母がクルマでの送迎を繰り返すと、子ども心にも、近距離でのクルマ利用が当たり前という学習がなされてしまう。

　学校教育は学校などの責任で行われ、家庭に帰れば、あとの家庭学習は両親などの保護者の責任において行うべきものであるが、学校などへの送迎は学校と保護者が共同で進めるべき行動であり、子どもの安全性と親のメリットにもっとも深くかかわりがある。また保護者と子どもの両方がルールを学習すると親の自転車の運転行動のルール遵守の状況を子どもがチェックし、指摘できる効果がある。

(4) 世代間で自転車の安全ルールの教育を行う

　親と子どもにかぎらず、大学生、高校生から中学生、小学生など世代間で教育を行うことも有効である。また、このためには、お互いのコミュニケーションを図るための教材も検討する必要がある。

　たとえば上級生が下級生に対して教えるには、まず自ら学習しなければならない。また、教える以上は、自らも守らないと立場がない。これにより、学習と実践を同時に行える。また、学生の地域貢献活動が授業や課外で行われているので、上級の学校が下級の学校や学年に出向いて、自転車の学習と指導をセットで行うことも考えられる。

　なお、上級生が自ら教材や危険地図などを作成して、後輩を指導し、教育することも重要である。このようにして得られた自転車の交通安全に関する知識や経験、さらに遵法精神は、その後の自転車利用にとってきわめて貴重な体験となる。

4. クルマ利用者に対するルールとマナーの講習

(1) クルマにも講習が必要

　自転車事故の84%は、クルマとの事故である。もちろん、自転車側の過失がある場合も多くあるが、クルマ側にも同時に過失があることも多い。すなわち、自転車側にのみ自転車のルールとマナーの広報啓発、講習会を実施するのは、自転車の安全対策としては偏っている。クルマ側に対して、自転車事故の防止のための自転車に対するルールとマナーなどを学習してもらわないと自転車事故を大幅に減らすことはできない。

　ロンドンの「自転車交通安全計画」では計画の本文の半分以上の部分が、

クルマやトラック、バスのドライバーに対する広報啓発研修などの自転車の安全対策に割かれている[*7]。

クルマ側は免許を持っているため、ルールについては理解しているという意見もあるが、安全確認や適切な離隔距離などについて必ずしも守られているとは言えないし、自転車とクルマの事故が主にどのような箇所や形態で生じているか、また、その際に特に守るべき重要なルールや注意点までよく知っているわけではないなど、クルマ側の自転車事故の防止のための的確な理解が必要である。ドライバー向けに、自転車に対するルールや注意点に関する専用のテキストを作成するとともに、しっかりと講習会などの機会を設ける。

また、具体の事故箇所では、「事故多発地点」などという抽象的な看板ではなく、「クルマの一旦停止義務違反による出会い頭事故地点」など事故の原因やここで特に守るべきルールを具体的に示す簡潔な看板を設けるべきである。自転車事故多発地点での現場の学習は、具体性があり事故の減少におおいに寄与すると考えられる。

とかく、自転車側のルールとマナーばかりが強調されすぎて、逆にクルマ側に対する広報啓発講習などが盲点になりがちであるので注意を要する。

(2) クルマ側に自転車の車道走行への理解を促す

我が国で長年常識化している「自転車は歩道を通るもの」という固定観念は、何も自転車利用者だけが持っているものではない。クルマのドライバーも同様であり、この固定観念を変更してもらう必要がある。クルマのドライバーに対して、自転車が車道を通行することは、自転車の交差点事故の大幅な削減に寄与するものであり、かつ、歩道でのクルマとの事故ならびに歩行者との事故を減らすものであること（既述）のために、きわめて重要であることを理解してもらうことである。また、自転車に安心して車道を走行してもらい、かつ、交差点事故や歩道での事故を減らしてもら

うために、車道走行が不可欠であることを理解してもらうことである。

これがないと、車道を走行している自転車に、嫌がらせ的に接近して追い越したり、クラクションを鳴らしたりして、追い立てるという行動などや、そこまでいかなくとも、高速で、または、離隔距離を置かずに側方を追い越したり、通過するなど、自転車利用者がもう一度歩道に逃げ込みたくなるような恐怖感を与える行動が後を絶たないことになる。そのようなことがないように免許更新などの機会や交通安全の講習会において、しっかりと自転車に対するクルマ側のマナーに関する注意事項を教示することが必要である。

なお、今後の課題としては、初心者マークのクルマに対して幅寄せなどを禁ずる規定が道路交通法にあるが、これと同様な規定を自転車に関しても設け、自転車との離隔距離をしっかり取ることを義務化する道路交通法の改正も必要であり、ぜひ提案したい。

(3) 自転車安全教室の講習会でクルマ側が注意すべき内容を含める

自転車の講習会は、自転車利用者に対するものであり、自転車利用者が集まるものであるが、ここでクルマ側に対して必要な自転車に対するマナーの講習をする。その理由は、自転車利用者の多くが免許を持っていて、両方を使い分けていることが多いためである。自転車に車道を原則として通行しましょうという内容と、車道では自転車とクルマが適正に空間を共用しましょうという内容をセットで教育する効果はきわめて高い。今まで免許更新以外では、ドライバーに対する自転車講習の機会がなかったので、このような機会をとらえることも一つの方法であると思われる。

第5章 自転車は高齢化社会の最高の移動手段

1. 高齢化社会のコンパクトなまちづくりに自転車を活かす

(1) コンパクトなまちづくりでクルマ依存率が劇的に減るか

　コンパクトなまちづくりは、なるべくまとまった狭い範囲で、通勤・通学、買い物、通院、雑用・用足しなどを日常生活に必要な行動を行うことができるまちづくりである。この範囲がどの程度の広さを有するかは一概には言えないが、たとえば、よく紹介される青森市や富山市の市街化区域

表 5·1　自家用車の移動距離（都市規模）のトリップ割合（％）

移動距離	〜2 km	2〜4 km	4〜6 km	5 km 以内推計
三大都市圏政令市	22.5	16.7	11.0	44.7
三大都市圏その他	24.5	18.1	11.2	48.2
地方中枢方都市圏	22.9	15.3	11.7	44.1
地方中核都市圏 50 万人以上	24.0	21.0	14.0	52.0
地方中核都市圏 50 万人未満	26.2	20.7	13.9	53.9
地方中心都市圏	30.1	21.1	12.9	57.7

出典：国交省「1999 年全国都市パーソントリップ調査 1. 基礎集計編」p. 18、p. 24 に基づき古倉推計。
注：5 km 以内の単純平均は 50.1％である。

の面積は半径が 3.9 km および 3.4 km の円の面積に相当する。

より多くの人びとがこのエリアに住み働くようになれば、クルマ依存率は下がるだろうか。しかし、表5·1のように地方都市では5 km 以内の移動の際でもクルマ依存率が高い。

したがってコンパクトなまちづくりをしてもクルマ依存率が劇的に下がるとはかぎらない。

(2) クルマ依存率の削減には自転車の活用が鍵

1 低炭素化の切り札は短距離移動でクルマの使用を控えること

コンパクトなまちづくりの一つの狙いは低炭素化にある。

図5·1によれば、一般家庭からの二酸化炭素の排出のなかでは、自家用車は第2番目の排出量であり、全体の約4分の1の年間1290 kg に相当する。かなり大きな数値である。

排出削減の行動は、焦点が絞られていて、結果が見えやすいことが重要だが、この点クルマ利用は、節減の対象として絞り込むことが容易で、節減効果がきわめて高い。

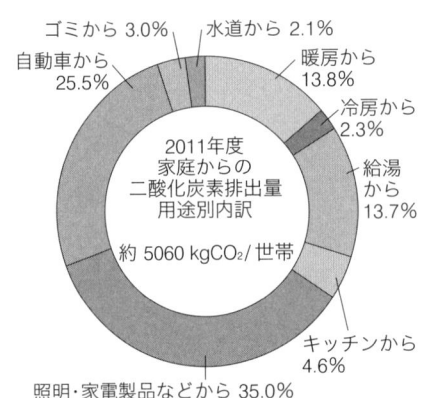

太田氏らの研究[*1]によると、クルマを1日10分控えると、平均的なクルマの場合、年間588 kg の二酸化炭素の排出を抑えることができる。これは TV を60分減らす、冷暖房を1度調整するといった節約行動と比べ10倍以上の節減効果がある。

しかし代替手段がなければ、クルマ利用を減らすことは難しい。

ゴミから 3.0%　水道から 2.1%
自動車から 25.5%　暖房から 13.8%
冷房から 2.3%
2011年度家庭からの二酸化炭素排出量用途別内訳
約 5060 kgCO₂/世帯
給湯から 13.7%
キッチンから 4.6%
照明・家電製品などから 35.0%

図5·1　家庭からの二酸化炭素排出量の内訳
(出典:全国地球温暖化防止活動推進センター資料)

2 自転車は短距離移動のクルマの代替手段になる

　一方、多くの人が自転車で行けると言っている距離は、各種アンケート調査結果から考えて、過半数が 5 km 程度であると考えられる[*2]。

　先述のように地方都市に行けばいくほど、5 km 以内のトリップ数の割合は高くなり、地方中心都市では約 6 割近くになると推定される。この代替手段として自転車が広く使われれば、コンパクトなまちづくりによるクルマ依存率削減効果は劇的に改善するものと思われる。

　たとえば先に述べたように近距離の 10 分のクルマ利用を 1 日 1 度控えるだけで平均的な家庭の二酸化炭素排出量のうちの 588 kg、11.6％を削減できる計算になる。

　しかも、これは 1 家庭あたりであるので、家族のだれかが片道 1.5 km 程度の短いクルマの外出を 1 回だけ自転車に転換すればよいのである。もちろん家族ぐるみでもっと増やせば削減量は大幅に増加する。

　コンパクトなまちづくりは、このような大きな可能性を持っているクルマから自転車への転換とともに進めることが、低酸素化に大きく貢献できることがわかる。

　12 章で紹介する米国のポートランド自転車計画では自転車で行ける距離を考慮した 20 分近隣地域によりヒューマンサイズのまちづくりを進めている。

(3) 高齢化社会を支える自転車

　コンパクトなまちづくりの大きな狙いの一つに高齢化社会への対応がある。高齢者は徒歩では 500 m 以上歩いて行けるとする人が約半数程度しかおらず（図 5・5）、しかも、クルマに依存してきた地方都市の方がこの割合が低い。

　このような高齢者の移動の確保を考えるに当たって、一番大切なことは、当の高齢者の多くが自転車を日常的に活用していることである。別の角度

から言えば、自転車は高齢者の重要な自助によるモビリティの手段になっていることである。福祉タクシーやコミュニティバスなどは財政制約のためきめ細かいネットワーク、運行本数などを確保できない場合が多く、手軽な利用とはならないし、有料でもある。行政にとっても、まず自分の足でモビリティを確保してもらうことが基本であり、同時に高齢者にとっても自ら移動することが健康的にも精神的にも幸せである。

高齢者には、クルマに乗りなれている人たちも少なからず存在するが、実態としては、気楽さ、手軽さ、経済的な理由や身体的な理由なども含めて、数多くの人たちが自転車を日常的に利用している（多くの都市では、駅前にやってくる買い物目的の自転車では半数以上が高齢者である）。

これらのために、自転車専用空間の確保や交通量の少ない適切なネットワーク空間の形成、転倒しない自転車および適切なヘルメットの提供、講習会を受講したことがない高齢者などを含めた安全教育の徹底などにより、安全は相当の高い割合で確保できることを多くの人が理解すべきである。そのような可能性を理解しないで、若い世代が感覚的に高齢者は自転車が不適であるなどと決めつけるべきではない。以上について次節以降で詳しく述べていくことにする。

2. 高齢者も意外と自転車を使っている

(1) 自転車利用者の年齢別構成では高齢者が主役

実は高齢者の自転車利用の水準は、他の年齢層と比べて高い。図5・2は、豊橋市市民のなかで自転車を週1回以上利用している人の年齢構成別の割合である。これによると、10歳刻みでの利用者割合では、20代および30代の利用割合は低く、40代以降は高くなっている。そして、60～69歳が

もっとも高く、また、70〜79歳も40〜49歳、50〜59歳と同じくらいの割合である。全体では、60歳以上の自転車利用者が約4割と比較的高い。

（2）利用頻度も高齢者が成人の年齢層ではもっとも高い

これを年齢構成別の利用頻度で見てみると、図5・3のとおりである。

さすがに、80歳以上では「利用することはない」が20〜29歳より少し多い61％ではあるが、一方で、この層でも、ほぼ毎日の利用が20％もある。通学などに利用する19歳以下の層を除いて、70〜79歳とともに、ほぼ毎日の利用の割合は全成人年齢層のなかで一

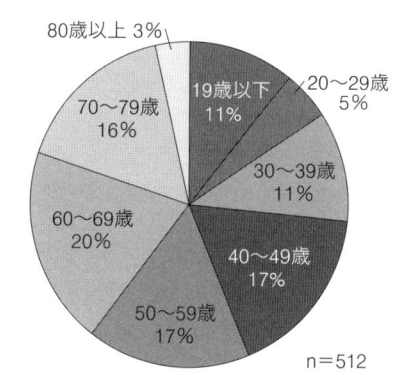

図5・2　自転車を利用している人の年齢別構成（週1回以上の利用者、豊橋市）（出典：豊橋市「自転車利用に関する市民アンケート調査結果」2012年、市民3000人対象、回収率33.6%）

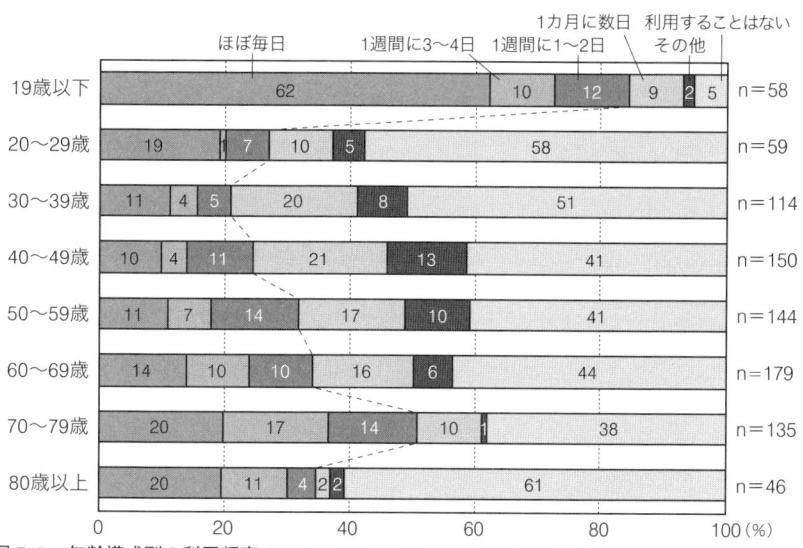

図5・3　年齢構成別の利用頻度（出典：図5・2と同じ。利用頻度を回答した自転車利用者）

番高い。また、週に1～2日以上の割合（ほぼ毎日、1週間に3～4日および1週間に1～2日の合計）を見ると、70～79歳が51％にも上り、次いで60～69歳が34％であり、19歳以下の層を除くと、第1位および第2位の割合である。このように、実態的に、高齢者の自転車利用頻度は他の成人の層よりも圧倒的に高く、これらの人びとが日常的な足として、自転車を活用していることは紛れもない事実である。

　このことは、多くの高齢者が全国的に自転車を自ら日常の移動手段として活用していることを日々実証していることになる。

(3) 高齢者は買い物目的の自転車利用が多い

　年齢構成別の自転車利用の目的を見ると、60歳以上は、さすがに通勤の割合が減少するが、買い物については60～69歳が54％、70～79歳および80歳以上がともに61％ときわめて高い割合である（図5・4）。また、健康づくりに利用する人が、年齢が高くなるにしたがって増加しており、こ

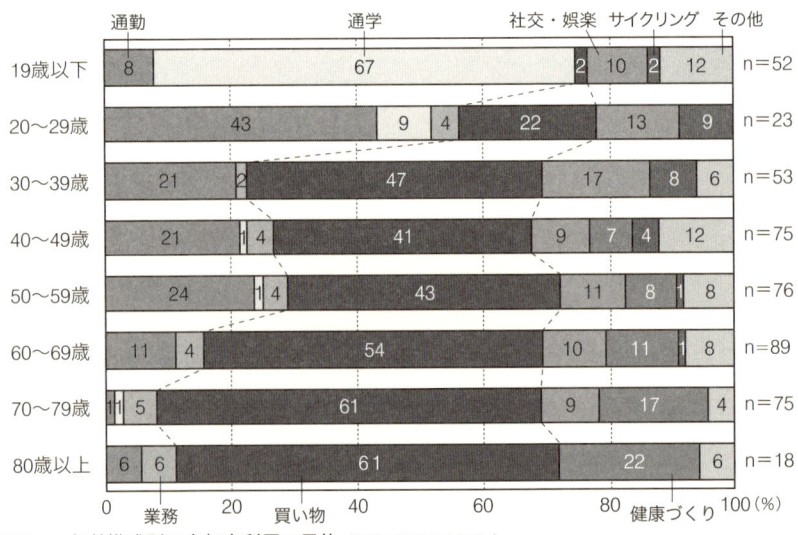

図5・4　年齢構成別の自転車利用の目的（出典：図5・2と同じ。）

の面からも、病気予防や健康増進に寄与することが期待されている。

　このように、高齢者を中心として、自転車は買い物や健康づくりのために日常的に利用されているのである。これにはクルマの運転や保有が運動能力や経済的な理由から困難な人が増加し、自転車を利用せざるをえないというような背景もあると考えられる。これらのことから、自転車は実態的にすでに高齢者の買い物などの日常生活を支えており、不可欠な移動手段であることがわかる。

3. 高齢者の多くは5km以上まで自転車で行ける

　しかし、高齢者の体力が自転車を利用する域に達しているかが次の問題である。

(1) 高齢者も自転車で5km以上の距離を行くことができる

　日常的に自転車を利用していると推定される駐輪場利用者に対して実施したアンケート調査結果において、自転車で行ける限界距離の回答を、60歳以上の層と60歳未満の層の分けて見てみる（表5・2）。60歳以上の人でも、日常的な限界距離を5km以上と回答した人は全部で67%である。すなわち、3分の2以上の人は5km以上行けることになる。また、同60歳

表5・2　高齢者の日常的に自転車で行ける限界距離

	駐輪場利用者 60歳以上 限界距離		駐輪場利用者 60歳未満 限界距離	
2km未満	0	0%	2	1%
2km	2	7%	10	3%
3km	8	27%	41	13%
5km	8	27%	95	30%
7km	4	13%	22	7%
10km	8	27%	142	46%
計	30	100%	312	100%

出典：柏の葉キャンパスタウンにおける駅前駐輪場利用者アンケート調査結果に基づき古倉作成。
注：全体の回答者数は531で、そのうち自転車で行ける限界距離について回答した人を対象に計算。

未満の人は 83％であり、大半の人にとって 5 km 以上でも自転車で行ける距離であることがわかる。以上のように、少なくとも、5 km の距離については、高齢者もその多くが自転車で行ける可能性があり、高齢者であるからといって、自転車を体力的に活用できないということはないと言える。

同様の傾向は、他の都市で行われた市民アンケートの結果でも十分読み取れる。たとえば、2013 年に行われた茅ヶ崎市の市民アンケート調査においても、日常での移動可能距離は、年齢層別に差はなく、全体の平均（n＝1035）が 5.2 km であり、これに対して 65 ～ 74 歳（n＝234）5.1 km、75 ～ 79 歳（n＝55）5.5 km などとなっている。高齢者も、自転車では、若い層と同じくらいの距離は十分行けるのである。

（2）高齢者が徒歩で行ける距離はきわめて短い

なお、これに比べて、徒歩での移動距離の限界は、65 歳以上の人に対するアンケート調査結果では、1 km 以上行けない人が 65 ～ 74 歳で 49.4％（三大都市圏）および 47.8％（地方都市圏）、75 歳以上で 68.5％（三大都市圏）および 72.7％にも達している（図 5・5）。

徒歩による日常の移動では、距離の面でも、また、ひざへの負担その他

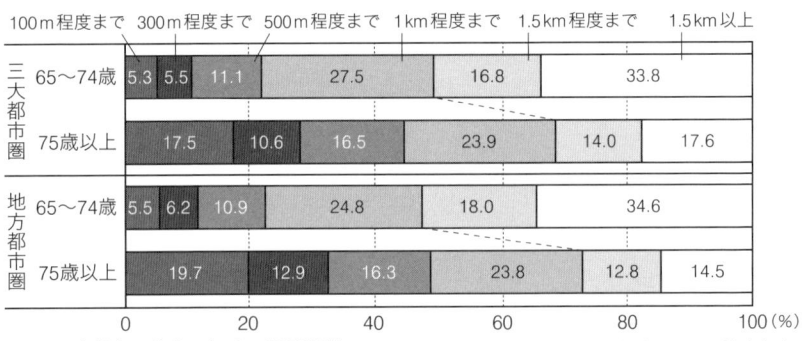

図 5・5　高齢者の徒歩で行ける限界距離（出典：2005 年全国都市パーソントリップ調査のなかの「都市交通に関する意識調査」各 1 km 程度までの割合の合計により算出）

肉体の面でも、また、買い物などの荷物の重さの面などでも、限界が大きい。しかし、徒歩では行けなくても、これらの制約がほとんどない自転車では行くことが可能であるとする人も多いことがわかる。

④ 高齢者に自転車を使ってもらうメリット

　高齢者の自転車利用を考える際には、自転車を使ってもらうことによる社会が受けるメリットと高齢者が自転車を使うことによる自ら受けるメリットの両側面から考える必要がある。前者は、国や社会のために自転車利用をお願いするスタンスであり、後者は、自分自身のために自転車を利用することを推奨するものである。この二つのスタンスが高齢者の自転車利用を考える際に重要な視点である。

(1) 高齢者の医療費・介護費の削減

　我が国の医療費総額は、2011年度で38兆6000億円にも上り、1人あたり30万円にもなる（厚生労働省）。また、2013年度には40兆円になる見込みである。そして、我が国の医療費の3分の1は生活習慣病が占めており、また、死亡原因の3分の2近くが生活習慣病である。このように、生活習慣病が、なんといっても最大の国民の病気であり、これに対処することは、病気からの解放による国民の幸福度の向上と国民医療費・介護費の削減に大きな効果があることは明らかである[*3]。

　また、表5・3のように各主体の医療費の負担も巨額に上ることから、生活習慣病を、国民自ら被保険者として生活習慣を改善して自ら予防するとともに、事業主も一般的な焦点のあいまいな健康指導よりも、自転車通勤など具体的な行動に焦点を当てて効果の高い支援策を率先して推進し、国

表 5・3　国民医療費の財源（2011 年度）

国　　庫	10 兆 307 億円	26.0%
地　　方	4 兆 7772 億円	12.4%
事 業 主	7 兆 7964 億円	20.2%
被保険者	10 兆 9555 億円	28.4%
その他	5 兆 252 億円	13.0%
合　　計	38 兆 5850 億円	100.0%

出典：厚生労働省「平成 23 年度 国民医療費概況」から抜粋

表 5・4　医療費（2011 年度）

70 歳未満	19.0 兆円	50.1%
70 歳以上	17.4 兆円	44.9%
計	36.4 兆円	100.0%

出典：厚生労働省「平成 24 年度 医療費の動向」
注：70 歳未満および 70 歳以上の部分は、社会保険診療支払基金および国民健康保険団体連合会支払いの医療費。

表 5・5　主な傷病別に見た 65 歳以上の高齢者の受療率（対人口 10 万人）

	疾患名	男 75 歳以上	割合	女 75 歳以上	割合
入院	総数	4630 人	100.0%	5120 人	100.0%
	悪性新生物	588 人	12.7%	286 人	5.6%
	高血圧性疾患	28 人	0.6%	71 人	1.4%
	心疾患(高血圧性のものを除く)	261 人	5.6%	317 人	6.2%
	脳血管疾患	893 人	19.3%	1103 人	21.5%
外来	総数	12156 人	100.0%	11981 人	100.0%
	悪性新生物	589 人	4.8%	228 人	1.9%
	高血圧性疾患	1556 人	12.8%	2080 人	17.4%
	心疾患(高血圧性のものを除く)	555 人	4.6%	439 人	3.7%
	脳血管疾患	517 人	4.3%	440 人	3.7%
	脊柱障害	1445 人	11.9%	1238 人	10.3%

出典：2011 年版高齢社会白書に基づき古倉作成（抜粋・計算）。
注：□の部分は、生活習慣病古倉記入。

および地方公共団体も一体となってこれを助けるという義務があると考える。

　高齢者について見ても、2011 年には、70 歳以上の高齢者の医療費が 17 兆円となり、医療費の多くの割合を占めている（表 5・4）。また、その死亡原因は、肺炎や老衰などの病気よりも、三大生活習慣病としての悪性新生物、心疾患および脳血管疾患が多い。また、高齢者の入院や外来での受療率も、入院患者数で、心疾患および脳血管疾患 18.7％、悪性新生物 10.1％を占めるなど大きな部分は生活習慣病であることがわかる（表 5・5）。医療費・介護費の削減と高齢者の幸福度の向上を目ざすための国策として、また、市町村の国民健康保険、後期高齢者医療制度の負担軽減としても重要な施策となる。

表 5・6　自転車運動とジョギングなどのメリット比較 11 項目（高齢者の運動としての適性）

項目	自転車	ジョギング	泳ぎ
通勤・通学、買い物中	可能	限定	困難
息切れ	少ない	大	大
ひざにかかる体重	0.3 倍	4～6 倍	なし or 0.3 倍
場所の制約	自由	自由	限定
時間の制約	自由	自由	限定
行動範囲	広い	狭い	非常狭
持続時間	長時間	短い	短時間
運動の強度の調整	範囲広	狭い	狭い
膝・腰悪い人	可能	困難	可能
運動中会話	可能	可能	困難
医学的安全性	高い	高い	制約（血圧狭心症など）

出典：山崎元ら「中高年ためのスポーツ医学」（世界文化社）や英国自転車推進機構資料により古倉作成。
注：□ の部分は、メリットに相当。ウォーキングは着地の際にひざに体重の 2～3 倍。各項目について通常不可能な場合以外は可能としている。

（2）高齢者が自転車を利用することで自ら受けるメリット

　自転車こぎ以外の運動でも、上記の生活習慣病の予防効果が一定あると考えられるが、特に高齢者にとって自転車の利用が予防効果が高く、有効であると考えられるのは、自転車こぎの次のような点についてである。

1 自転車こぎは他の運動形態よりも高齢者に適している

　自転車こぎの運動を 11 項目についてジョギングおよびスイミングと比較してみると、自転車こぎはすべての項目でメリットがあるが、ジョギングでは 4 項目、スイミングでは 1 項目についてしかメリットのある項目がないとされる（表 5・6）。すなわち、他の基礎的な運動に比較しても、自転車こぎの運動としての大きなメリットがあり、これらの特長は次に述べるように高齢者の運動形態として特に適している。

2 自転車の運動は他の運動形態よりも継続性がある

　自転車こぎは、次のように高齢者にとって、継続的に実施できるという

大きな特長を有している。

①だんだんと億劫になる毎日のジョギングなどの運動のために朝早く起きることや、トレーニングセンターなどの特別の場所に費用をかけて行く必要がなく、買い物時などに利用することで、高齢者にとって継続しやすい。

②高齢者も生活習慣病の予防に一定の運動量の確保が必要であるが、自転車こぎ運動は、ある程度の速度を維持しても呼吸の息切れがせず、長い時間走行可能である。サイクリングなどは休憩を取りながら１日中できる。同様の運動量をこなす他の運動では、どうしても息切れなどがして、継続できず、また、これを我慢したりすると、大きな負担がかかるストイックな側面を有する。このため、三日坊主になる可能性がある。体力が他の世代よりも一般的に衰えている世代にとって、息切れがあまりなく、疲れが少ない運動はありがたいのである。

③高齢者にはひざや腰が悪い人が多く、徒歩での移動が容易でない人も見受けられるが、自転車では行けるという人が多い。徒歩やジョギングでは、着地のときに、それぞれ体重の２～３倍、５～６倍の重さがひざにかかると言われているが、自転車は、ひざにかかる体重の７割がサドルやハンドルに吸収される結果、ひざには全体重の３割程度の重さしかかからない。

④年金世代の高齢者にとっても経済的に運動ができることである。自転車での移動の際の運動は、用具衣装費、移動費用や施設使用料などについても、経済的負担なしに実施できる。また、スポーツをする相手も不要で、自分の都合に合わせて実施できる。

⑤高齢者に対して公共交通にはシルバーシートが用意されているが、必ずすわって行けるとはかぎらない。自転車はドア・ツー・ドアの全行程を必ずすわって行けるという大きな特色を有する。高齢者の移動における疲れを相当程度緩和できる。

特に、高齢者にとっては、③の特長から、徒歩での買い物など移動がつらい場合でも、自転車利用であれば十分にこれを行うことができ、引きこもりの防止にも役に立つ。

⑤. 高齢者の自転車事故件数は多くはない

　若い世代よりもより自転車を利用しており、また、これにより、日常生活を支えている高齢者に、自転車事故が多いかという点が次の重要な点である。

(1) 世間の見方と事故の実態にはかい離がある

　高齢者は運動能力などの点で自転車に乗るのが危険であり、特に、まちなかでふらふら運転している人を見ると、このような人に対して自転車利用を推進してもよいのかという疑問を投げかける人も多くいる。マスコミなども、自らが自転車に乗ることが少ないためか、このような点を指摘して、高齢者の自転車利用を懐疑的に見ることも多い。クルマの運転が駄目になっている高齢者は、自転車もだめだという根拠のない連想を抱いて、高齢者の自転車利用の足を引っ張る議論もなされている。

　もちろん、高齢者の自転車利用は、その認知能力や運動能力の一般的な衰えにより、若い世代の自転車利用に比較すると、危険性が同じというわけではない。そこで高齢者の自転車利用の安全性を確認するために、死傷者の年齢層別

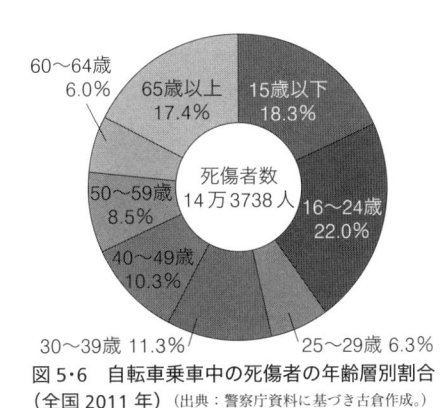

図5・6　自転車乗車中の死傷者の年齢層別割合
（全国2011年）（出典：警察庁資料に基づき古倉作成。）

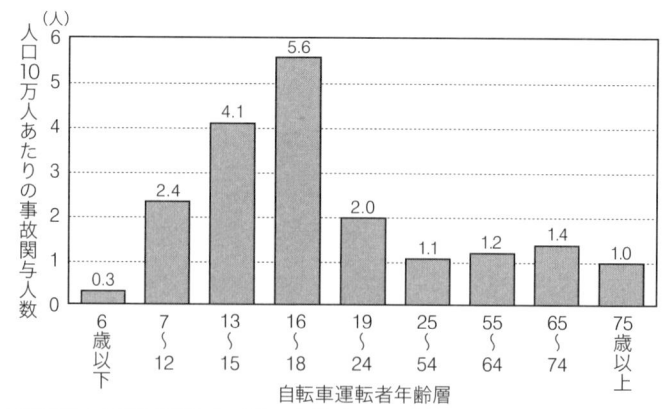

図5・7　年齢層別の自転車事故関与人数の比較（2007年）
(出典：(公財) 交通事故総合分析センター『イタルダ・インフォメーション』No. 78「その自転車の乗り方では事故になります」)
注：事故関与人数は、第一および第二当事者が自転車運転者の場合の人数。

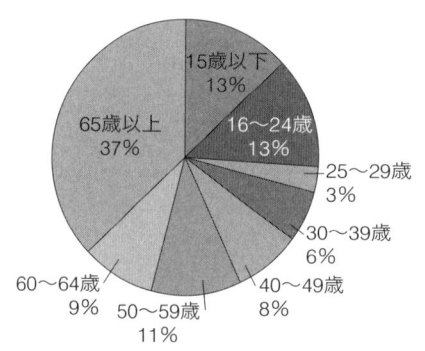

図5・8　自転車乗車中の事故による重傷・死亡者の年齢層別割合（2011年）
(出典：警察庁資料に基づき古倉作成)
注：自転車乗車中の重傷・死亡者数の合計は、1万1407人で、全死傷者数14万3738人の7.9%。

割合と年齢層別の自転車事故関与人数および重傷・死亡者の年齢層別割合の各グラフ（図5・6～5・8）を引用する。

まず、自転車関連事故による死傷者の年齢構成比を見ると、各年代ごとにある程度分散しており、一番多いのは運動能力があると思われる16～24歳の層であり、次いで、15歳以下の層である。これらに比較して、65歳以上の人の割合は低い。ただし25～65歳までの各年齢層に比較すると多いが、65歳以上は10歳きざみになっていないことに注意が必要である（図5・6）。そこで各年齢層別の人口10万人あたりの自転車事故関与人数を見ると他の年齢層に比較しても決して多くはない。かつ、年齢構成別の自転車利用頻度は、先述のように、どちらかというと高齢者の方が高い。そうすると、利用頻度が高い年齢層での事故関与人数は普通の人数であることから、高齢者の

事故発生率は決して高くないと言える（図5・7）。

　すなわち、仮に、高齢者の自転車利用が図5・2の豊橋市と同じように全国的にも多いと仮定すると、利用回数の割には、逆に事故発生率は低いとも考えられるのである。

　ただし、自転車乗車中の事故における重傷者および死亡者の割合は、高齢者の比率が他の2倍以上と高くなっており、高齢者ほど重傷以上の被害になりやすいと言える（図5・8）。これは高齢者ゆえに事故が生じたときの身体的なダメージが大きいためと考えられる。高齢者の自転車利用が危ないとされるのは、まさにこの点であり、この割合を下げることができれば大きな問題はなくなる。

　このため、次に述べるような転倒しない自転車の利用やヘルメットの着用の推進、高齢者の多い地域の自転車環境の重点的整備による重傷や死亡事故の防止などを行うことにより対処すべきものであり、その利用を控えるという方向に考えるべきではない。

(2) 自転車運転とクルマの運転の危険性は違う

　自転車は自分の能力以上の速度は出せないが、クルマはアクセルを踏めば自分の能力を遙かに超えた速度を出すことができてしまう。まちがった判断や動作が大きな事故を招く。これほど危険なことはない。また、クルマの車体の重量は自転車に比較すれば、数十倍である。他人に危険を与える程度は自転車を遙かに超える。

　また、クルマは乗車した時点では横転することはないので、その人に運転できるバランス感覚や能力があるかどうかわからず、そのまま、出かけてしまう。これに対して、自転車は2輪車であり、かつ、自分の足でこぐため、自転車にまたがって出発する瞬間から、運転の能力や危険性が自覚できる。このために、自転車に乗れるかどうかの判断は本人にも容易にできる。また、2輪であるために、走行を維持しようとすれば、バランス感覚

が必要であるため、運動能力がない場合はそもそも乗りえない。すなわち、毎日自転車にまたがる段階で、自転車に乗る運動能力がテストされるである。また、後述するように、事故の原因となる法令違反の行為についても、高齢者はルールの遵守率が高く、この面からも事故が多くないものと考えられる。

　なお、高齢者のクルマ運転の安全性については、高齢者自身のクルマ運転に対する自信が年齢が高くなるほど自信のある割合が増加し、これに対して、その家族が当該高齢者の運転に対していだく不安は、高齢者の年齢が高くなるほど大きくなっているとする元田氏らの研究報告[*4]がある。高齢になるほど自らは自信のある割合が増加し、これを見ている家族の不安が増大するのは、主観的には安全に感じても客観的には危険性が増大していると理解できる。

6. 高齢者の安全・快適な自転車利用のためにすべきこと

(1) 高い死亡重傷率に対しては3本柱を推進

　高齢者は、脚力などの運動能力と運動神経などの能力が低下するため、転倒の可能性がある。また、転倒した場合や事故に巻き込まれた場合の頭部損傷による重症化の可能性も高い。このため、次の三つの施策を柱として推進すべきである。

① ほとんど転倒しない高齢者向けの自転車を活用（1番目の柱）

　安全な高齢者向けの自転車が開発されている。図5・9は、（財）日本自転車普及協会が「高齢者・障害者向け自転車の普及啓発事業」の一環として2012年1月に実施した展示試乗会に展示された自転車の種類である。転倒

	メーカー名	自転車名称	写真	電動	車輪	サイズ	備考
1	㈱カワムラサイクル	ニュークークル160		無	4輪	高さ：101 cm 長さ：120 cm 幅　：56 cm 重量：21.7 kg	
2	㈱カワムラサイクル	かるがもグランドコンパクト		無	2輪 補助	高さ：106〜112 cm 長さ：175.5 cm 幅　：60 cm 重量：23.7 kg	
3	㈱マツダ自動車工業	LEVEL「優U」		無	2輪	高さ：101 cm 長さ：120 cm 幅　：56 cm 重量：21.7 kg	超低床フレーム
4	㈱マツダ自動車工業	LEVEL「優U」		有	3輪		超低床フレーム
5	ブリジストンサイクル㈱	ATS=20（仮称）		有	2輪	高さ：102 cm 長さ：157 cm 幅　：56 cm 重量：23.8 kg	
6	㈱ミヤタサイクル	BLENDα		無	2輪	サドル高： 　66〜76 cm 重量：15.5 kg	
7	サンバイクファクトリー	サンリオモンテ		無	2輪	高さ：96 cm 長さ：156 cm 幅　：50 cm 重量：18 kg	補助輪付 前回より改修済
8	サイクルストアーヒロセ	高齢者用買い物車		無	2輪		
9	㈱テレウス	NJ1		無	3輪	高さ：96 cm 長さ：156 cm 幅　：50 cm 重量：18 kg	ハンドバイク
10	フランスベッド㈱	RehaTech ASU-3W01		有	3輪	長さ：153 cm 幅　：58 cm サドル高： 　67〜83 cm 重量：28 kg	後部スイング機構有り/無し

図5・9　高齢者に適した転倒しにくい自転車　(出典：(一財) 日本自転車普及協会「高齢者・障害者向け自転車の普及啓発事業」の一環としての展示試乗会で展示された自転車の一覧)

がしにくいスイング機能を持ったものや買い物などに適したもの、低床のもの、電動アシストのものなど高齢者や障害者が安全かつ運動能力に対応して利用できるさまざまな自転車が開発されている。しかし、これらの自

転車の存在はあまり知られておらず、また、ある程度高額であり、普及のためには、高齢者などがこれを利用できるような支援が必要である。

各地では、子育て支援のための電動アシスト付き子ども乗せ自転車を貸与する制度が多く行われている。これにより、子育てという大きな課題に対処しようとするものである。これと同様に、年金生活者の多い高齢者の自力による移動を可能にするためにも、このような三輪車、特に電動アシスト自転車などの貸付制度（できれば無償）を設けることを提案したい。電動アシスト自転車はアシスト率も向上しており、平地の少ない地域で脚力の弱い高齢者の大きな手助けとなる。なお、使用が終了した場合は、返還してもらい、他の人に活用してもらえる貸付制度が適切と考える。

② ヘルメットの着用で頭部の重症事故を防止する（2番目の柱）

また、自転車事故による死亡者の損傷部位は、図5・10のように、頭部が68.2％、次いで頸部が10.9％である。つまり、死亡事故などの重症化を防止するためには、特に頭部損傷を防止する必要がある。このためヘルメット着用は、特に死亡重症の事故の多い高齢者に必須である。

表5・7のように、2007年から2011年の自転車事故の頭部損傷者におけるヘルメットを着用して

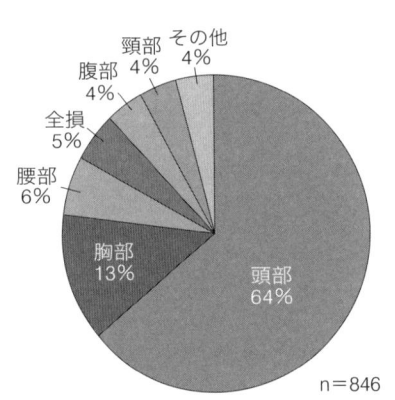

図5・10　自転車事故による死亡者の損傷部位
（出典：警察庁作成資料）

表5・7　ヘルメット着用状態別死者の割合（2007～2011年）抜粋

	非着用	着用→離脱あり	着用→離脱なし	合計
死者数（人）	2181	22	27	2230
死傷者数（人）	9万4922	1073	4697	10万692
死者の割合（％）	2.30	2.05	0.57	―

出典：（公財）交通事故総合分析センター『イタルダ・インフォメーション』No. 97「自転車事故被害軽減にににヘルメット！」

いない人の死亡率は、2.30％であるのに対して、着用していて離脱しなかった人の死亡率は、0.57％であり、率にして約4分の1と大幅に低い。

また図5・11は、ヘルメットの着用および非着用の場合の年齢別の死亡率の差である。これを見ると、25から64歳までは、もともと死亡者割合が低く、着用の効果はわずかであるが、65から74歳の前期高齢者について、非着用の場合が4.3％であるのに対して、着用の場合は2.2％、75から84歳では、非着用が6.5％であるのに対して、着用は1.2％となっており、死亡率の顕著な低下が見られる。また、その低下後の比率は、85歳以上の層を除き、高齢者と25歳から64歳の層に顕著な差はない。このように、高齢者のヘルメット着用は、一般の年齢層と同様またはそれ以上に死亡事故の防止に大きく寄与できる。

しかし、通常の自転車用ヘルメットはその若者向きの形態などのためか、高齢者はこれを着用したがらない。また、行政が提供しても、孫など他の若い人に使用させることもありそうだ。そこで、考案されたのが、高齢者用のデザインのヘルメットであり、これは若い世代では利用しにくいので、

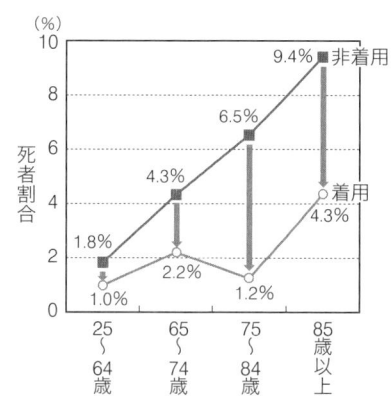

図5・11 ヘルメット着用・非着用年齢層別死亡者の使者割合 (出典：林祐輔「自転車乗用中の高齢者の事故分析と対策」(公財) 交通事故総合分析センター第16回研究発表会論文)

図5・12 高齢者に適したデザインのヘルメット (出典：SANKEI-BIZ 2012年11月20日「ヘルメットに帽子をつけておしゃれに日本パレード、高齢者向け製品を拡販」)

高齢者の着用を促進することができる（図5・12）。なお、高齢者のヘルメット着用は以上のような具体的効果をしっかり説明できることが不可欠であり、いかに高齢者向けであろうとも、単にこれを提供するだけでは、着用は推進されるものではない。

③ 徹底したルール学習（3番目の柱）

高齢者は、学習した規則やルールに対しては、しっかりと守る規範意識が高いと考えられ、ルール遵守が期待される。

たとえば、図5・13の内閣府の国民アンケート調査で見ると、夜間の灯火について「常に守っている」は、年齢階層が上がるに従い、どんどんと向上し、60〜69歳で79.0％、70歳以上で83.1％に上っている。これは、高齢者の夜間視力の減退が原因であることも考えられるが、ルールの遵守の態度が高齢者にかぎらず一般的に年齢が上がるほど高くなっていることから、必ずしも視力の減退のみでは説明がつかない。

このように、夜間の灯火のような誰でもわかるルールは、高齢者にも周知されているので、規範意識の高い高齢者の遵守率が高いが、ヒアリング

年齢	しばしば守らないことがある	たまに守らないことがある	常に守っている
18〜19歳	7.7	30.8	61.5
20〜29歳	16.1	19.7	64.2
30〜39歳	15.0	20.8	64.2
40〜49歳	13.5	17.0	69.5
50〜59歳	6.3	18.8	74.9
60〜69歳	5.7	15.3	79.0
70歳以上	3.8	13.0	83.1

n＝1501 単回答

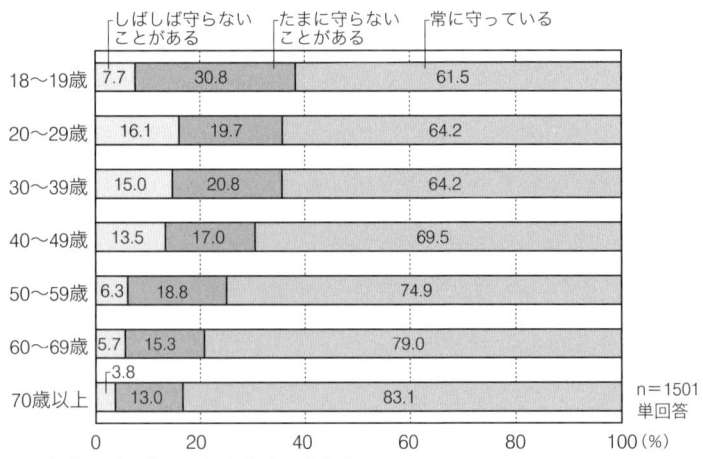

図5・13　年齢階層別の夜間の灯火義務の遵守率（出典：内閣府「国民の自転車利用の安全性に関する実態と安全利用に対する意向」国民アンケート調査、2010年12月実施、自転車利用者（週1回以上）n = 1501、徒歩移動者・クルマ利用者 n = 500）

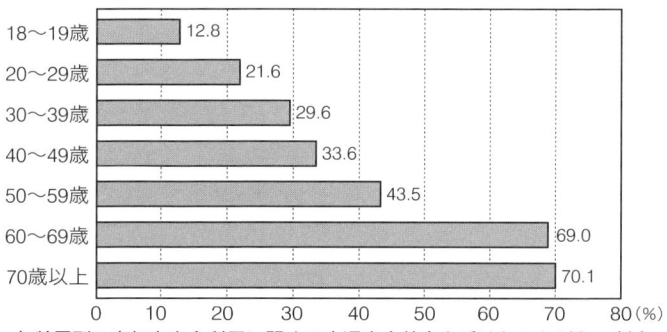

```
18〜19歳    12.8
20〜29歳    21.6
30〜39歳    29.6
40〜49歳    33.6
50〜59歳    43.5
60〜69歳    69.0
70歳以上    70.1
         0  10  20  30  40  50  60  70  80(%)
```
図5・14　年齢層別の自転車安全利用に関する交通安全教育を受けたことがない割合
（出典：図5・13と同じ）

などからは、たとえば、自転車が車両であり、左側通行の義務がある、車道通行が原則であるなどのルールは意外に知らないという高齢者が多い。ルールを守るという規範意識の強い高齢者も、ルール自体を知らなければ、これを遵守できず、結果的に事故が多くなることも考えられる。この状況は、図5・14の「年齢層別の自転車安全利用に関する交通安全教育を受けたことがない割合」を見れば理解できる。

　すなわち、自転車安全利用に関する交通安全教育を受けたことがない人が、60歳代では69.0％、70歳以上では70.1％と、大半であるため、自転車に関するルールが徹底されていない。

　本章1節で述べたように自転車関連事故における自転車乗車中の者の死傷者には、その3分の2に法令違反（第1当事者および第2当事者）があること、自転車とクルマの事故では自転車側の信号無視率および一時停止無視率が圧倒的に高いことから、基本的なルールの違反が自転車事故の大きな原因である。だとすると、高齢者に対する基本的なルールの学習の徹底により、ルール違反が原因となっている自転車事故（全体の3分の2）を大幅に減らすことができる可能性を示している。

　以上から、転倒しない自転車の活用、ヘルメットの着用および自転車の交通ルールの学習機会の提供の三つの条件整備により、高齢者にとって危険だと言われている重傷の事故を防止できる可能性が高い。

（2）高齢者に容易な走行空間と駐輪空間の整備を

　自転車利用をもっとしたいと思うような条件整備は何があるかをアンケートし、そのうち60歳以上の回答者を抜き出した結果が図5・15である。

　同じようなアンケートを筆者は多くの箇所で実施してきたが、走行空間の整備と駐輪空間の整備が主流であり、これは特に高齢者にかぎったことではない。しかし、高齢者は、走行空間の整備を特に高い割合で希望している。また、駐輪空間も相当の高率で希望している。逆に、電動アシストの希望が低い割合になっているのは、利用したことがない、または前述のように相当の長い距離まで行く体力はあるが、安心して走る空間や停める空間がないことを示していると推定される。

　重要なことは、高齢者の自転車の移動を真に支えるために、単なる走行空間や駐輪空間の整備ではなく、たとえば自転車レーンの幅は 1.5 m 以上とされているので、少しでもこれを上回る幅を高齢者の利用の多い路線で確保するなど、幅の広い走行空間を設けること、駐輪しやすい1台あたりの幅の広い平面式の駐輪空間や入り口に近い空間を用意すること、自転車駐車場の料金を割り引くことなど、高齢者の利用にきめ細かな配慮が必要であることである。幅の広い走行空間は、結果的に他の利用者も安全・快

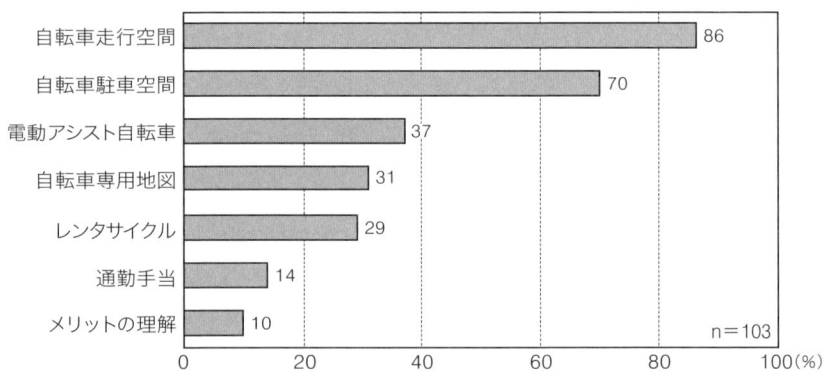

図5・15　高齢者が希望する自転車利用のための条件整備　（出典：柏の葉キャンパスタウンにおける自転車利用アンケート（自転車駐車場利用者および来街車のうち、60歳以上の人））

適・迅速に走行できるようになり、グレードの高い自転車走行空間として、一般の人の自転車利用を一層盛んにすることになる。

　なお、先述の2013年の茅ヶ崎市の住民アンケート調査によると、自動車の交通量が多くても目的地に最短で行ける路線と遠回りでも安全快適な路線の選好については、高齢者になるほど後者を選択したいという人が多い（全体では50％であるのに対して、65〜74歳で62％、75〜79歳で59％である）。また、高齢者の自転車駐車場の利用について、別のアンケート調査によると、優先スペースを設けること、料金を割り引くことなどで優遇することは、地方公共団体や自転車駐車場利用者からも一定は支持されていることがわかる（図3・12、3・13）。

7. 高齢者に自転車ライフプランを提示する

(1) 50歳代以前からのライフステージ別の自転車への転換プラン

　自転車利用の生活習慣病予防効果に着目すると、なるべく早い時期から自転車に転換することが期待される。たとえば、40歳では自分の好みに合ったブランド自転車や高級な自転車を利用してもらい、今まで自家用車で行っていた回数の3分の1は自転車を利用し、50歳になると、2分の1は自転車で行くように心がける。60歳代ではこれを3分の2、70歳代ではクルマの遠出が少なくなると考えられることから、4分の3程度と増やしていく。利用目的も、通勤・通学利用から、買い物利用、さらに通院、日常用務などにだんだんと移行してくる。

　行政側も、このために自転車を長期のレンタサイクルで用意し、利用が終了すると回収して次の世代に活用してもらうなどを検討するとともに、高齢者にやさしい走行空間ネットワークや駐輪空間ネットワーク、その他

表5・8　ライフステージ別の自転車利用の推奨プログラムとクルマからの転換目標の設定

	年代	利用を推奨する自転車	クルマからの転換目標
1	40代	ブランドまたは高級な普通自転車	3分の1
2	50代	電動アシスト	2分の1
3	60代	同上または三輪自転車	3分の2
4	70代	電動アシスト三輪自転車	4分の3
5	80代	電動アシスト四輪自転車	可能な人4分の4

出典：古倉整理。

図5・16　お年寄り向けの電動アシスト式四輪車「らいふ・ウオーカー」

ヤマハモーターエンジニアリング株式会社が開発。

　JISハンドル型電動車いすに準拠して開発され型式認定を取得。実際の介護施設でのモニタを実施した。小柄な高齢者でも乗り降りしやすい低床形状とし、取り扱い性に優れた軽量アルミフレームを採用している。最大体重75kgまでを許容する強度や身長149～175cmまで対応可能なサドル調整機構を設け、高齢者だけでなく身体障害のある児童の需要も考慮している（下記論文より）。

　中日新聞によれば各地で試用してもらったところ「足腰の運動になる」「自力でこげるので、シニアカーに比べ乗っていて誇らしい」と好評だったとのこと。

（写真と解説出典：松本智仁、鈴木修一、市川誠、池谷吉紀、市川誠、伊藤智一、岩口倫「介護予防型車両「らいふ・ウォーカー」の開発」『YAMAHA MOTOR TECHNICAL REVIEW』(2012年12月、第48号) より）

のソフト施策を総合的に段階を踏んで提供する。高齢者自転車利用が医療費や介護費の削減、健康なまちづくりなどに貢献することは明らかであり、自治体としても、これを推進する必要性は高い。なお、このような取り組みの検討が日本一健康文化都市を掲げる静岡県袋井市で始まっている。袋井市では高齢者の自転車利用の促進による健康促進・生活習慣病の予防を目ざして、高齢者に電動アシスト自転車10台を一定期間貸しつけて、その行動範囲の広がりや心身の健康効果を把握して検証しつつある。

(2) 年代別の自転車タイプの提案

　また、年代に応じて、たとえば、50歳代は電動アシストなしの一

般自転車、60歳代は電動アシスト付き自転車または一般三輪車、70歳代は電動アシスト付三輪車、さらに、その上は、電動アシスト付きの四輪車（ヤマハ発動機の最近の開発）など、段階に応じた利用自転車の移行も配慮する。もちろん、一律ではないが、年代的に、体力や転倒の危険性などを考慮して、移行していくプログラムを提案する。最後の電動アシスト四輪車は、三輪車よりも安定度は高く、また、速度は最高で6kmと遅いが、歩道を走行できるものとして試作された。何よりも、アシストはあっても自らこぐことにより、移動するものであり、自ら運動して体力を使う点が大きな特徴である。介護予防型車両と称している（図5・16）。

なお、電動カートなどは、移動には便利でも、自らの足の筋肉を使わないことになるため、介護予防にはならない。

（3）自転車で高齢者が移動できる地域の形成

以上のプログラムを支えるために、一定の地域を対象にして、これらの自転車の活用プランの具体的なプログラムを策定する。健康増進、病気および介護の予防、引き籠り防止、自助による移動可能性の拡大などのため、自転車利用を支える走行空間と駐輪空間をその優遇のソフト施策とセットで官民共同により用意する。利用用途は買い物が多いことにかんがみて、商業事業者や商店街側の受け入れ態勢なども検討することが必要である。

（4）財政改善のための重点施策として実施

高齢者対策として、医療、介護、福祉などを手厚くすることも大切であるが、近年は、その財政負担があまりにも高額になり、これらを縮小することや国民の負担を増大することによる対処が中心となっている。しかしながら、積極的な施策として、高齢者に安全快適な自転車環境を提供すること、日常的に頻度の高い自転車利用をサポートし、支援することなどに

対するより強力な財政措置を前向きに検討すべき時期にきている。これにより医療費などの義務的予算を減らせれば、まちづくりや子育てなどの政策的経費に回すことが可能になってくる。このような全体の施策のことを考えながら、まちづくりにおける移動手段を考えてみることがより重要になってきており、これを抜きにして、都市のインフラの整備や管理は語るべきではない。単純に低炭素、自然との共生、コンパクトなどのテーマを追求するばかりがまちづくりではなくなってきている。予算の確保方策も含めた健康まちづくりの総合戦略が必要である。

第6章

自転車は観光の新しい切り札

1. 自転車の観光への活用はポイントを押さえる

　自転車を活用した観光にはさまざまなメリットがあるが、これらは表6・1のような整理が可能である。

　すなわち、第1に、主体的な観光を可能にすることである。最近は決められたルートをたどる観光は敬遠される傾向にあり、自らテーマを持ち、これにそった独創的な観光の目的地の選択や内容、方法が求められている。

表6・1　自転車を活用した観光のメリット

1	一定の範囲の地域で、自ら希望するテーマのルートまたは目的地を自由に選択することができる（主体的）
2	一定の体力を使い健康的である（健康的）
3	二酸化炭素を排出せず、環境にやさしい（エコ的）
4	地域の景観・風・緑などを五感で体感できるとともに、地域の人びととふれあいの可能性がある（体感的）。また、スローに移動するため、クルマなどとは異なった景観や眺めを堪能できる（スロー的）。
5	移動の費用や待ち時間が節約でき、気軽にきめ細かく目的地を回遊できる（経済的）
6	観光空間がスポット的線的ではなく、面的に広がり、かつ、隠れた地域資源をも訪れることができる（面的）

出典：古倉整理。

この点自転車は一定の地域の範囲で、利用者が主体的に自らのルートや目的地を選択することができる。クルマでの観光でも、同じような利点はあるが、特に市街地内にある観光スポットや移動経路では、駐車場の問題や渋滞の問題、さらに交通安全の問題などがあり、狭い道路により構成される歴史的な市街地であれば、余計にこの壁に突き当たる（鎌倉の休日の道路渋滞など）。何よりも、観光スポットに多くのクルマが押し寄せることは、地元にも大きな負荷をかけることになる。さらに、大規模な駐車場を設けることができる観光スポットは限られ、迷惑駐車の被害も多く生ずる。自転車の場合、駐輪場は道路や空地の狭い空間に設置して対応できる。

　第2に、健康的であることは言うまでもなく、さらに、第3に環境にやさしい観光ができる点である。しばらく前には、ロハスLOHAS（Lifestyle of Health and Sustainability）という言葉がよく使用されたが、高齢化社会を迎えて改めてより重要なテーマとなっており、環境に優しい手段で観光をすることは、エコツーリズムに通ずるものであり、自転車は、これに最適な移動手段である。

　第4には、クルマの速度や外界から隔絶された車内空間による移動方法では体感できない地域の景観や緑・風・音・香・触感など五感によるよさを体験できること、また、人とのふれあいの可能性もあることである。徒歩でもこれらのメリットを持つ観光は可能であるが、体力などの限界から、特に足腰が弱い高齢者は観光の範囲が限定されるのに対して、自転車での移動は、サドルに座っているので長距離を移動しても疲れが少なく、かつ、ひざにかかる負荷を7割も軽減できるとされている（先述）。今後高齢者の観光がより盛んになる可能性が高いが、これに対しても疲れのない、広範囲の移動による観光を享受してもらえる。

　第5に、移動時間や経費の節約を通じた経済的な観光が可能である。まちの移動を支える道路空間は、歴史的な市街地を抱える多くの観光地の場合などでは特に狭く、クルマの走行空間としては十分ではない。このような狭い空間を改善するために観光道路を整備するには大きな投資が必要で

あるとともに、この整備は観光地にとって重要な要素である景観にも影響する。この点では、自転車であれば、幅が 1.5 m の走行空間（往復でも 3 m）があれば、一定水準の標識や路面表示により、安全かつ快適に移動できる。観光客にもガソリン代、運賃の負担や渋滞によるロスの時間がなく、経済的である。

第 6 に、公共交通による観光は、運行本数の制約や面的な広がりを持ちにくいため、訪問の範囲が限定的であるが、自転車での移動は面的な広がりを持ち、隠れた地域資源にも、また通常では行きにくかった観光スポットにも多くの人を誘致できることである。これにより広い範囲の地域活性化を図ることができ、また、点的線的な観光から面的な観光を目ざすことが可能になる。このように自転車は意外にも多くのメリットを有する貴重な観光手段である。

2. 観光のための自転車利用者の空間的サポート

(1) ネットワークによる系統的なルートの設定

観光地では自転車で回遊するためのルートを記載した地図をよく見かける。しかし、これらは多くの場合、観光スポットを巡るルートではあるが、その特徴を表わすルート名もなく、さらに、ネットワーク的なつながりを持った走行空間が系統的に形成されているわけではない。自転車利用による観光では、観光の目的地に至るルートの途中の過程も重要な観光要素であることが多い。サイクリングとしての楽しみや途中の観光要素を幅広くルートをはずれても訪問できるようにすることが可能となる。このためにも、自転車の走行空間はネットワークでの設定が不可欠である。奈良県では、「奈良まほろばサイク∞リング（通称ならクル）」という約 600 km に

表 6・2　奈良まほろばサイク∞リング（通称ならクル）の体系（奈良県資料）

広域的な自転車利用ネットワーク	幹線ルート	C1 - 17　17本
	補助幹線ルート	C18 - 25　8本
	高原ルート	T1 - 14　14本
地域内ネットワーク（上記広域的なネットワークと接続する地域内空間）		
広域的な自転車利用ネットワーク整備の基本的な考え方 ・短期（おおむね3年間）的には、早期に実施可能なサイン設置や道路の小規模改良などにより、安全性・快適性を向上させ、ネットワークの早期概成を図る。 ・中長期（5～10年間）的には、自転車走行空間の整備により安全性を向上させるとなど、ネットワークのさらなる充実を図る。		

出典：奈良県資料。

も及ぶネットワークを計画的に整備していくこととしている。

　ここでは、広域的な自転車利用のネットワークを、幹線ルートと補助幹線ルートならびに周回用の高原ルートに分け、またこの系統を受けて、これと連続する形で地域内での自転車ネットワークである地域内ルートの設定を行うこととなってる（表6・2）

（2）観光客向けのおもてなしとして質的レベルの高い空間設定を行う

　地域の住民が日常的に利用する通勤や通学、買い物、用足しなどのための走行空間は、地域住民にとっては、パターン化された利用空間であるが、観光客にとっては、初めてのものであり、安全性に対する配慮はもちろん、快適性やわかりやすさも通常以上に確保されなければならない（図6・1）。

　また、当然のことであるが、地域の地理を知らない観光客は、より細かな地域情報や案内情報、さらに、コースやルートの情報、安全性に関する情報などを必要とする。したがって、通常要求される走行環境の提供よりもよりレベルが高く、かつきめ細かな配慮のあるものが必要である。具体的には、奈良県の自転車地図において提供されている高低差や所要時間の表示、さらに後述のような利用者の安全性および快適性に配慮した標識、看板、路面表示などである。なお、これらが現地の観光用ルートの要所要所に自転車地図の表示とリンクした形で用意されることにより、地域の住

図 6・1　高低差、所要時間などを表示したルート地図 （出典：奈良県ホームページ）

民にもレベルの高い環境が提供され、より、一層自転車利用の促進につながることを指摘しておきたい。

（3）広く利用者参加型により愛称・ルート名称を決定する

　これに加えて、奈良まほろばサイクリングのルートでは、延長にして約 600 km の新たなサイクリングルートの愛称が公募され、全体の愛称が「奈良まほろばサイク∞リング」、略称「なら クル」に決まり、また、上ツ道ルート、三条ルートなど全 31 の個別のルート名も設定された。このように、地域住民や利用者の参加型の愛称選定をしていることで、そのルートに対する関心を高めるとともに、広報啓発の効果を高めている（表 6・3）。
　なお、この奈良県の広域的なネットワーク整備の特徴としては、看板やフットサイン（路面表示）のようなソフト面の施策を先行させて、ネット

表 6·3　個別のルート名一覧

幹線ルート			高原ルート		
番号	ルート名	距離	番号	ルート名	距離
C1	上ツ道ルート（奈良公園→橿原神宮）	32km	T1	大和青垣ルート（柳生→吉野）	57.9km
C2	三条ルート（ならまち→中町）	7.8km	T2	柳生街道ルート（奈良公園→柳生）	16.9km
C3	北下ツ道ルート（平城宮跡→浄化センター公園）	12.3km	T3	宇太水分ルート（宇陀→吉野）	24.4km
C4	九条ルート（帯解神社→大和小山）	4.8km	T4	ツアー・オブ・ジャパン(TOJ)ルート（奈良→山添）	25.5km
C5	南下ツ道ルート（田原本→橿原神宮）	10.3km	T5	芋ヶ峠ルート（飛鳥→吉野）	13.4km
C6	藤ノ木ルート（法隆寺→竜田公園）	2.4km	T6	山添ルート（天理→山添）	25.4km
C7	せんとの道（奈良→飛鳥）	43.6km	T7	巨勢ルート（御所→下市）	11.4km
C8	物部ルート（石上神宮→広陵）	11.7km	T8	長谷寺ルート（桜井→宇陀）	11.9km
C9	法隆寺ルート（大和小泉駅→法隆寺駅）	6.1km	T9	金剛葛城ルート（御所→五條）	15.9km
C10	太子道ルート（柳本→川西）	9.9km	T10	大化の改新ルート（飛鳥→宇陀）	18.4km
C11	秋篠ルート（平城宮跡→富雄）	12.3km	T11	信貴山ルート（平群→三郷）	9.6km
C12	かぐや姫ルート（田原本→香芝）	9.6km	T12	吉野川ルート（吉野→五條）	21.2km
C13	富雄川ルート（生駒→大和郡山）	9km	T13	室生寺ルート（宇陀→宇陀）	35.4km
C14	横大路ルート（桜井→橿原）	4.6km	T14	曽爾高原ルート（宇陀→曽爾）	26.9km
C15	竜田川ルート（生駒→三郷）	25.3km			
C16	飛鳥御所ルート（飛鳥→御所）	12.8km			
C17	中将姫ルート（三郷→御所）	18.7km			

出典：奈良県自転車利用総合案内サイト。

ワークを短期に整備していき、その後中長期にハードの空間整備を進めることとしていることである。これにより、先行したソフト面の施策では解決しきれないハードの空間の課題などが明確になり、その後のより的確なハード面の整備が進められる

３. 自転車利用のための情報提供

　自転車による観光には、走行空間に関するきめ細かな情報提供が必須である。筆者は10年以上前から、アメリカやヨーロッパのレベルの高い地図を紹介してきた[*1]。我が国でも、最近ようやくこれを参考にしたレベルの

表6・4　自転車用の地図のレベル（初歩的なレベルから高度なレベルの順）

①	一般の市街地の地図をそのまま使い走行経路の情報を提供
②	自転車で走行するに適したコースを書き込んで、ここに自転車で行くべき主要スポット（特に自転車で行く方がメリットの大きいスポット）の位置情報を提供
③	各スポットの歴史やグルメ・絶景ポイントなどの情報を提供
④	走行空間の種類の情報の提供（自転車道・自転車専用通行帯・混合空間など）
⑤	走行空間の距離、勾配、所要時間、危険箇所などの物理的環境の情報を提供
⑥	走行空間の安全性・快適性等の評価を行った情報を提供
⑦	自転車のルールとマナーの情報を提供
⑧	自転車利用のメリットの情報を提供

出典：古倉整理。

高い地図が一部で作成されるようになっている。観光用の自転車の地図は、その段階を見ると、表6・4のような段階でレベル設定ができる。

　①は、単なるまちや観光の地図を配布するもので、ここには自転車に推薦するような自転車走行空間やルートの記入はない。②は、これに推薦するコースの記入をしたもの、③は、そこに自転車に適した観光スポット・地域資源の解説を記入をしたもの、④は自転車道、自転車専用通行帯（レーン）または混在空間などの走行環境の法的または空間的な種類を示すものである。④のように走行空間の種類が全コースにわたり記載されている地図はほとんどない。

　⑤は勾配などの走行空間の物理的情報を提供するもの、⑥はこれに路線ごとの走行環境の安全性や快適性の評価をして記載したものである。単にこの交差点や曲がり角が危険であるなどスポット的に定性的な表示のあるものは存在するが、自転車走行空間を線として、または面的にとらえて数量的に評価しているものはあまり見受けない。筆者はこの手法を開発して茅ヶ崎市において現地走行により可能なかぎり客観的な路線ごとのデータを取得して、地図に路線の区間ごとに安全性快適性を表示する走行環境の評価地図を作成した[*2]。

　さらに⑦は、地図の枠外や裏面などで自転車のルールとマナーの情報を提供しようとするもの、最後に、⑧は、自転車利用のメリットを解説した

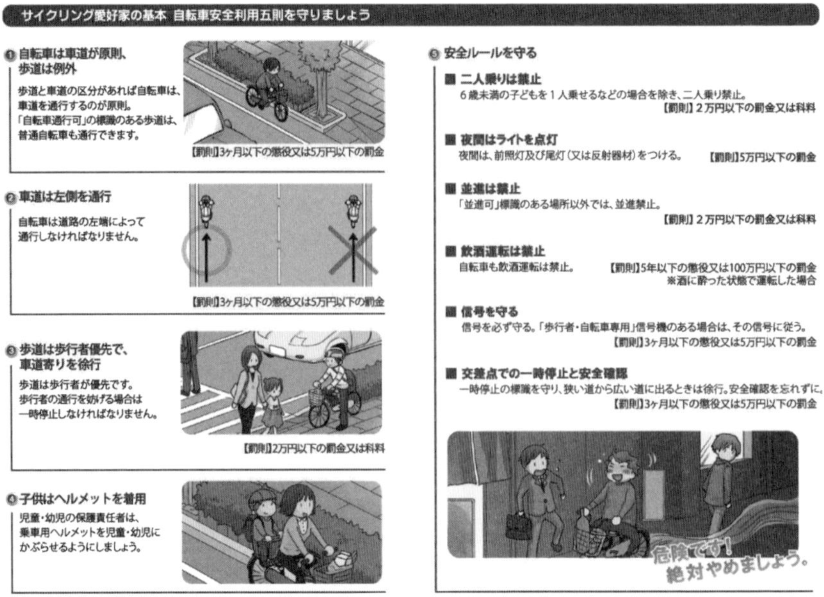

図 6・2 サイクリングのルールの解説（表 6・4 ⑦）（出典:「徳島自転車Ｔラインルートマップ」徳島県）

ものである。⑦および⑧は、学習する機会が少ない自転車のルールとマナーと自転車を利用した場合のメリットを解説するものである。走行する際に地図を何度も参照することになるので、ルールとマナーやメリットの解説も何度も自然に目に触れることになる（図 6・2）。これらの情報は、自転車の快適な走行の思い出とともに持ち帰り、自転車の利用促進と安全ルールとマナーの強い記憶となって、自転車による観光が日常生活での自転車の質の高い安全な利用促進に大きく貢献することにつながるものである。以上のように、一口に観光用の自転車地図といっても、さまざまな段階があり、上のクラスになるほど、作成に費用や手間がかかる。

しかし、これをかければかけるほど、より豊富な情報を提供することができて、観光による自転車利用促進には大きく寄与することになる。自転車地図のあり方の考察は前著『成功する自転車まちづくり』pp. 155 - 166 を参照されたい。

4. レンタサイクル、コミュニティサイクルの提供

　観光に自転車を活用するには、第1に、利用する自転車が何らかの形で用意されることが必要である。当然のことではあるが、意外に難しい。対策は、レンタサイクルを用意すること、または、自分の自転車を持ち込んでもらうことのいずれかである。

　まず、レンタサイクルやコミュニティサイクルは、自転車のシェアリングと呼ばれており、各地で導入が進んでいる。最近の3年間で著者が気の

表6・5　観光目的などに自転車を導入して活性化を図ろうとしている例（114例）

青森市	ときがわ町	紀の川市	七尾市和倉	鳥栖市
浅草	富岡市	宮古島	出雲市	天竜市
熱海市	野幌駅	宮崎市	松江市	田辺市
飯田市	彦根市	京都市	松山市道後	砺波市
今治市	姫路市家島	京都府	松本市	唐津市
大阪梅田	弘前市	金沢市	沼津市	奈良県
大町町	福井市	熊本市	新座市	奈良市
尾道市	福岡市	恵庭市	神戸市	那覇市
亀山市	福山市	古河市	諏訪市	日田市
川越市	幕張	広島県世羅町	須賀川市	白浜町
熊本市	三浦海岸駅	甲府市	水戸市	函館市
倉敷市	武蔵浦和駅	高岡市	瀬戸市	武雄市
江東区	山梨市	高松市	瀬戸内市牛窓町	米子市皆生
さいたま市	和歌山市	佐久市	赤穂市	豊後高田市
佐賀市	綾瀬市	佐渡市	仙台市	墨田区
静岡市	伊豆市	埼玉県	千歳市	鳴門市
しまなみ海道	宇佐市	札幌市	千代田区丸の内	養老町
諏訪市	越後湯沢	三春町	大津市	嵐山町
仙台市(ダテバイク)	横瀬町	三島市	長浜市	和歌山市
高岡市	横浜市	山形市	長野県山之内町	和光市
高崎市	岡山市	四万十市	鳥取県	千葉大学
千代田区	寄居町	鹿島市	鳥取市	京都大学
横浜国立大学	東京大学			

出典：2011～2013年の各地の新聞情報、各市ホームページなどにより、古倉整理。

ついたものを示すと、表6・5の市町村や地域で導入またはその実験が行われている。これらは必ずしも、観光目的とはかぎらないが、自転車の利用実態などから見て、多くは観光での自転車活用という側面を持っている。

(1) レンタサイクル

レンタサイクルは、自転車を持ち合わせていない一般観光客の回遊などのため、観光協会などに用意して、観光客に貸し出して利用してもらうものであるが、レンタサイクルと一口にいっても、さまざまなものがある（表6・6）。

①の放置自転車を転用して用意することが安易な方法ではあるが、わざわざ観光に来ていただく人に、他の人が乗り捨てた自転車を提供することがおもてなしの精神に適合するかという気持ちの問題と、さらに放置されるような自転車は使い古しで、性能や車体の質もあまり芳しくないものが多いという問題もあり、最低限の移動用に利用するのであればよいが、快適な観光をしてもらうには、②〜⑤のものが望ましい。②は通常の新品の自転車を調達することであるが、これであれば一般的にはよいが、可能であればカラフルな統一のデザイン、色彩などを施し、他の観光客や市民に訴えるようにすれば、宣伝にもなり、利用促進の効果が高いと考える。

ただし、多くの人は日常生活で自分の自転車を持っている。豊橋市の市民アンケート（n = 979）によると、クルマ利用が盛んなこの土地でも、自転車を専用または共用で保有している人は、70％にも上り、また、日常に自転車を利用している人は、57％にも上っている。このような人たちが観光客として訪れた場合、観光に期待するのは非日常的な体験であるとすれば、通常保有して

表6・6 レンタサイクルの車体の種類

| ①放置自転車を転用したもの |
| ②購入などにより用意した新品の自転車 |
| ③電動アシスト自転車、軽量自転車 |
| ④ブランド自転車、高級自転車などの特別な自転車 |
| ⑤ロードバイク、クロスバイクなど |

出典：古倉整理。

いるまたは利用しているようなレベルの自転車を観光地で利用するよりは日ごろ利用できないような自転車の方が感動的な観光に適している。自転車観光をあらかじめ観光のスケジュールに組み込ませるようにするには、日常的に利用する自転車よりも異なったレベルの自転車を用意する工夫がほしいと考える。すなわち、あまり疲れず快適に走行できる③の電動アシスト自転車や、車体の材質がよく軽い自転車、さらには普段は乗れない④⑤のようなブランド自転車などの高級な自転車または普段乗りなれている自転車とは異なるもっと安全快適または迅速に走れる自転車（ロードバイク、クロスバイクなど）を用意することがより適当である。

(2) コミュニティサイクル

観光のための利用は回遊型が多いと考えられるので、複数の場所で借用、返却ができるコミュニティサイクルも望ましい。入会金を払えば、一定の制限時間内は無料であり、利便性も高い。ただし、レンタサイクルポートに一定の制限時間内に返却する場合に無料となるタイプは、時間管理などのシステムに初期や管理の費用がかかること、制限時間を意識してポート間の移動がゆっくりできず、その移動の道程を楽しめないこと、利用需要が大きいところでは、観光スポットを見学している間に、他の人に帰りの自転車が借りられてなくなっているなどの可能性があり、おちおち見学していられないなどの課題があると考えられる。これらをどのようにクリアするかは考えておかねばならない。

このように考えると、観光客をゆったりと非日常的におもてなしをするシステムとして、その地域にあったシステムを検討することが必要である。さいたま市が実施しているコミュニティ型のレンタサイクルでは、自転車のポートの密度に応じて返却時間の制限に弾力性を持たせることや1日貸しのシステムを用意することなど、利用に対するきめ細かな配慮をしている。これがあれば、返却する場所は借りた場所とは異なるとしても、その

間は、スローな時間での観光を楽しむことができる。

(3) レンタサイクルやコミュニティサイクルを系統的に提供する

　奈良県では、各地のレンタサイクルの情報を一括して提供しており、これは、ホームページやパンフレットなどにより行われている。すなわち、レンタサイクルは常時さまざまな場所で提供されているが、「奈良県自転車利用総合案内サイト」から、どこでどのようなレンタサイクルが提供されているかに関する情報が得られる。特に、観光シーズンの秋においては、「古都りん」として、全部で11地域で連携して、提供され、うち10地域ではどこでも返却が可能であり、また、料金や利用時間をある程度統一して、利用者が利用しやすいように設定している。また利用案内や利用情報、これに対応するエリア情報などをセットで提供している。予約もできるとともに、地図の情報などの提供もある。他のレンタサイクルの事例では広域利用をしようとしても、相互に融通がないクローズドなものが多く、このような広域連携は、ほとんど見られない。まさに、県下の面的な広がりを持つ自転車観光を支えるものである。なお、利用促進のためには、レンタサイクルやコミュニティサイクルが用意されていることを駅前などでしっかり目立つように広報啓発すること、利用しやすい料金設定があることが望ましい。

5. 持込み自転車ユーザーへの配慮

(1) 観光地までの自転車の持ち込みが容易になる方策を用意する

　中級以上の自転車ユーザーは、自分の自転車を持ち込み、レンタサイク

ルでは行えない中長距離の移動などによる観光や回遊を満喫する。そのためには、大切にしている高価な自転車を観光地まで持ち込まねばならない。

　自転車をクルマに積んで運んでくる場合には荷台と駐車場が必要である。または、自転車を折りたたんで袋に入れて、鉄道改札を通り、車内に持ち込むことができる「輪行」と言われる仕組みがある。新幹線などの長距離列車は、これらを置くことのできるスペースがあることが多いが、一般の都市近郊電車はこのような配慮がほとんどない。少し混んでいる鉄道では白い目で見られる。

　また、滞在型の観光では、宿泊先で自転車に対する理解を必要とする。相当高価な自転車を持ち込むので、屋根つきの、できればいたずらや盗難予防のために屋内の駐輪施設や部屋への持ち込みをできることが望ましい。ある程度の速度と距離を走行するので、修理やサポートの体制（自転車ステーションのようなもの）も不可欠である。このような持ち込みの自転車をどのように扱うかは、その地域の自転車による観光の自転車ユーザーの評判を決定する。

（2）旅館、店舗、施設などでの特別な配慮

　走行空間のインフラと走行手段を提供するだけでなく、自転車による観光をソフト面で支えるおもてなしが用意されるべきである。奈良県での具体的な「おもてなし」をするため、先述の「ならクル」としての奈良サイクリングネットワークという走行空間と一体となり、その利用をサポートする民間主体の「ならクルサポーター」がある。これにより、さまざまなソフトのおもてなし施策が展開されている。まず、駐輪場所については、旅館との提携により自転車の可能な範囲での部屋や建物内への持ち込みを認めている（図6・3）。通常は、自転車のような大きな荷物については、このようなことはなかなかできない。

　それ以外にも、通常の宿泊施設では、適当な屋根なしの空きスペースに

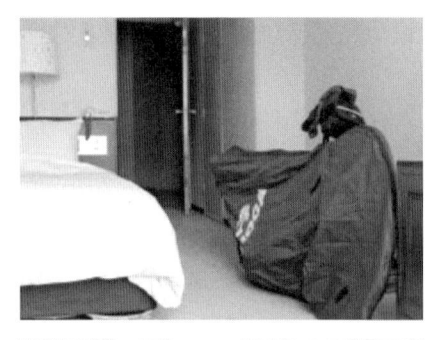

図6·3　旅館ホテルなどの部屋に自転車の持ち込み

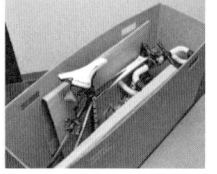

図6·4　自転車の梱包と輸送の実例

図6·5　ならクルサポーターの表示およびサービス項目

（図6·3〜6·5まで　出典：奈良県ホームページ）

駐輪することを認める程度ではあるが、高価な自転車などを利用する客や夜間に翌日の整備をするとなると、最低限屋内でのスペースが求められる。また、図6·4のように特別の梱包をすれば、宿まで、宅配便などにより、特別の料金で送付できるシステムも宅配業者の協力により設けられている。

　また、しまなみ海道では、「しまなみ自転車旅の宿」[*3]が設けられており、27の民宿などが登録されている（2014年3月28日現在）。尾道市では、サイクリスト向け複合施設としてホテルを含むONOMICHI U2も誕生している。

　これらの方策に加えて、ソフト面のおもてなしを充実することが適当である。たとえば、奈良県では、上記に加えて、公共施設、道の駅、農産物直売所、イオン店舗、ミニストップなどにおける駐輪スペース、トイレの提供、空気入れの貸し出しなどをセットで提供するサービスも用意されており、また、茶菓のサービスをする店舗もある。これらは、図6·5のようなステッカーにより、その箇所が表

表 6・7　自転車利用者のレベル、利用のシーンなどの設定の例

①ユーザーのレベル	自転車の利用者のレベルに応じて、上級、中級、初級および無利用の人
②シーン	季節、時刻、天候など
③目的	歴史、食べ歩き、運動、回遊、レクリエーションなど
④ターゲット	家族、カップル、高齢者、単独、女子など

示されるほか、ホームページでも情報提供されている。

　また、これ以外にも、観光の季節、時刻、天候などのシーンに応じた自転車活用の方法もある。さらに、歴史探訪、食べ歩きなどの観光の目的に応じたもの、家族連れ、カップルなどのターゲットに応じた自転車の利用の方法もある（表6・7）。

　我が国の伝統が持つおもてなしの精神を観光に活かすという観点から考えると、これらに応じて、できる範囲でよりきめ細かく、さまざまなケースに対応する自転車活用型の観光パターンが望ましい。コースの設定、用意する自転車の種類などでさまざまな方策がある。また、特定のターゲットに絞り込むという方法もあるが、これがハイユーザーのみに対するものだけではさびしい。多様ななかからその地域の観光に応じた絞り込みも必要である。

　たとえば、ユーザーのレベルに応じた自転車利用環境の提供には、表6・8のような方策があるとされる。

　また、ソフト面の対応の方法も表6・9のようなものがある。

　人びとを迎える観光を推進しようとするなら、自転車の活用についても、自転車に関するある程度の知識や目安をもって進めることが期待される。ここでは、観光施策という側からのみのアプローチだけではなく、自転車施策という観点からのきめ細かさを期待したい。

表6·8　ユーザーのレベルに応じた利用環境の整備のあり方

ターゲット層	ターゲット層の行動特性	
各ターゲット層共通	・周遊観光の起終点となる施設までは基本的に自動車、鉄道（またはバス）で移動してくる。 ・観光資源や休憩スポットに立ち寄りながら周遊する。 ・周遊マップと現地の案内サインを頼りに周遊する。	
自転車愛好家層 （ハイユーザー） 周遊行動としては おおむね 50 km 以上／日 を想定	周遊目的	自転車で長時間を走ること
	利用する自転車	自己所有の自転車（スポーツバイク）
	主に利用するマップ	ネット情報などに基づく独自のルートマップ
	走行位置	車道走行が基本
周遊観光に対する 自転車利用者層 （ミドルユーザー） 周遊行動としては おおむね 10～50 km／日 を想定	周遊目的	ある程度のテーマの応じた観光資源や移動時の風景などを健康的に楽しむこと
	利用する自転車	自己所有の自転車（スポーツバイク）またはレンタサイクル
	主に利用するマップ	ネット情報などに基づく独自のルートマップ
	走行位置	安全性を考慮して走行位置を変える
一般観光客層 （ローユーザー） 周遊行動としては おおむね 10 km 未満／日 を想定	周遊目的	観光資源を楽しむこと
	利用する自転車	レンタサイクル（基本的には徒歩、自動車、バス、鉄道の組合せが多い）
	主に利用するマップ	主に雑誌や現地で入手できる既成のマップ
	走行位置	主に安全な歩道

出典：2010年2月奈良県自転車利用促進方策検討委員会第3回資料より抜粋。

表6·9　自転車観光振興のためのソフト面での対応の例

1	走行空間	観光スポット、コースの設定、走行空間の種類、走行空間の整備の仕方
2	走行空間以外	駐輪空間、レンタサイクルまたは持込み、レンタサイクルの種類、地図の種類
3	おもてなし	一般ユーザーでは、茶菓、グルメ、買い物割引、上級ではロッカー、シャワー、修理、宿泊所への持ち込み、メンテ場所

出典：各種資料に基づき古倉整理。

6. 自転車による観光イベントの類型と課題

　次に、各地で盛んな自転車観光の類型と課題について整理する。自転車による観光は、各地で相当な盛り上がりを見せており、さまざまなパターンのイベントやコース設定、レンタサイクルの供与などが行われている。

(1) 自転車による観光イベントの類型

自転車による観光イベントには、次のようなパターンがあり、それぞれに応じた設定が必要である。

① 参加型

地方公共団体などが主催して、特定の日に自転車愛好家を集めて、特定のコースを周回するものである。日ごろは通行できない道路や他の交通を遮断して設定される場合もあり、このような1回のみのコース設定は関心が集まる。また、これに合わせて地元の人たちとの交流イベントなどが実施されることも多い。参加者は、自らの自転車を持ち込み、広範囲の地域から集合する。

愛媛県今治市と広島県尾道市を島伝いにつなぐ瀬戸内しまなみ海道では、愛媛県や今治市などが主催し国内で初めて「サイクリングしまなみ2013」(2013年10月20日)が行われた。国内だけでなく、台湾やインドネシア、オーストラリアなど海外からの参加者も含め約2500人が参加した。大三島コース(約110 km)、大島、伯方島を巡る伯方島コース(約60 km)および大島を周遊する大島コース(約40 km)が高速道路のクルマを遮断して設定された。

また、下関市が主催したものでは約1100名が参加するなど、このような大会の集客力は大きい(図6・6)。

② 観戦型

主としてプロの自転車レーサーが競技を公道その他の道路で行うものであり、一般の人がこれを観戦するものである。その例としては、表6・10のものがある。

図6・6 ツールド下関の出発地点
(出典:下関市ホームページ。参加者130 kmコース919名、45 kmコース155名)

表 6・10　我が国での自転車レースの例

1	ツアー・オブ・ジャパン	全6ステージ (堺、南信州、富士山、伊豆、奈良、東京) ／ツアー・オブ・ジャパン組織委員会	全16チーム (海外7チーム・国内9チーム) 8日間582 km
2	ジャパンカップ (図6・7)	宇都宮市	14チーム+1クリテリウムチーム／14.1 km周回。20万人を集客。経済効果30億2900万円※
3	さいたまクリテリウム by ツール・ド・フランス	さいたま市 (2013年10月26日開催)	ツール・ド・フランスを、外国で初めて実施

出典：各団体の資料に基づき古倉作成。　※：早稲田大学原田宗彦教授（スポーツ経営論）の研究室の協力の速報値。

図 6・7　宇都宮市のジャパンカップの競技状況（市街地の中）
(出典：宇都宮市ホームページ)

図 6・8　びわ湖一周（びわいち）(出典：びわ湖一周ホームページ)

表 6・11　ツアー型の例

1	サイクリングバスツアー	「サイクリングバスツアー茨城冬合宿」国際興業
2	海外から観光客誘致ツアー	山梨県「ガルーダ・インドネシア航空」と協力（インドネシアから）、台湾、タイなど
3	自転車ガイドツアー	ホテルなどの連携で自転車によるガイド付き回遊
4	自転車と船のツアー	NPO法人の「シクロツーリズムしまなみ」

出典：各種資料に基づき古倉整理。

③ コース設定型

恒常的にまたは一定の幅のある期間において、上級、中級などに応じたサイクリングなどのコースを設定して、集客するものである。図6・8は、琵琶湖を一周する「びわいち」と言われるコースである。また、しまなみ海道はイベント時のみでなく、年間を通じて、全国からサイクリストが訪れる「サイクリストの聖地」と言われるコースとなっている（図6・9）。

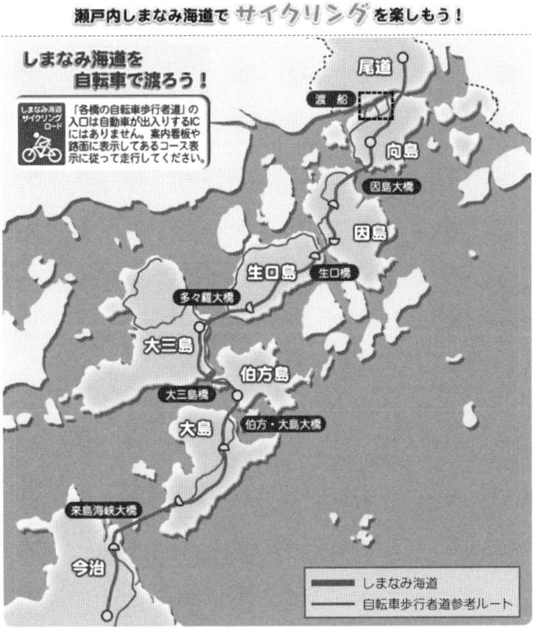

図6・9　しまなみ海道（出典：瀬戸内しまなみ海道振興協議会ホームページ）

④ ツアー型

自転車を現地で利用したいが、現地までの輸送や宿での自転車の持ち込みなどの手配が大変であることが多いが、これらをすべて手配して、現地で自転車のツアーを楽しむことをパックでセットされたものである。最近の自転車ブームに乗って、このようなツアーの企画が増加している。また、特に、海外から主として日本の風景などを堪能してもらう自転車ツアーなども企画され、人気を博している（表6・11）。

⑤ 企画型（サイクルトレインなど）

休日を中心に、広域からサイクリストを誘致して、目的地まで自転車を積載して、そこからサイクリングを楽しむ企画などが行われている。サイ

クルトレインと称して、自転車をそのまま列車に持ち込めるものが多く、日帰りの企画がほとんどで、各地の鉄道利用の促進にも寄与するものであり、自転車と鉄道との連携方策でもある（図6・10）。勾配のあるのぼりに列車を利用し、下りを自転車で帰ってくるものも多くある。

図6・10　愛媛県共催JR四国、サイクルトレインにゃんよ号（出典：JR四国ポスター）

(2) 自転車による観光のための必要な環境整備

　以上述べてきたことを踏まえて、自転車による観光のための環境整備方策を整理する。忘れてならないのは、自転車施策からの視点であり、単に自転車のイベントや観光のためにだけに必要されるものを用意すればよいというものではない。たとえば、自転車による観光で重要なものは、走行空間と駐輪空間の整備であるが、この二つは車の両輪であり、ややもすると後者が忘れがちになり、行った先が放置自転車でごった返すことがあってはならない。また、これらを含めた総合的な情報を記載した自転車地図などの作成・提供が必要である。

　さらに、走行する自転車の的確な持ち込みや提供、自転車利用を支えるソフト面の環境整備なども重要である。また、これらをセットで提供するツアーの設定も今後有望視されよう。これらが、自転車施策の観点と観光の観点から、表6・12のような施策を講じて、きめ細かく総合的にリンクすることにより、より的確な環境整備とこれによる快適な自転車観光が可能となるのである。

表6・12　自転車による観光のために必要な自転車施策一覧

1	自転車走行空間のネットワーク	ハード面の空間の整備（自転車専用通行帯＋矢羽根印などの自転車指導帯）＋ソフト面の空間の表示（路面表示＋看板での自転車走行空間の存在の啓発）
2	駐輪空間のネットワーク	観光回遊・地域資源のスポットに自転車駐輪施設の整備提供
3	自転車走行・駐輪空間と観光の情報	自転車で回る観光回遊スポットとネットワークの情報＋走行空間の安全性・快適性の評価＋安全ルールの地図の作成提供
4	自転車の確保	所有自転車の持ち込みや利用可能なシステムの用意／日常利用できない電動アシスト・高級またはブランドのレンタサイクルの提供など
5	ソフトの環境	旅館・施設での受け入れ体制（受け取り・駐輪）／もてなし・優遇
6	自転車観光・回遊ツアーの設定	自転車持ち込みまたはレンタサイクルの提供とセットになった旅行ツアーの設定

出典：古倉整理。

7. 観光を介して自転車利用への転換につなげる

(1) 観光客の自転車利用から地域住民の自転車利用へ

　自転車による観光は、これを的確に活用することで、その都市における自転車利用促進策を大きく前進させることができる。自転車観光の推進では全国からまたは世界からお客様をお迎えするという観点から、ハードおよびソフトの両面で高いレベルの自転車環境整備が要求される。この環境整備は、市民にも、レベルの高い走行環境や地図、その他のおもてなしを提供し、これが結果的に、地域の自転車利用の促進や展開につながるものである。上にも述べたが、奈良県では、観光のための各種自転車施策の樹立ののちは、これを援用して地域住民の通勤や買い物などによる自転車利用促進をターゲットにおいている。観光のための自転車利用に関する施策に力を入れてここまで実施すると、あとはそれほどの労力をかけなくとも、地域の自転車利用のための環境整備がなされることは確実である。これを

地域の自転車利用に直結させるべきである。

　なお、自転車による観光客や回遊客のみが、地域の自転車利用とは無関係に地域内を闊歩し、地域住民は依然としてクルマ社会のままであってはならない。せっかく観光のために整備した自転車環境を地域住民が有効に活用することにより、観光利用と日常利用をリンクさせるよう検討するべきである。

(2) 観光でのここちよい自転車利用の体験は日常の自転車への転換を促す

　自転車を活用した観光は、来訪する人にとっても、また、市民にとっても貴重な自転車学習の場である。すなわち、普段自転車に乗ることがない人や同じコースを繰り返して走行している人に、観光地で日常から離れ、解放された場で可能であれば質の高いレンタサイクルの安全快適な利用を通じて自転車のよさを体験してもらうことができる。これを一過性に終わらせず、訪問者が自転車利用の理解者または促進者になって帰ってもらうのである。

　その際に、地図の裏面や外枠欄での自転車ルールとマナーの掲載による啓発、レンタサイクルの貸与の場を利用した安全の広報啓発、その他を活用して、普段学習することがない自転車のルールとマナーを学習してもらうようにすれば、より効果が高まる。そして、これらの自転車による貴重な体験が、観光から自宅に帰った後の自転車利用を促進し、また、観光での自転車体験を通じて幅広く伝播して、日常での自転車利用の安全かつ快適な利用につながること、これらが全国に広がっていくことが、自転車による観光の意義をより高めるものと理解している。

第7章

自転車の活用範囲の拡大

1. 災害対策での活用方法

(1) 津波避難では、クルマは渋滞に巻き込まれた

　東日本大震災時に避難した交通手段に関するアンケート調査によると、図7・1のようにクルマが51.2%、次いで徒歩が46.4%であり、自転車は1.1%ときわめて低かった。このようなときにこそ、日ごろからの頼りにしている移動手段が如実に表れるものである。これによれば、移動手段として、自転車はほとんど頼りにされていないと言ってよい。

　しかし、各手段ごとの移動の時間と距離は、表7・1のとおりである。クルマの移動での所要時間は、自転車とあまり変わらず、また、避難速度も渋滞に巻き込まれたものも多くあるせいか、きわめて緩慢であり、自転車

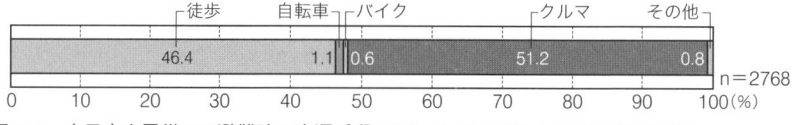

徒歩	自転車	バイク	クルマ	その他
46.4	1.1	0.6	51.2	0.8

n=2768

図7・1　東日本大震災での避難時の交通手段　(出典：国交省「津波からの避難実態調査結果」)

表7・1　東日本大震災での避難の所要時間と避難速度

避難	所用時間	避難速度
徒歩（回答1284人）	11.2分	2.3 km/h
自転車（回答30人）	15.0分	6.4 km/h
クルマ（回答1417人）	16.2分	9.0 km/h

出典：国交省「1999年全国都市パーソントリップ調査1. 基礎集計編」p. 18、p. 24に基づき古倉推計。

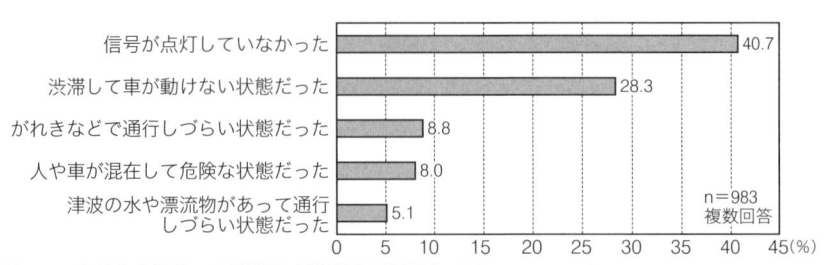

図7・2　東日本大震災での避難時の避難路の問題点　(出典：図7・1と同じ)

- 信号が点灯していなかった　40.7
- 渋滞して車が動けない状態だった　28.3
- がれきなどで通行しづらい状態だった　8.8
- 人や車が混在して危険な状態だった　8.0
- 津波の水や漂流物があって通行しづらい状態だった　5.1

n=983　複数回答

よりは若干速い程度にしかすぎない。

　また、避難時の問題点を、図7・2のグラフから見ると、信号機が点灯していなかったが40.7％、渋滞してクルマが動けない状態だったが28.3％であり、がれきなどで通行しづらい状態だったとするのは、わずか8.8％であった。これらから、総合して考えると、クルマでの避難は信号が点灯しないことや皆が一斉にクルマで避難しようとするため予想外の交通量が生じて、渋滞で本来の速度が出せず、避難の所要時間がかかる。これに対して、自転車での避難は、避難の速度は遅いとはいえ、徒歩よりは相当早くまた距離を稼いで避難できること、もし自転車でも進めない場合は、道端や空き地に乗り捨てても他の人の大きな障害とならないことなどから、一定の条件では自転車を避難に活用できると言える。また、道路に多少でも亀裂が入るとクルマは通行できないが、自転車は狭い亀裂であれば、担いで簡単に乗り越えることができ、避難の障害になることは少ない。がれきは避難の障害にはなっていないが、もし、がれきなどが問題になるとすれば、後述のノーパンクタイヤを装着した自転車を使っていれば、日常のパンクの心配ないうえに避難用に使用可能である。

今回の東日本大震災では、津波警報の発令とともにクルマで避難する人が多かったことは事実である。しかし、移動可能性の距離や時間、さらに、渋滞や信号機の停電での混乱、道路の寸断、がれきの散乱などがあって機動的に通行できず、クルマで避難しようとした人は避難が遅れたり、遅々として進まず、津波に巻き込まれてしまったとされる報道も、このことを裏づける。

(2) 自転車は避難に活用できるだけではない

　東日本大震災でも注目された震災時の自転車の活用は、避難時や帰宅困難時などのためだけではない。災害時には、道路寸断などの交通網の遮断、ガソリンなどの燃料不足などで、あらゆる主体にとって手軽で身近な移動手段の必要性がきわめて高くなる。このような状況下で、自転車は次のように活用できる可能性がある（表7・2）。

　第1に、行政は、燃料不足で交通手段がない、または道路が寸断された状態で、迅速に被災状況の把握をしなければならないが、ヘリコプターでもないかぎり、不可能である。自転車であれば通路の亀裂などを容易に乗り越えて、簡易に現場まで急行することも可能な場合が多い。第2に、これに続いて、被災者の救助・救護についても、リアカーなどを牽引することも含めて人員や簡易軽量な器材の輸送をまかなえる（現実に、ヤマト運

表7・2　災害時の主体別の自転車活用の可能性

行政	①被災状況の把握、②被災者の救助・救護、③被災者の収容、④救助物資の供給、⑤各種情報伝達、⑥被災者の要望の把握と対応
被災者・住民	①渋滞のない避難、②相互救助、③被害状況の申告、④救助の要請、⑤避難所への移動、⑥買い物・用足しなど日常移動、⑦通院、⑧通勤・通学、⑨各種手続き、⑩行政への要望情報提供・伝達、⑪帰宅困難の軽減
医療機関	①被災者の救急、②被災者の収容・移送、③被災者への往診、④医療機器・医薬品の輸送、⑤医師・看護師の移動（小型リアカーなど含む）
ボランティア	①現地までの移動、②現地での移動、③活動での利用

出典：古倉作成。

輪は都会での渋滞と温暖化の対策などのために新スリーターと呼ばれるリアカーで荷物を配達しているなどの実例がある)。さらに、可能な範囲で被災者の救助、物資の供給、被災者への情報伝達、要望の把握などが可能な場合がある。ある程度の台数を投入すれば一定の役割は果たせると考えられる。第3に、被災者でも、相互救助、被災状況の通報・連絡、救助要請、避難所への移動、日常移動、通院などが可能となる。第4に、医療機関も、医師の移動往診や簡易な医療機器、医薬品などの搬送などに活用できる。

(3) 災害に備えるには

1 津波避難での活用検討例

　愛知県田原市では、津波浸水被害が心配される地区の住民が、自転車での避難を含めて訓練した。海抜24mや17mなどの高い土地に自転車で避難する訓練を39人が行った。普段は30分以内に避難地までいけなかった足腰が悪い人が、自転車で逃げられてうれしいとの感想があった。また、静岡県松崎町では、5分以内に津波が来ることが想定されており、自転車と徒歩の二つのグループに分かれて避難訓練をしたところ、自転車は避難地まで4分で全員が到着し、徒歩では全員がそろうまでに7分かかった。さらに町では時間以外の角度からも課題を検討している。

2 災害時の自転車調達の協定

　発災時に迅速な応急対策を実施するため、より確実に移動手段を確保する必要があることから、災害時の自転車調達の協定を自転車商組合と締結する自治体も見られるようになった（鎌倉市、小田原市、横須賀市など）。災害時は、上記のようなさまざまな自転車の需要が生ずるので、日ごろからこれに備えるものである。

3 自転車の普段使いの奨励が重要

　しかし、避難に有効な自転車でも、これを保有していない場合は避難に使えない、また、保有していても普段から使い慣れていない場合は、避難に利用するという発想が出てこないなど、せっかくの有効な手段が活用されないこととなってしまう。災害時などに利用

図7・3　防災自転車の例（出典：防災自転車「angee+L2」）

できるようにするためには、普段から自転車を利用する、すなわち、普段使いを励行することが大切である。災害時の自転車活用と日常の自転車利用は、相互作用により、一層その効果が発揮される。日常の移動手段としての自転車の利用促進を必要性がない、または感じないとする自治体も多いが、このようなときに大きな差が出てくるのである。

　なお普段はまち乗りやショッピングに利用でき、災害時には、がれきを気にしないでもいいノーパンク自転車や、これに加えて、発電機・蓄電池としても活用できる「防災する自転車」の販売も開始されている（図7・3）[*1]。

2. 東京オリンピックに向けての自転車政策のあり方

　東京オリンピックに向けて、自転車を活用したまちづくりがさまざまに議論されている。そこで、本書では、2012年のロンドンオリンピックにおいて行われた自転車政策をレビューし、これを参考にして、2020東京オリンピックに用意すべき自転車政策を二つ提案してみたい。

(1) ロンドンオリンピックに際して開始された二つの自転車政策

　2012年にロンドンで行われたオリンピックに際して、①オリンピック記念自転車道、②自転車スーパーハイウェイの二つがあげられる。①は、まさに、オリンピックを記念して、オリンピック公園を中心にして設けられた自転車道である。さらに、②は直接オリンピックのためではないが、オリンピックに向けて世界から多くの人が集まり、渋滞も激しさを増すであろうことを念頭に、通勤のための交通渋滞を緩和するとともに、健康で環境にやさしいロンドンを世界にアッピールする効果を目ざしている。なお、コミュニティサイクルであるバークレーズサイクルハイヤー（市長の名前を取って通称ボリス・バイク）もオリンピックの開始前の2010年にスタートしており、時期はずれている。

　我が国でも、環状道路の整備などの大型交通インフラ事業による円滑な流通、渋滞緩和などのみを推進するのではなく、環境と健康と観光などに寄与するオリンピックにふさわしい自転車施策が求められている。ここでは、①のオリンピック自転車歩行者道を紹介するとともに、これを参考にした東京オリンピック記念自転車歩行者道（仮称）と②の自転車スーパーハイウェイの東京版を提案する。

　なお、オリンピックに係るコミュニティサイクルについては、別途（一社）日本シェアサイクル協会などにおいて検討されているので、これに譲りたい。

(2) 東京オリンピック記念自転車歩行者道の提案

1 ロンドンオリンピックのための自転車歩行者道

　ロンドンのオリンピック記念の自転車歩行者道は、2012年オリンピックの期間中会場にやってくる観客にとって、きわめて重要な役割を果たすことを想定した。2010年の「ロンドン自転車革命」では次のように記述され

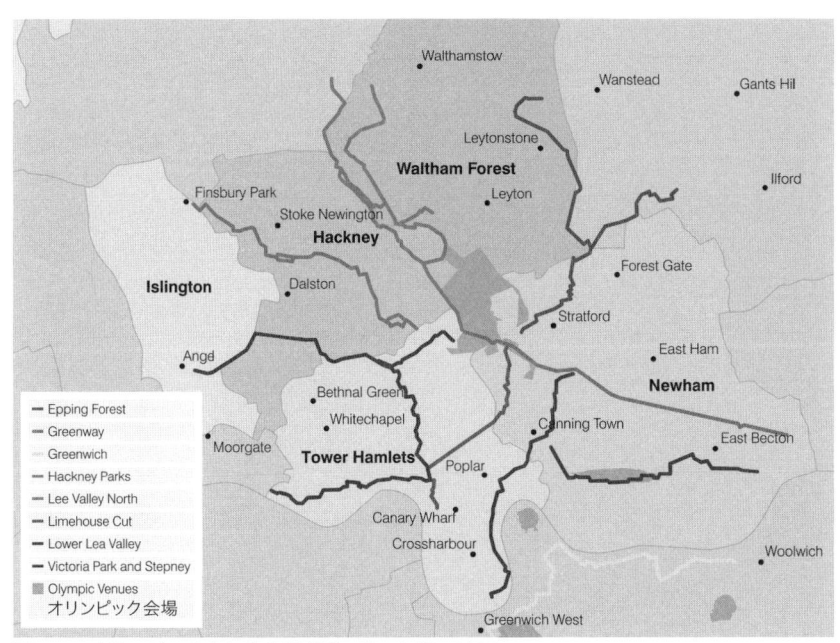

図7・4　オリンピック自転車歩行者道のルート網の地図 （出典：ロンドン自転車革命）

ている。すなわち、「その目標は、すべての観客が公共交通機関や徒歩や自転車でやってくるようにすることである。この目標を実現するために、より多くの人に徒歩や自転車を奨励する必要がある。また、徒歩や自転車を実際に楽しめる移動手段の選択肢として考えるようにする必要がある」。

オリンピックの記念遺産となる八つの自転車歩行者専用道の整備が計画された。これらは、図7・4のように、オリンピック公園と河川ゾーンの会場をつなぐものである。これらのルートは、ロンドン交通庁の監督のもと、オリンピック実行機関が費用を負担した。

2 オリンピック自転車歩行者道の意義

この自転車道の重要な点は、次のようなものと考えられる。これは我が国にも通ずる内容である。

第1に、2012年のロンドンオリンピックの来客やスタッフの移動のため

にこれらを活用して、エコな手段で渋滞を緩和することをめざしていることである。このために、初めて、地球環境にやさしいオリンピックという先導的な、これからの模範となる目標になっている点である。

第2に、オリンピックの記念自転車歩行者道として、終了後もその遺産を活用することにより、自転車利用促進に大きく寄与するものである。オリンピックの期間中、人びとが、徒歩や自転車を利用するという好ましい経験を持つことは、オリンピック後、ロンドンの住民がこの交通手段を選ぶようになり、このことによって、長期間の健康増進に寄与することにつながっていくとされている。

第3に、オリンピックという世界的なイベントを活用することによる自転車走行空間の整備の促進が行われたことである。我が国でも、1969年の東京オリンピックは、東京の都市構造を一挙に変えた。その主要なものが、首都高速道路や環状道路・放射状道路などクルマ中心の都市インフラであった。ロンドンでは、初めての地球環境にやさしいオリンピックという切り口で、あえて大規模な公共投資を要しない自転車道の整備を実施したのである。自転車による観客やスタッフのために渋滞のない迅速な移動を考えた自転車道の整備は、エコの観点以上に、自転車が都市の移動で実に利便性が高いものであることを世界に発信する絶好の機会になった。

3 東京オリンピック記念自転車歩行者道の検討

オリンピック会場（Olympic venues）に向けて整備するオリンピック記念自転車道は、ロンドンのような公園緑地空間の多いところでは可能性が高いが、東京では公園緑地の連続性がなく、緑道のような専用空間をネットワークとしてつなげて整備するのは、困難が伴う。そこで会場は、原則半径8km以内に収まるコンパクトなサイズになっていることから、街路樹のある一般道において優先して自転車専用通行帯（レーン）を設けて、連続性を補いつつ、公園緑地を活用してオリンピック記念の自転車歩行者緑道ネットワークを検討する。すなわち、会場の予定地と都心部に広がるさ

まざま大規模公園緑地とこの間を結ぶ街路樹が豊かにある道路をネットワークでつなげるものである（図7・5）。

この場合に、東京の水と緑のネットワーク構想「2020年の東京」（東京都、2012年12月）のなかにおける「水と緑のネットワーク実現プロジェクト」によれば、東京の街路樹は2010年に70万本あり、さらに2016年には100万本に増加させる計画である。この構想図の都心の部分を見ると、会場予定地と選手村を含む地域は点在する公園緑地空間と街路樹のある道路の緑のネットワークで相当程度結ばれていることがわかる（図7・6）。これらの空間を活用してオリンピック記念自転車歩行者道ネットワーク構想

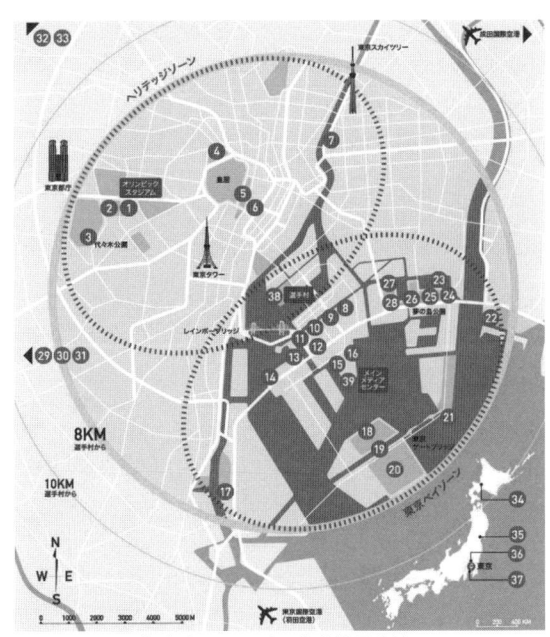

図7・5　2020年東京オリンピック会場予定地
（出典：東京2020オリンピック・パラリンピック招致委員会ホームページ）

図7・6　水と緑のネットワーク実現プロジェクト（公園緑地と街路樹のある道路）（出典：東京都「2020年の東京」2012年12月）

を実現するのである。既存の公共空間を中心に設けるので、新たに用地を確保することも少なく、また、自転車走行空間であるので、大きな事業も不要である。

（3）東京自転車スーパーハイウェイの新設

　ロンドンではシティなどの中心部を起点とする自転車スーパーハイウェイが、自転車通勤という明確な目的のために整備されている（第11章第3節）。東京では、同じような放射状の路線を設けることができそうな道路として、日本橋（道路元標）を起点に国道網が周辺部に向けて延びている。国道1号線、4号線、6号線、14号線、15号線、17号線、20号線、246号線、254号線などである（図7・7）。

　これらをよく見ると、ロンドンの自転車スーパーハイウェイの路線の起点であるシティと類似する日本橋（東京証券取引所などがある）を起点とした放射状の道路である。これらを通勤時に利用している人も多い。2020年の東京オリンピックに向けて、整備すべきはまさにこの東京の中心部からの放射状のスーパーハイウェイである。

　ロンドンでは通勤を目的として、朝夕の渋滞と公共交通への負荷の緩和をめざして自転車利用を盛んにするために設置された。まさに、東京においても、このようなことが課題となっている。2010年国勢調査によると、東京23区内居住者の自転車通勤者（自宅から職場まで）は、45万4000人であり、きわめて多いが、さらに自転車通勤をもっと伸ばすために、この健康で環境にやさしい自転車による通勤をより推進する重要なインフラとなる走行空間の整備を進めるべきである。

　東京自転車スーパーハイウェイの整備は、次によような可能性をいくつか指摘できる。第1に、現道は、多くの部分がすでに広幅員で整備されており、道路空間の再構成をすれば十分に自転車専用通行帯（レーン）という自転車専用空間を生み出し、確保できる可能性が高いこと、第2に、副都

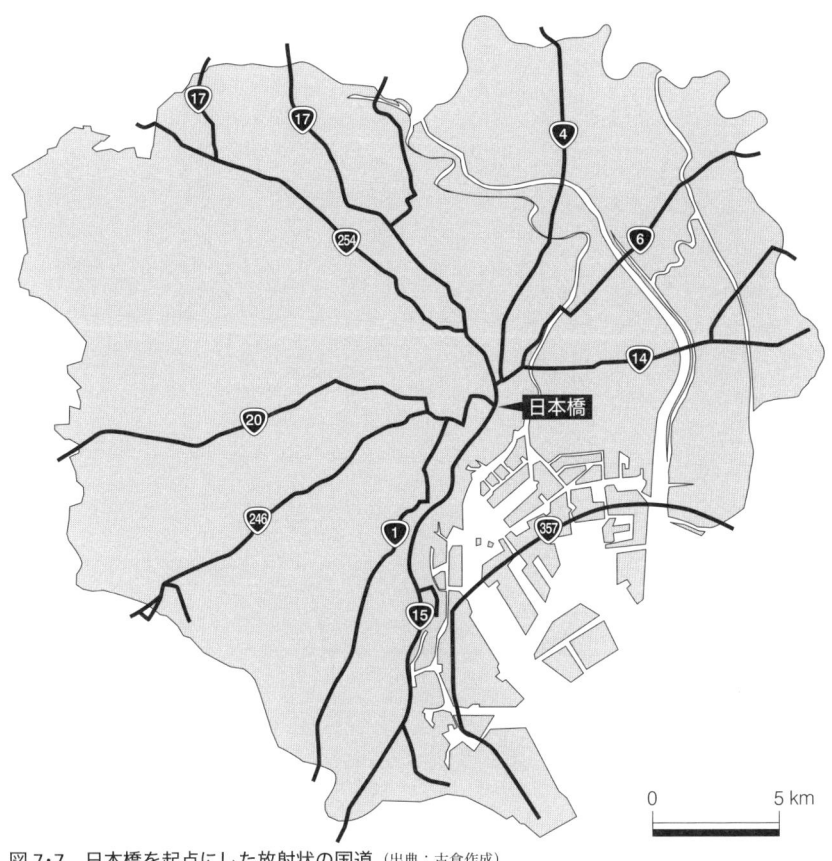

図7・7　日本橋を起点にした放射状の国道 (出典：古倉作成)

心や業務核都市にある程度雇用が分散されたとはいえ、東京の中心部のオフィス立地は盛んであり、この中心部に向かう通勤者もきわめて多く、また、都心回帰の増加により通勤距離が短くなった人も増え、通勤手段の自転車への転換の可能性があること、第3に、通勤混雑は依然として激しく、また、健康志向や自転車ブームなどにより、自転車通勤の需要は相当増加する可能性があること、第4に、企業も「健康経営」を目ざす傾向があり、特にオフィスワーカーはデスクワークが多いので、メタボなど生活習慣病の危険が高く、通勤途上の運動による企業の健康経営は不可欠であること、

第5に、国の直轄国道であり、国が主導的に実施できること、第6に、オリンピックに向けて環境および健康にやさしい自転車利用の促進を東京の場でロンドンと同様に目に見える形で内外にアピールできることである。オリンピックを機に、まさに環境推進都市東京としてこのような自転車スーパーハイウェイを整備することを提案したい。

　この場合に、企業などと提携して、ロンドンのような企業の自転車通勤計画の策定とこれによる自転車通勤の容認、同手当の支給などによる自転車通勤の奨励、駐輪施設の確保（事務所の多くある地区では路上駐輪の積極的な設置など）やシャワー、ロッカーなどの設置などを進めることなどの総合方策の検討も必要である。

❸. 全国ネットワークの効用

(1) 我が国の大規模自転車道は単発の走行空間

　我が国の自転車専用道としては、自然公園、名勝、観光施設、レクリエーション施設などを結び、併せて自転車利用の増大に対処するため、「交通事故の防止と交通の円滑化寄与し、併せて国民の心身の健全な発展に資する」ことを目的として、1973年度から整備が行われている。2009年度末で、全体計画約4300 kmのうち約3600 kmが整備されている（国土交通省ホームページ）。これだけを聞くと、非常に長いネットワークが我が国にもあるという印象が強いが、実態は細切れのものが多数であり、より重要なことは、相互には連続していない点である。もともと、大規模自転車道は、河川や海岸などにおいて、観光レクレーションのために整備されてきたものであり、全国をネットで結び付けるものではない。

　図7・8は関東の大規模自転車道の地図である。これを見ると、一つ一つ

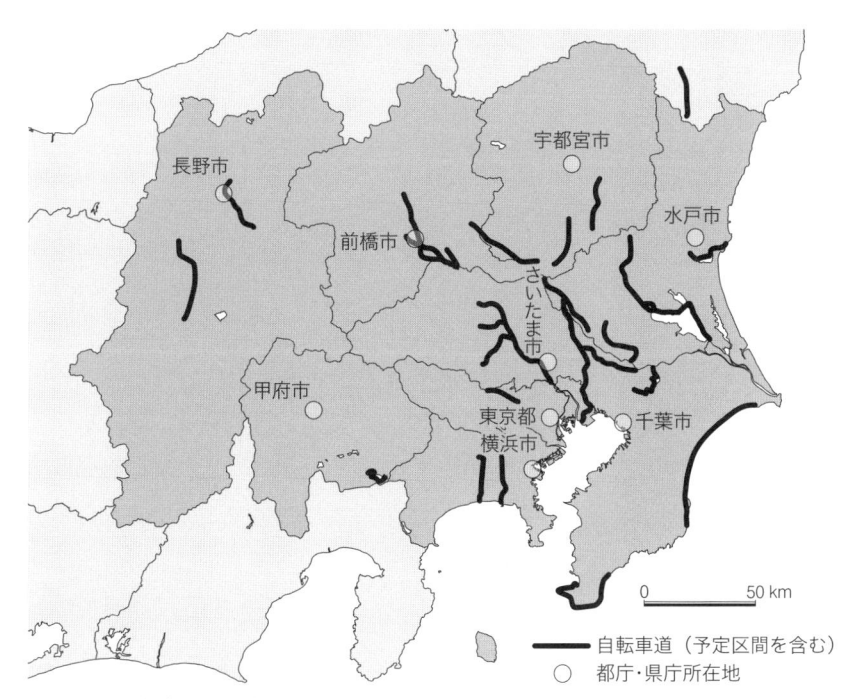

図 7・8　大規模自転車道（関東地方）(出典：国交省道路局ホームページをもとに古倉作成)

は長い延長を持っているが、相互に連続性がない。これは、これで一定の役割があるが、観光やレクレーションとしても、閉鎖的なつながりのない空間を行き来することになる。やはり、自転車を国や都市の交通手段として活用するとともに、さまざまな用途として利用するためには、ネットワークで都市内のルートとリンクすることや広域的に全国がつながることが重要である。

(2) ネットワークの形成の意義・効果

我が国は都市内のネットワークの形成が始まったばかりだが、すでに、世界では、国レベルやさらに国のレベルを超えた国際レベルでの超広域的な自転車ネットワークの整備が進展してきており、自転車走行空間が多く

の国をめぐっている。今や、国レベルで自転車ネットワークがあることが欧州では常識となっている[*2]。その意義や役割は次に示すとおりである。

1 災害時や有事の対応を可能にする効果

災害時や有事には、公共交通の不通、燃料の不足、道路のクルマでの通行不能、渋滞などの事態が生じ、これらの問題がない自転車での移動が重要な手段となるため、平時からこれを活用するための全国レベルの空間の整備が必要である。これは長距離の移動を概して想定しているものではなく、ある地域が周辺の地域と寸断されたときにこの全国レベルのネットワークの効果が出てくるものである。自転車を活用したアナログ的な移動は、基幹的な交通がマヒした有事のときも対応が可能である。すでに韓国では総延長 3120 km の有事対応を兼ねた国中の自転車ネットワークが形成されつつある。

2 通勤・通学などの地域の日常利用促進の効果

自転車の日常的な利用は都市内でなされていると思われがちであるが、実際に英国の全国自転車道ネットワークについての 2005 年のモニター調査では、図 7・9 のように、その整備が進展するにつれて利用トリップ数は全体で大きく増加しており、その整備効果は大きいことが明らかになっている。そのトリップの目的を見ると、図 7・10 のように、通勤 40％、通学 4％、買い物 7％、私用 4％ などを合計した日常目的が半分以上を占め、ネットワークが日常的な目的に大きく利用されている。これは、レジャーを含めたその他用途の 45％ よりも上回ってい

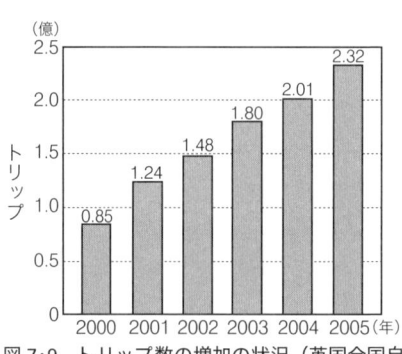

図 7・9　トリップ数の増加の状況（英国全国自転車道ネットワーク）（出典：英国全国自転車道ネットワーク 2005 年モニターレポート）

る。すなわち、全国ネットワークの整備は、全国の広域の自転車の移動を支えるのはもちろんであるが、地域の自転車利用にも大きく貢献し、日常用途の自転車利用の増大に寄与している。

　これらは、ネットワークとしてつながることにより、閉鎖的な範囲のみの自転車交通から、都市の周辺や縁辺の地域、さらにこれをまたがるような広域の自転車利用などを底上げしている効果と見るべきである。

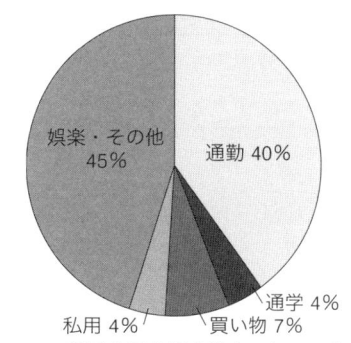

図7・10　英国全国自転車道ネットワークの利用者の利用目的（出典：図7・9と同じ）

娯楽・その他 45%／通勤 40%／通学 4%／買い物 7%／私用 4%

3　広域的な観光の促進の効果

　もちろん図7・10の目的別のグラフのように、レジャーその他という範疇の利用も相当程度は存在するので、広域的につながっていれば、自転車によるより広域的な観光や周遊に利用され、都市の境界を超えた面的な観光の促進に寄与することになる。

4　自転車利用環境の底上げの効果

　自転車利用に熱心でない市町村が、間に介在して、自転車利用を進めるネックとなっている場合に、両側から自転車ネットワーク整備の圧力を受けると、どうしてもこれに協力せざるをえなくなる。これがきっかけとなり、熱心でない都市の自転車の利用促進策や利用環境をかさ上げし、地域全体で自転車利用が推進されることにつながる。

5　自転車利用に対する意識のかさ上げの効果

　ネットワークの整備に伴い、通過しているルートに全国ネットワークで

ある旨の共通の標識などが設けられると、市民も、全国と自転車でネットワークを通じてつながっているという意識を共有でき、これにより、自転車利用に対する意識の向上、さらに利用促進の効果が期待される。

6 特定の観光や回遊テーマの実現の効果
◆自転車による全国回遊の目標の推進

　自転車による全国回遊は、特に、高齢者にとって、健康や環境の増進の効果も大きい。足腰やひざが多少弱っていても元気な高齢者は、全国自転車ネットワークがあれば、安心して安全に全国行脚ができる。

◆霊場巡りなどとのタイアップ効果

　四国八十八カ所の霊場巡りなどの手段として、健康で環境に優しい迅速な手段として活用することも考えられる。このための走行空間の整備を徒歩による移動と組み合わせたネットワークで行えば、全国的にもアピールできる。

◆テーマ別の全国自転車めぐり旅

　最近の観光の動向として、自らの独自のテーマを持ち、これに合わせて各地の観光地や歴史ポイントを巡ることが一種の流行となっている。桜前線の北上に合わせたルートや、ラーメン、奥の細道となどの紀行ルート、戦国武将の戦さのルートなどテーマはいくらでもある。これらは、都道府県や市町村の閉鎖的な範囲のものでは実現できないものもある。

　たとえば、奈良と京都をつなぐ、約 90 km の飛鳥嵐山ルートはいにしえの歴史をテーマとした県境を越えたルートである（図 7・11）。飛鳥京から藤原京、平城京などを経て、平安京に至る古代からの遷都の歴史をしっかりとたどることができる。単一地方での閉鎖的な範囲のネットワークでは、このような自由な発展性のあるテーマの設定は難しい。

　このような 2 県にまたがる広域的なルートは、国全体のネットワークが未整備ななかでも相互に協力して設定されつつある（2014 年 5 月には、奈良県吉野から和歌山港まで約 125 km の奈良県と和歌山県が連携したルー

図7・11 奈良・京都の二つの府県にまたがる飛鳥嵐山ルートの地図 （出典：奈良県ホームページ）

トが設けられた)。これらは、今後、地域の日常的な自転車利用を支え、盛んにしていく可能性を持っている。そして、我が国の国レベルの自転車ネットワークの気運を高めることにつながるのである。

第3部

ネットワーク計画と自転車計画のポイント

総合的体系的な自転車政策を考える

第8章 レベルの高い自転車計画を策定するには何が必要か

1. 自転車施策の進展状況～課題は大きい～

(1) 全国の自転車施策実施市町村の状況

昨今自転車を活用したまちづくりが全国的に盛んになってきており、各地で盛り上がりを見せている。そこで、その実態を自治体に対するアンケート調査で見ると、自転車駐車対策はしっかりと実施されているが、それ以外の自転車利用に関する施策はあまり実施されていないことが判明し

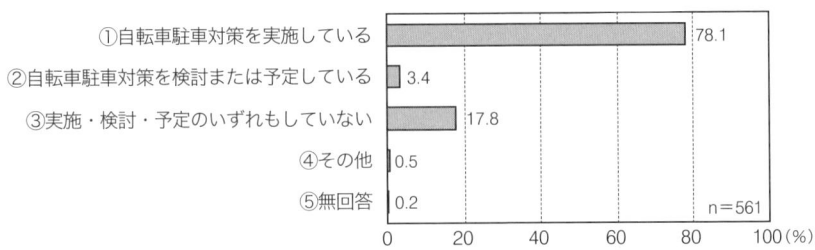

項目	割合(%)
①自転車駐車対策を実施している	78.1
②自転車駐車対策を検討または予定している	3.4
③実施・検討・予定のいずれもしていない	17.8
④その他	0.5
⑤無回答	0.2

n=561

図8・1　自転車駐車対策の実施状況　(出典：(公財) 自転車駐車場整備センター「地方公共団体の自転車駐車政策の動向及びこれに対応した自転車駐車場整備のあり方に関する調査」(2011年) に基づき古倉作成)
注：回収率 561 / 1067 = 52.6%。両方を実施するところがあり、合計では100%を上回る。

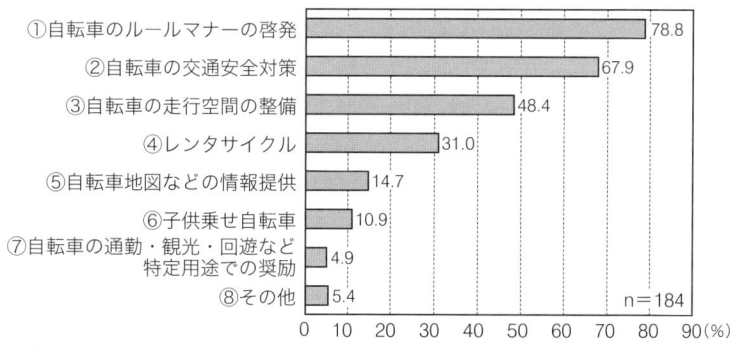

図8・2　自転車駐車対策以外の一般の自転車利用施策の内容　(出典：図8・1と同じ)

　①自転車のルールマナーの啓発　78.8
　②自転車の交通安全対策　67.9
　③自転車の走行空間の整備　48.4
　④レンタサイクル　31.0
　⑤自転車地図などの情報提供　14.7
　⑥子供乗せ自転車　10.9
　⑦自転車の通勤・観光・回遊など特定用途での奨励　4.9
　⑧その他　5.4
　n＝184

た（図8・1、8・2）。

筆者が担当した全国の地方公共団体の自転車駐輪対策の動向などに関する調査では、自転車の駐車対策を実施しているところは、回答のあった561団体のうち、81.5％に当たる457団体であった。

表8・1　自転車計画の有無

選択肢	回答数	割合
①自転車計画がある	57	10.2%
②自転車計画はない	483	86.1%
③その他	14	2.5%
④無回答	7	1.2%
計	561	100%

出典：図8・1と同じ

これに対して、駐車対策以外の一般の自転車施策を実施しているところは、32.8％の184団体にすぎなかった。多くの自治体で放置対策として自転車駐車対策は実施しているが、自転車利用施策は、これに比較するときわめて少ないことがわかる。

しかも、この自転車利用施策を実施している184団体の施策内容は、ルールとマナーの啓発、自転車交通安全対策などが中心であり、自転車利用促進に直接つながる自転車の走行空間の整備などは半分以下である。すなわち、自転車利用を推進する施策を行う団体は、もっと少ないことがわかる。

さらに、自転車利用に関して自転車計画を策定している自治体は回答した自治体のうちの57団体10.2％ともっと低い割合となっている（表8・1）。すなわち、自転車計画に基づき、計画的に自転車施策を実施している自治体は、自転車利用施策を実施しているとされる自治体の3分の1弱である。

(2) ネットワーク計画策定済みと検討着手済みの市区町村

　自転車ネットワーク計画は、自転車施策のなかの各論である走行空間について、これをネットワークとして整備することを内容とする計画である。自転車計画は総論と各論により構成されるが、後者の各論のなかに走行空間や駐輪空間の整備などのハード施策と、通勤・通学などの用途別の自転車利用の促進策やルールとマナーの安全対策などのソフト施策を定めることが一般的である。この各論のなかの重要な柱としてネットワーク計画が位置づけられる。このネットワーク計画はボリュームも多く、内容も具体的なものが多く含まれるため、独立して定められることが多い。自転車計画のなかには、その重要な部分もしくはその概要が取り上げられるケースが多く、ネットワーク計画を全部入れて定められることは比較的少ない。たとえば、2014年3月に策定された「宮崎市自転車安全利用促進計画」は、全部のネットワーク計画を含んでいる。全文は216ページと多いが、そのうちネットワーク計画の部分が71ページ（約36％）の大きな割合を占めている。このように走行空間というハード施策が大きな比重を占めるが、全体の施策が総覧できてわかりやすい。

　国交省・警察庁のガイドラインがネットワーク計画の策定を促し、自転車計画のなかで、あるいは別に、ネットワーク計画が作られるようになってきた。

　その自転車ネットワーク計画の策定状況について、2013年4月全国の市区町村を対象とした調査が行われた[*1]。これによると、2012年度において、新たに17市区町村でネットワーク計画が策定され、これまでに累計で53市区町村において同計画が策定されている。この都市の顔ぶれを見ると、大都市ばかりではなく、地方の小規模の都市まで、さまざまな都市がネットワーク計画を策定していることがわかり、自転車走行空間の整備が全国にわたり今後進展していることがうかがわれる（表8・2）。

　しかし、ネットワーク計画の検討に着手済みの市区町村は119であり、

表8・2　自転車ネットワーク計画策定市区町村

都道府県	2012年より前に策定済み市区町村（36）	2012年策定市区町村（17）
北海道	帯広市、北広島市	
宮城県	仙台市	
福島県		いわき市
茨城県	つくば市	
栃木県	宇都宮市	
群馬県	前橋市、高崎市	
埼玉県	熊谷市、三郷市	春日部市、戸田市
東京都	豊島区、板橋区	港区、大田区、渋谷区、練馬区
神奈川県	横浜市	大和市
新潟県	新潟市	
富山県	富山市	
石川県	金沢市、加賀市	
福井県		大野市
静岡県	静岡市、富士市	
岐阜県		岐阜市
愛知県	名古屋市、安城市	豊田市
三重県		四日市市
滋賀県		守山市
大阪府	大阪市、箕面市	
兵庫県	神戸市、加古川市	姫路市
鳥取県	米子市	
島根県		松江市
岡山県		岡山市
広島県	広島市、呉市、尾道市、福山市	
山口県	防府市	
香川県	高松市、宇多津町	
佐賀県	佐賀市	
熊本県	熊本市	水俣市
沖縄県	名護市	

出典：国交省「平成25年度自転車ネットワーク計画の策定状況に関する調査結果」に基づき古倉整理。全国1738市区町村（東京電力福島第1原子力発電所事故により2013年4月現在で警戒区域に指定されていた市区町村を除く全国の市区町村を対象）。

回答市町村全体の 7% と、全国的には未着手の市区町村が多い。しかし、人口密集地域（DID 地区）の市街地のある市区町村のうち、自転車利用が多く（自転車分担率で同市区町村の上位 20% 以内）、かつ、自転車に関連する事故が多い（事故件数で同市区町村の上位 20% 以内）の市区町村（106 市区町村）では、計画検討に着手済みの市区町村は 51 あり、その割合は 48% になる。このように、自転車利用が進みまたは課題を抱えている市区町村では、特に、自転車ネットワーク計画の検討が進行していることがわかる。

（3）ネットワーク計画を検討していない理由は空間的な制約がトップ

ここで、計画の検討に着手していない市区町村の主な理由としては、「自転車通行区間を整備する余地がない」という空間制約上の課題、「自転車利用や自転車に関連する事故が少ない」という必要性の低さ、「幹線道路や歩

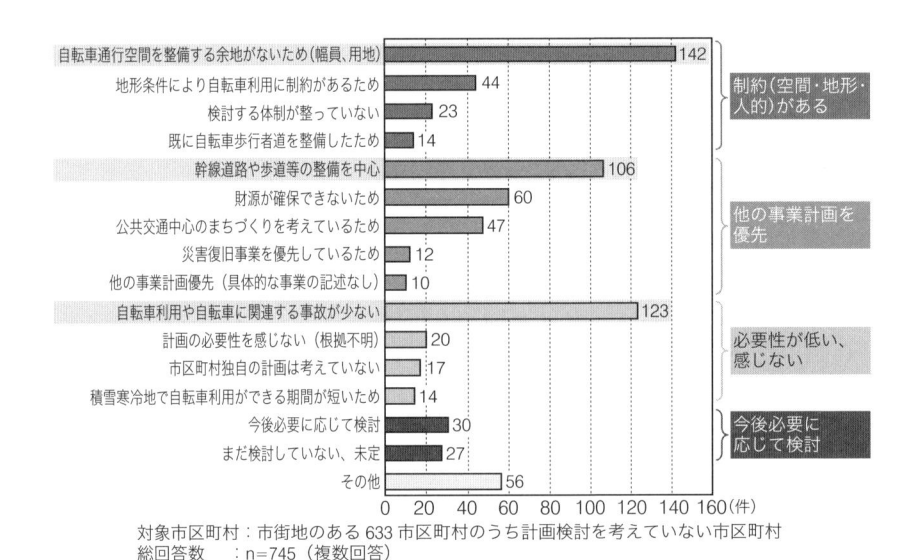

項目	件数	分類
自転車通行空間を整備する余地がないため（幅員、用地）	142	制約（空間・地形・人的）がある
地形条件により自転車利用に制約があるため	44	
検討する体制が整っていない	23	
既に自転車歩行者道を整備したため	14	
幹線道路や歩道等の整備を中心	106	他の事業計画を優先
財源が確保できないため	60	
公共交通中心のまちづくりを考えているため	47	
災害復旧事業を優先しているため	12	
他の事業計画優先（具体的な事業の記述なし）	10	
自転車利用や自転車に関連する事故が少ない	123	必要性が低い、感じない
計画の必要性を感じない（根拠不明）	20	
市区町村独自の計画は考えていない	17	
積雪寒冷地で自転車利用ができる期間が短いため	14	
今後必要に応じて検討	30	今後必要に応じて検討
まだ検討していない、未定	27	
その他	56	

対象市区町村：市街地のある 633 市区町村のうち計画検討を考えていない市区町村
総回答数　：n=745（複数回答）

図 8・3　自転車ネットワーク計画を検討しない理由（策定を考えていない市区町村）
(出典：表 8・2 と同じ)

道などの整備が中心」という他の事業計画を優先との回答が多く見られる（図8・3）。

2012年の同調査でも、同様に空間制約、自転車利用の必要性に乏しい、他の優先すべきものがあるというのが多く、傾向は変わっていない。全体として見れば、自治体の多くが、自転車の位置づけや自転車施策の取り扱いに消極的な態度で、全国的には自転車利用推進の意向が依然として低調であることがわかる。このことが、国が真に自転車を推進したいのなら、先頭に立って自転車政策に当たる必要性が高いことを示している。

(4) 国民の利用実態や意識もクルマ優先

このような状況になっているのは、何も行政が自転車のメリットや効用に対して理解が足りないからのみではない。そもそもこれを支える国民のクルマの利用実態や意識も、自転車に対して建前では、環境にやさしい、健康によいなどというものの、現実にはそれほど評価しているとは思えないのである。国勢調査によると、通勤・通学時の利用交通手段の全国の割合は自家用車（通勤手段が1種類）が2010年で45.1%であり、1980年から一貫して大幅に伸びてきている（表8・3）。これに対して、自転車（通勤手段が1種類）は2010年11.2%であり、1990年から減少傾向にある（それ以前は二輪車にまとめられている）。

さらに、地方都市ではもっと自家用車の割合が高い。全国10万人以上の

表8・3　国勢調査における通勤・通学時の利用交通手段（単位：万人）

国勢調査	通勤・通学者数	自転車のみ	徒歩のみ	公共交通のみ	自家用車のみ
1980年	4926 (100%)	810 (16.4%)	733 (14.9%)	1180 (23.9%)	1414 (28.7%)
1990年	5952 (100%)	765 (12.9%)	620 (10.4%)	1142 (19.2%)	2212 (37.2%)
2000年	6211 (100%)	751 (12.1%)	461 (7.4%)	1043 (16.8%)	2751 (44.3%)
2010年	5842 (100%)	655 (11.2%)	402 (6.9%)	1056 (18.1%)	2635 (45.1%)

出典：総務省統計局1990年、2000年、2010年国勢調査などに基づき古倉計算。
注：「自転車のみ」などは、各利用交通手段が1種類をいう。

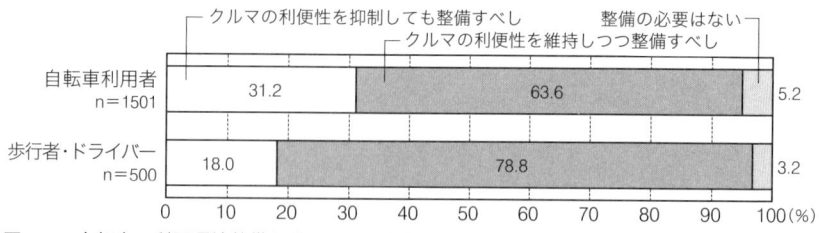

図8・4 自転車の利用環境整備とクルマの利便性の抑制の可否 (出典:内閣府「自転車交通の総合的な安全性上策に関する調査報告書（参考資料編）国民アンケート調査」に基づき古倉作成。)

都市では酒田市が80.6％ともっとも高く、次いで、奥州市78.6％、鶴岡市78.3％、都城市77.9％、佐久市77.8％などとなっており[*2]、これらの都市では、実に4分の3以上の人が通勤・通学において自家用車に依存している。

また、内閣府の自転車利用に関するアンケート調査では、自転車の利用環境の整備について、当の自転車利用者ですら「クルマの利便性を抑制しても自転車の環境を整えるべき」とする割合は31.2％にすぎず、多数は「現状のクルマの利便性を維持しつつ自転車の利用環境を整えるべき」としている（図8・4）。

既存の道路空間に自転車の利用環境を整備しようとすれば、必ず他の道路利用者の空間を削るか、または同居して作らねばならない。先述したように、ガイドラインにより、新たにネットワークによる自転車空間を作る場合には、歩行者の空間を割いてこれを作るわけにはいかないので、クルマの空間を一部切り取ってこれにあてることになる。こうなるとクルマの利便性に影響が出てくる。逆に、クルマの利便性に影響がでないような自転車の利用環境の整備は不可能か、または、きわめて中途半端なものになってしまう。国民が依然としてクルマの利便性を優先しているかぎり、自転車の利用空間の整備には困難が伴う。

❷. レベルの高い自転車計画の前提

(1) 自転車推進施策は行政や国民一般の意識を前提に

　このような現状から、いくら健康や環境によい自転車といっても、一般には自転車利用に関してこの程度の認識や位置づけしかないことを前提に施策を構築しないと、有効性や継続性のある的確な自転車の政策および計画にならないということが重要である。逆に言うと、このような低い認識や位置づけしかないという実態があるから自転車利用の推進をあきらめるのではなく、これらの壁を乗り越えて、自転車利用の促進を図る必要があることになる。一時の環境や健康のブーム、さらに観光などの盛り上がりのなかで、これらの総論的事項を踏まえずに出された自転車の施策はきわめて中途半端な効果の薄いものになってしまうのである。

(2) クルマ依存型の社会や生活からの脱却

　自転車施策は、このような自転車に対する自治体や国民の意識が低調な理由の理解と、これを踏まえての対策が必要である。自転車計画は、単純に自転車のメリットのみを強調しても、施策に対する理解を得られず、効果はそれほど大きくならない。

① クルマ依存型の都市構造とこれへの依存傾向を緩和する
　郊外に薄く広く広がった都市構造は、クルマにより、日常生活の通勤・通学、買い物、雑用などのほとんどを行うことを前提として成立してきた。これに対しては、今まで述べてきたように自転車の持つ大きな利用可能性に対する理解と安全性向上の推進ならびに高齢化によるクルマ利用の制約を前提とした自転車への転換策を講ずることで対応できる。

2 ルールとマナー無視の行動と信頼性の低下を防ぐ

　自転車利用促進のための計画を作成しようとすると、必ずと言っていいほど、ルールとマナーが守られていないという指摘を受ける。自転車政策の推進は、これが最優先で重要であり、これの解決なしには、自転車を進めるべきでないという議論までも出てくる。このため、多くの自転車計画は、このルールとマナーの広報啓発を最重点に据える傾向がある。これは、間違いではないが、このためには、単なる講習会の実施などの広報啓発の施策のみでは困難である。自転車利用者自らそのルールの存在の必要性とその遵守の重要性の両方を理解することが必要である。自転車の歩道通行による自転車利用者の甘やかしと歩道通行が車道よりも安全であるというような主観的な感覚が、自転車利用者のルール感覚を麻痺させ、信頼性のない行動をとるようになったことをよく理解したうえで、自転車計画の策定を検討することが必要である。

3 自転車利用者の認識不足を解消する

　自転車利用者ですら、その多くは、自転車は駅または近くの目的地までの短距離の交通手段として利用するという意識が強く、自転車のメリットを過小に評価している。①自転車は都市内交通のたとえば5km以下の利用を担うことが時間的に有利であり、また、②その距離の自家用車の移動が全移動の半分程度あること、③多くの人が5km程度なら自転車で行けると考えていることはすでに指摘した[*3]。この意識が改善されれば、クルマの利便性を制約しても自転車利用のための環境整備を推進することに対する理解も得られ、自転車施策は大きく進展する。このためには、この①から③をセットで市民に訴えて、その認識不足を解消することが必要である。

4 行政が確固とした基本的スタンスを持つ

　国を含めて自転車の交通手段としての位置づけや、多様な機能を持つ施策手段としての位置づけが低く、特に他の交通手段との優劣の関係があい

まいである。このため、施策の優先性がなく、また、総合性・体系性のない中途半端な施策が行われている。自転車利用の多様多大なメリットを基本にして、自転車の位置づけをしっかりとすることにより、施策が進展する。この確固とした基本的スタンスがないと施策にぶれが生じたりする。

5 自転車通勤の安全性やメリットに対する企業の理解をもっと増やす

　企業は自転車通勤は危険なものという主観的思い込みが強く、このために自転車通勤を禁止している企業も多い。自転車による運動効果は他の運動よりも、大きなメリットがあることは指摘したとおりである[*4]。企業に対してこれを十分に理解していただき、企業の「健康経営」に大きく貢献する自転車通勤を推進していただくことが重要である。総論としての自転車の利用促進に対しては賛成の意向は強いものの、各論としての自転車通勤や営業利用、商業事業者としての自転車による買い物などの有効性に対する理解が不足している[*5]。自治体が、従業員の健康体力の向上・生活習慣病対策などによる能率や業績の向上など自転車のメリットを明確に広報啓発して企業の理解を得るとともに、自転車通勤を奨励する企業に対して一定の支援をすることなどにより、行政・企業・市民がタイアップすれば、自転車利用が推進される可能性が高い。

　自転車通勤の安全性を実際に示したのが、豊橋市役所である。豊橋市では、全職員3468人のうち、29.9％の1036人がエコ通勤を行っている。このうち、特に特徴的な点は、本庁舎に勤務する1024人のエコ通勤割合の高さであり、57.8％となっており、そのなかでも自転車が一番高く、自転車通

表8・4　豊橋市の通勤手段別の交通事故の状況（2012年度）

	交通事故件数	通勤手段別の数	通勤者100人あたり
全体	88件	3440人	2.6件
クルマ・オートバイ	76件	2428人	3.1件
自転車	12件	744人	1.6件

出典：豊橋市資料。

勤が41.5％である。この場合の通勤途中の交通事故の状況は表8・4のとおりである。

　実施したクルマ通勤と自転車通勤の年間の事故率に関する調査によると、通勤者100人あたりの事故件数は、前者3.1件に対して、後者の自転車は1.6件となっており、後者は前者の半分程度である。また、筆者が過去に実施した静岡市および福島市の企業に対するアンケート調査でも、自転車通勤とクルマ通勤につき、それぞれ困っている点を答えてもらったところ、いずれも1位が事故の危険性であったが、前者の自転車では42％であったのに対して、後者のクルマは67％であった[*6]。自転車通勤を取り入れている企業は、経験則からも、クルマ通勤の事故の方がより可能性が高く、危険であるという認識を有していることがわかる。このような点についてのデータをもっと集めて、具体的に示せば、企業の自転車通勤に対する杞憂は少なくなるとものと考えられる。

(3) 自転車に対する風向きの変化に乗る

　国や自治体の「歩道通行の原則」は、2007年の自転車安全利用五則の決定で基本的に変更された。これを契機として、原則として自転車の車道走行が推進されている。しかし、これはあくまで、原則であり、現場での実践は、多くの整備済みの広幅員の歩道（自転車歩行者道）があることや、直感的に車道を危険視する国民意識などにより、大きくは進んでいなかった。しかし、2012年11月に出された国の「安全で快適な自転車利用創出ガイドライン」の策定など注目すべき画期的な動きが最近顕著になっていることは先述のとおりであり、また、地域の新聞情報などによると、自転車を活用したまちづくりを進めたいとする意欲的な自治体が多く輩出していることから、自転車走行空間の整備の推進は、今や大きな流れとなっている。

　このような状況下で、意欲はあるが、まだ取り組みをしていない自治体

の動きをより一層顕在化させ、具体の自転車利用促進につなげていくためには、従来型の、特に走行空間の整備などハード施策中心の自転車利用促進策だけでは十分でなく、我が国の市民の自転車動向などを踏まえ、世界の自転車施策の展開を参考にして、総合的体系的な施策展開を強力に進めることが必要である。

3. レベルの高い自転車計画のポイント

　以上の前提を踏まえて、ここでは、発展性のある自転車計画のあり方を提案する。うわべだけの自転車まちづくりでは、当初はどんなに斬新でも、また、よく見えても、失敗するか、継続性に乏しい。自転車利用の促進を本当に図るとするなら、実質的に意義のある自転車のメリット、施策推進の基本となる自転車の位置づけなどのもとに、目的別および課題別の施策などにより、戦略的な施策にすること、徹底して自転車利用者が安心して快適に利用できることを考えた施策にすることなどが大切である。

(1) 自転車計画は、利用目的別の戦略的な施策にする

　多くの自治体の自転車計画で採用されているのが、「はしる」「とめる」「まもる」など施策形態別の項目である。もちろん、これは整理としてはわかりやすいが、走行空間担当部局、駐輪空間担当部局など施策の実施担当部局別や施策形態別からの分類であり、あくまで行政の都合での分類ある。市民の側からすると、たとえば、自転車による買い物をどのようにサポートしてもらえるのか、エコ通勤の方法としての自転車通勤をどのようにすればよいのかなどに関心があるのであって、担当部局別や形態別の施策ではない。これらは自転車利用者の立場に立った分類ではない。自転車利用

の際にサポートされる環境整備も含めた支援策が、市民にとって自転車を利用するかどうかの決め手になる。このため、自転車利用への誘因となるような目的ごとの施策の整理や展開が望ましい。行政の都合による施策体系ではなく、市民の目線に立った施策の設定が期待される。

　すなわち、たとえば、エコ自転車通勤の推進を目的とした施策では、これを中心テーマとして推進するとした場合、そのメリットは何か、どのような走行空間のネットワークや駐輪空間の整備があるか、鍵となる企業の自転車通勤の前向きな取り組み誘導はどのようにするのか、安全対策はどのようにするかなどの総合施策が必要である。自転車通勤について、はしる（走行空間）に係る施策は道路、とめる（駐輪空間）は都市などと所管が分かれていては、一体的な推進が図れない。通勤などの自転車利用の明確な目的のもとに、そのための施策体系もパッケージとして構築し、また、目的別に組み立てれば、市民や企業にも理解されやすい。「豊橋市活用推進計画」は後述のように利用目的別に施策が立てられている（同計画 p. 23-38）

(2) 自治体の自転車計画は目的別や課題別に体系化する

1 パターン化を避け、独自性のある内容と統一された体系を目ざす

　さまざまな自治体の自転車計画を見ると、表8・5のようなパターンが見られる。これらの計画の性格は、重複しているものもあり、必ずしも単一のパターンで分類できるものではない。

　自転車利用の的確な市民への浸透を図るためには、①〜④のような各論のみの計画ではなく、総論を持つ体系がほしい。また、総論各論がストーリーを持って戦略的につながっていることが必要である。標準的な項目をべたべたと並べただけのものやパターン化された計画では市民にわかりにくいし、十分な効果が得られない。また、他の都市の計画の項目や体系を横並びでパターン的に採用することも避けるべきである。

表8・5 項目別の自転車計画のパターン

各論中心型	ハード面	①駐輪空間中心型	自転車の放置対策としての駐輪空間を主として対象とするもの。（自転車法に基づく多くの計画がこれに当たる。）
		②走行空間中心型 （ハード中心、ソフト脇役型）	自転車の走行空間の整備を主として対象とするもの、これを軸にして本来重要な安全対策、広報啓発、情報提供を付け足すもの。多くの自転車走行環境整備計画やネットワーク計画がこれに当たる。
		③自転車利用環境整備型	自転車利用環境としての駐輪空間と走行空間の両方の整備を主として対象とするもの。
	ソフト面	④適正・安全利用促進型	自転車の事故・ルールとマナー違反など、適正利用のための広報啓発、取り締まりなどを主とするもの（利用促進よりも利用の適正さ安全さをまず優先するもの）
総合体系型	総論と各論	⑤総論各論型	自転車のしっかりとした総論とこれに基づく目的別・空間別・課題別の各論（ハード面およびソフト面）を有するもの

出典：各地の自転車計画の類型を参考に古倉整理。

　さらに、よくあるパターンであるが、なんでもいいから環境健康によい自転車の利用を進めようとする無手勝流の自転車計画がある。地域の自転車の利用用途や課題とは関係なく、とにかく自転車施策を取り上げたいとするものである。自転車を政策に取り上げるからには、自転車を活用して何をしたいのか（健康、環境、地域活性化など）、自転車を利用する目的（通勤、観光などの手段として活用など）はなにか、などについて、明確かつ具体的なコンセプトを持っていることが必要である。

2 まず市民に自転車を利用したいと思わせる

　自転車利用の促進を本当に図りたいなら、自転車利用者が利用したくなる環境とは何かを真剣に考えることが必要である。この自転車利用者というのは、目的に応じて異なるが、いわゆる自転車のヘビーユーザーではなく、一般の市民である利用者が基本である。すなわち、自転車のヘビーユーザーは、根っからの自転車利用者であり、優先して自転車を選択してくれる。しかし、一般の自転車利用者は、確信的に自転車を利用する人ではない。自転車利用が有利だと思えばこれを利用するし、自転車利用が不利だ

と思えば他の手段を利用する。だとすると、これらの人びとをいかに自転車利用に誘引するかが、その都市の自転車利用度を左右するのである。

　このため、自転車を優先しようとしているのか、クルマを優先しようとしているのかが不明確な自転車施策では、多くの人に継続的に自転車利用を選択してもらい、この状態を維持することは困難である。一時的に利用しても、また、少数の人が利用しても、本格的な自転車によるまちづくりは継続しがたい。メリットの多い自転車利用を市民に奨励するためにいかに行政がサポートしているかがわかるとともに、他の道路利用者にこれらを徹底していることを自転車利用者が肌で感じるようなまちづくが必要である。

　この点をしっかりとした認識したわかりやすい自転車施策が必要である。後述するが、自転車利用を推進しようとする都市として世界的に評価されているコペンハーゲンや米国ポートランド、ロンドンなどでは、明確な大きな目標値を持ち、これに向けて一般の人びとにいかに自転車利用をしたいと思わせるかを絶えず考え、走行空間はもちろん駐輪空間の整備やこれらの管理の仕方までも目に見える形で実行に移している。自転車利用者のことを考えてここまでやるかという施策やサプライズが必要である。たとえば、ロンドンでは狭い車道空間にこれでもかと思わせるような立派な自転車専用通行帯（レーン）を連続して設けており、また、コペンハーゲンやオランダの都市では、降雪の際の除雪はまず自転車走行空間から実施する。そして、これを基本的に支える重要な要素は、自転車利用をクルマよりも優先する基本的なスタンスである。

　なお、ルールを守らない自転車利用者が多いから、自転車施策において利用推進を徹底できないとする考えがある。しかし、自転車利用を盛んにするということを本当に考えているのなら、後ほど述べるようにポイントをついたルールの徹底方策を併せて提示すればよいのであって、自転車利用を促進したいという基本的なスタンスがあいまいなものや中途半端なものになることこそ、ルールの徹底を阻害する。ここまで配慮するからには

ルールの厳格な遵守を自転車利用者に対して要求できるし、自転車利用者も配慮があるからこそルール違反の態度を改める機会をえることになる。

4. 自転車計画の総論のあり方〜自転車の位置づけを明確にする〜

(1) 最初に自転車の悪い点を並べ立てていては前に進まない

　どんなメリットがあるものにも欠点や課題がある。しかし、この悪い側面を最初に出して、欠点をべたべたと並べ立てるほど非生産的なことはない。せっかく大きなメリットがあり、このために推進しようとする施策でも、悪い面を最初に並べ立てると、よい面が見失われてしまう。自転車計画では、最初に事故やルールとマナー、放置など悪い面を過大に並べ立てて記述している計画を多く見かける。また、よい面は、「環境と健康によい」など1〜2行程度のほんのわずかの抽象的な記述にとどまるものが多い。これでは、自転車は利用促進するものではないと言っているようなものである。

　本当に解決できないマイナス面があると考えるなら、むしろ、自転車の利用促進のスタンスを持つ計画は策定を控えるべきである。現に自転車のメリットが大きいから自転車の利用を促進するのであるとすれば、すなわち、メリットがデメリットより大きくて、利用促進する必要があると考えるのなら、放置や交通事故の多さやルール不遵守などのデメリットの実態よりもメリットの具体的内容に多くの紙面を割いて記述すべきである。

　この場合、マイナス面や課題は避けて通るのではなく、各論に持ってきて、ここで課題に対処する施策を提示し、理解を得るような配慮が必要である。

　なお、自転車利用のマイナス面は、本書で提案するような最近の自転車

事故の分析、施策の進展、技術の進歩などに基づく、的確な自転車利用促進の施策により、相当程度の解決が、可能になってきている。施策というのは本来そのようなプラスとマイナスの相対的な関係のなかでプラス面を強調して進めるものであることを銘記すべきである。

(2) 自転車利用の現状や事故の実態の詳細などは参考資料に持っていく

　自転車利用の現状や事故の実態などの説明を冒頭に、しかも多くのボリュームを割いて述べられている計画をよく見かけるが、なかなか計画の核心の内容にたどり着けない。これらはあくまで現下の事実関係であり、施策の展開をその内容とすべき「計画」としてはなじまない。もっと計画本来の内容に力を入れるべきである。世界の先進都市の自転車計画で、自転車利用の現状（特に放置やルール無視などのデメリット面の現状）を最初に長々と記述しているものはない。これらの事実関係を述べる必要がある場合は、計画本文では必要最小限のものにとどめ、参考事項として巻末に記述するなどとすべきで、総論に大きく並べ立てて述べるものではない。

(3) 最初に多くのメリットがあることを並べ立てる

1 自転車施策を推進するからには計画の冒頭でメリットを述べる

　欧米の自転車先進国や先進都市の自転車計画は、必ずと言っていいほどその冒頭に自転車のメリットをしっかりと明示している（表8・6）。そのうえで自転車を対象としてこれに対する施策を体系化した計画を策定すること、自転車の位置づけ（特にクルマに対する優先）を明確にすること、自転車施策を他の施策に比べて優遇した取り扱いをすることなどを目ざす計画を策定するというストーリーで構成されている。

表8·6 世界の自転車計画に掲げられた自転車のメリット

1	EU	必要空間が少なく渋滞なく行ける、燃料消費がない、公害がない、事故可能性が低い（単位走行距離あたり）、環境負荷がない
2	オランダ	近距離に最適、公共交通の端末に適する、インフラ経費が少ない、環境公害がない、空間が最小で済む、イメージがよい、交通渋滞なし、健康的、経済的、手軽でドアツードア（クルマは駐車場までしか行けない）
3	アメリカ	生活（経済性、健康費用など）、健康維持増進、生活習慣病予防、公害の低減、生活環境の向上、あらゆる階層への安価な交通手段の提供
4	ドイツ	年齢収入に関係ない、経済性、健康性、環境性、非公害性
5	ロンドン	市民の利便性、生活環境の改善、交通渋滞の緩和、地球環境、地域経済の発展
6	コペンハーゲン	手軽、時間節約、生活環境の質的向上、安全性・迅速性・快適性・健康性・都市の体感
7	ポートランド	合理的な交通手段、より安全な道路空間を確保できる、地球の気候変動を減少、公害のない環境を促進する、肥満要因と健康管理費用を抑制する、平等さと低価格の実現、都市のもっとも早い移動手段、楽しく、活気ある、住みやすい住環境を作る、地域経済をサポートする、費用対効果の高い公共投資となる

出典：各国各都市でメリットが強調されている計画などを古倉が要約・整理。

2 メリットの解説は相手に応じて項目を選択する

　メリットは、すでにさまざまな面があることは述べたが、特に重要なポイントは、訴求の対象別（個人、企業、地域・自治体、国および地球全体の別）に、多目的に存在するメリット（経済面のメリット、環境面のメリット、健康面のメリットおよび時間面のメリット）のなかから項目を取捨選択し、相手が価値を置いていると思われる順に説明することである[*7]。これにより、より具体的な効果のある利用促進を訴求することができる。

3 財政当局に対するメリットの提示も重要である

　市民に対して自転車利用のメリットを提示して、協力を得る前に、庁内の関係部局、特に財政当局の理解を取り付けることが必要不可欠である。この場合には、経済面、すなわち財政面などからの説得がもっとも重要であり、諸外国の自転車計画も相当このことを意識して、計画の構成や内容を考えている。財政当局や健康部局には、自転車の持つ生活習慣病の予防効果などにより長期的に市民の健康にかかる予算の削減に寄与できること、特に国民健康保険の負担軽減に寄与できること、自治体職員の自転車通勤

による事故率の減少と健康の増進による執務効率の向上、通勤手当の削減などによる予算の効率的な運用が可能となることなどを示す。

④ 市民に対するメリットの説明はクルマ利用者と沿道事業者を意識する

　自転車利用を推進する施策を講ずる場合、特に走行空間のネットワーク整備などに関して影響をこうむるのは、クルマ利用者とクルマでの来店を前提とした駐車場を持たない沿道事業者である。車道空間に自転車専用通行帯（レーン）などができると、クルマ利用者は既得権益である道路上の通行空間が奪われ狭まることにより、どうしても緊張感を持って運転せざるをえない、走行しにくいなどの影響が出ることとなる。また、沿道で事業を営む商店街や店舗などは、道路の車道左端に自転車の専用空間ができるので、来客や荷さばきの駐停車に制約が生じる。本来は沿道事業者や公共側が駐停車空間を用意すべきではあるが、現実にはすぐに提供できるわけではなく、これによりマイナスを受ける事業者も出てくる。

　しかし、このような自転車空間の整備を通じたクルマから自転車への転換が進むと、自家用車の近距離の移動（都市内交通の半分以上を占める）が減って、渋滞が緩和される面があること、自転車の利用をより安全快適にすることを通じて自転車利用促進が図られ、高齢者を含めて既成市街地への自転車による買い物量が増えて事業者の売り上げが向上する可能性があること[8]など、地域の応じたメリットを明示することが適当である。

⑤ 市民が重視する順に自転車のメリットを提示する

　市民に対しては、市民が自転車利用のどのメリットを重視しているかをアンケート調査などで調べ、広報啓発の内容の重点の置き方および取り上げる順番を決める。内閣府のアンケート調査では、手軽に利用できるが多く、次いで健康によい、さらに早く目的地に着く（迅速性）、費用が安い（経済性）などが重視されている（図8・5）。したがって、これらの市民が重視する順にメリットを取り上げて、このメリットに直結する施策を重点的

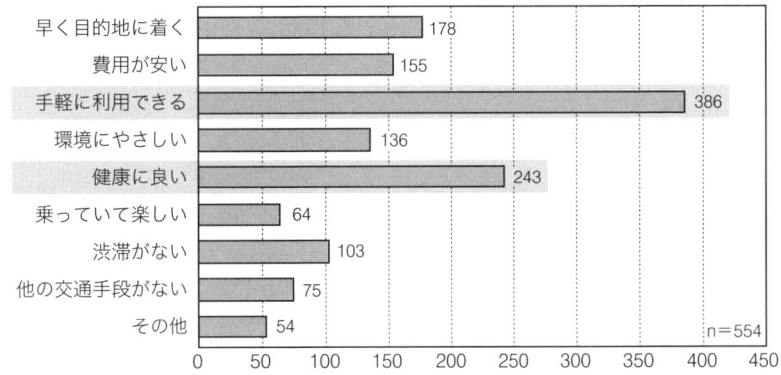

図8・5 自転車を利用する理由 (出典：内閣府「自転車国民アンケート調査」)

理由	数値
早く目的地に着く	178
費用が安い	155
手軽に利用できる	386
環境にやさしい	136
健康に良い	243
乗っていて楽しい	64
渋滞がない	103
他の交通手段がない	75
その他	54

n=554

に取り扱うことを具体的に説明する。なお、内外を問わず、市民は通常は手軽さや利便性、経済面や健康面などを重視しており、環境面の位置は低い[*9]ので、市民の生活に直結するメリットを取り上げることが適当である。

6 クルマからの転換を意識したメリットにする

市民の多くはクルマ利用者である。自転車への転換を図るためには、クルマと比較できるメリットを提示することも重要である。クルマの税金や車検などの維持費、燃料費などの支払額と比較した自転車に係る費用（豊橋市自転車活用推進計画では、自転車の保険料とパンク修理などの維持費は、クルマの任意保険料と通勤のためのガソリン代より年間2万7千円安くなるとされている）、クルマを利用し続けるときの医療費と自転車を利用したときに生活習慣病が改善される場合の医療費などである。

また、自転車をまったく利用しない層もある。彼らに対しては、アンケート調査などでの自転車に乗らない理由から、乗ってもらうために必要な内容や事項を読み取ることにより、自転車利用を選択するようなメリットを提示する必要がある。このためには、自転車に乗らない理由を、自転車が安全に走れる空間がないなど市民アンケートなどにより確認しておく必要があり、これを基に施策を考案することも重要である。

(4) クルマより優遇する位置づけを明確に打ち出す

　ここまでで、自転車のメリットの出し方を説明したが、もっとも大切な点は、このメリットの内容に基づき、自転車を他の交通手段よりも優遇するというスタンスを明確に示すことである。メリットを明確に具体的に解説することは、自転車について施策上何らかの優遇の取り扱いをするためである。逆に言うと、施策上、自転車のしっかりとした位置づけを行わないのに、自転車のメリットを並べてもあまり意味はないのである。

　自転車の位置づけには多様なものがあり、世界の自転車施策などの内容から表8・7のように分類できる。

　自転車利用を推進する場合には、せめて④の「クルマと対等な交通手段」以上にすることが必要である。③の交通手段の一つというのはもっともらしく聞こえるが、結局、自転車の位置づけ、特に交通手段間の序列をあいまいにし、明確な位置づけがないのと同様である。我が国の現在の実態と重ね合わせると、この位置づけでは、依然としてクルマ優位のなかでの車道での劣位の交通手段という意識と実態が維持されてしまう。車道での自

表8・7　自転車の位置づけの段階別整理

	自転車の位置づけ段階	位置づけの内容	事例
①	遊び・運動手段または補助手段	健康レクリエーションの手段	初期の各国
②	クルマ優先のなかでの劣位・付け足しの交通手段	クルマ交通の円滑化と交通安全の確保のための自転車空間の確保	中国・旧日本
③	クルマ優位のなかでの交通手段の一つまたは共存	単なる交通手段の一つ（クルマとの優劣はつけていないので、結果的に現状のクルマが優位）	現在の日本
④	クルマと対等な交通手段	交通手段として対等（物理的に弱い自転車が車道でクルマと対等になるように利用を法的、施策的に位置づけ、支援）	米国1990年代以降
⑤	クルマより優先の交通手段	交通手段として車よりも優先（自転車利用をクルマよりも優遇）	コペンハーゲン、ポートランドなど
⑥	唯一最重要の交通手段	交通手段として唯一、かつ最重要と位置づけ（自転車をクルマおよび公共交通よりも優遇）	ロンドン自転車革命2010

出典：各国、各都市の自転車計画などに基づき古倉作成。

転車利用者は、後ろからのクルマの圧力と脅威にさらされて、安全快適な走行を享受できない。一般の自転車利用者は、どうしても車道走行は避けて、歩道に逃げ込みたくなるようになる。また、④の「対等」であることも、何の支援もなしにはなかなか実現がしにくいものであり、我が国の現状のままでは、車道上で、自転車がクルマと対等に走行できるようには見えない。道路交通法でも、左側端を走行することになっており、左の端をクルマに遠慮しながら走行するというような位置づけである。米国なみの車道での自転車の積極的な法的位置づけやせめて車道空間を互いにシェアするべき旨の看板などの啓発も必要である。なお、米国の48州の道路交通法では、自転車は車道上でクルマと同等の権利を有し、義務を負うと明記されている。

このようなことから、自転車計画で、自転車が施策上でクルマと対等またはより上位であることを明確にしないと、車道での自転車走行空間の確保などのハード施策や自転車を優遇するソフト施策の実施などはおぼつかない。

(5) 自転車計画の策定自体のメリットも大きい

以上のメリットや位置づけをもとにして自転車施策を展開するには、自転車計画を策定して、そのなかでメリットや位置づけを明確に記述することが不可欠である。しかし、先述のように、そもそも自転車計画の策定は、あまりなされておらず、駐輪場の整備、自転車の交通安全対策など個別の自転車施策が、その課題に応じて、その都度実施されている。そのようななかでメリットや位置づけを明示する自転車計画を策定することにより、体系的総合的な自転車施策を効果的なものとすることができるのである。

自転車計画策定の意義をまとめると表8・8のように整理できる。

表8・8　自転車計画策定の意義

①クルマ依存型社会での自転車利用の有用性やありかたを市民や国民に考えてもらえる
②策定過程で、アンケート調査や策定委員会が開催され、また、市民参加を図ることで、市民に自転車に関心を持ってもらえる
③交通手段としての自転車のメリット、位置づけを明確にできる
④環境、福祉、健康、高齢者、子育て、災害、支出削減などの他の施策との関係や施策の位置づけを明確にするとともに、これらの施策での自転車活用を引き出す
⑤自転車施策自体の体系や内容を明確にでき、自転車施策の予算の確保、自転車走行空間の整備、利用促進のソフト施策などの実施の可能性を大きくする
⑥個々の自転車施策の実施の優劣や順番などの自転車施策間の関係を明確にできる
⑦自治体や国の自転車に対する取り組みの姿勢を総合的に示すことができる

出典：古倉整理。

5. 各論の施策にストーリーを持たせる

(1) 自転車の利用目的や課題ごとに体系を組む

　走行空間、駐輪空間などのハード施策およびルールとマナーの広報啓発などのソフト施策というような種類ごとの施策の取り上げ方は、行政の施策の種別であり、本来は自転車の利用目的や課題ごとの施策の体系にするべきであることはすでに述べた。たとえば、まず最初に走行空間の整備計画を定めることから始まる自転車計画があるが、その走行空間計画は、必ず自転車の利用目的や課題があるはずであり、これらを実現したり、解決したりするために、実施されるのが本来である。仮に、高校生の通学を支える目的の自転車利用および事故の多い空間の事故対策の課題解決を目ざす路線があるとする。これらの課題のために、高校生の自転車通学という目的に必要なハード施策・ソフト施策を体系化して組み立てる。そのなかに、通学に必要な路線、高校生に対する安全教育の講習、広報啓発などがあるはずである。これらを目的ごとにまとめて、計画を作ることがより戦略的である。

自転車事故対策としても、これに必要な専用空間の設定や改良などのハードの空間整備もあれば、現場の広報啓発、標識の設置、クルマに対するソフトの安全対策もある。各課題や目的に応じて、それごとに施策を組み立てて計画を構成して、わかりやすくする。その方がストーリー性があり、理解も得られやすい。

　そして、最後に、再整理して、走行空間、駐輪空間などの物理的形態別または担当部局別の施策ごとに横断的にまとめることである。たとえば、走行空間の整備は、課題ごとに必要な路線や整備手法などが異なるが、これらを一括してまとめて、図面や表にして、どの課題や目的の項目に該当するものか、整備の手法や内容は何か、整備の優先順位をどうするかなどのプログラムを含めて示すことができるようになる。各論の最初に自転車走行区間ネットワークの整備として目的や課題との対応が明らかにされないまま一括して図面が提示されても、一般の住民にはこれが何のためのものか理解がしにくいのである。

　具体的には、表8・9のような目的と課題があり、そのなかで日常的に利用の多い買い物目的と通勤目的について各論の体系をまとめると表8・10

表8・9　目的別および課題別の施策とハード・ソフト施策との関係の例

		ハード施策		ソフト施策		
	目的・課題の別	走行空間整備	駐輪空間整備	広報啓発	利用奨励策	その他
目的別	買い物目的	必要な路線	商店街・店舗	健康効果など	自転車優遇	事業者
	通勤目的	必要な路線	駅前・通勤先	同上	通勤手当など	企業
	通学目的	必要な路線	駅前・通学先	同上		学校
	観光目的	必要な路線	観光・回遊地		エコツアー	事業者
	その他目的	必要な路線	必要な空間	必要な啓発		
課題別	交通安全	危険箇所		広報誌と看板	ヘルメット	
	放置		放置箇所	広報誌と看板	利便駐輪場	
	ルールとマナー			広報誌と看板	講習会	事業者
	勾配	う回路			電動アシスト	
	雨	屋根付き路線	屋根付き駐輪	雨の日数割合	ポンチョ普及	
	その他課題	必要な路線	必要な箇所	必要な啓発	必要な奨励策	

出典：古倉整理。

表 8・10　買い物目的および通勤目的の場合の各論の施策

各論	小項目
1. 買い物目的の施策	①買い物に利用されるルートの走行空間整備、自転車買い物を奨励するために必要な新たなルートの設定・整備など
	②買い物に必要な駐輪空間施策（商店街の駐輪施策、など）
	③買い物利用の美容効果、健康効果の広報啓発
	④商業事業者による自転車利用優遇策（駐車券の代わりにポイント付与など）
	⑤商業事業者による買い物に来る人に対するルールとマナーの啓発
2. 通勤目的の施策	①通勤の人が利用するルートでの空間整備、自転車通勤を奨励するために必要な新たなルートの設定・整備など
	②企業や駅前での駐輪場の確保
	③企業との連携による健康効果の広報啓発など
	④通勤手当の支給、駐輪施設、シャワーなどの整備の奨励
	⑤企業内でルールとマナーの講習会

出典：古倉整理。

のようになる。

このように、目的別に施策を体系化し、そのストーリーをわかりやすくする。最後にこれらを通じて横断的にネットワークの整備、駐輪空間の整備など形態別の施策として整理して、実施プログラムを組むのである。もちろん、路線や施策項目が重複するものがあるが、これらを重ね合わせて形態別の施策としてもう一度全体を整理して、まとめることが適当である（豊橋市自転車活用推進計画ではこのように目的別の施策と形態別の施策の二段構成になっている。詳細は同計画を参照）。

(2) 自転車施策を地域に合った内容とする方法（アンケート調査など）

1 自転車利用者に目的ごとに必要な自転車施策を聴く

市民にアンケート調査をする際に、一般的に自転車を利用するための条件や施策の内容を聴くことがよく行われているが、できれば、利用目的に分けて、具体的な必要施策を聴くことも重要である。自転車利用に際して、利用目的ごとにその内容も異なるし、また、必要な施策の優先順位も異な

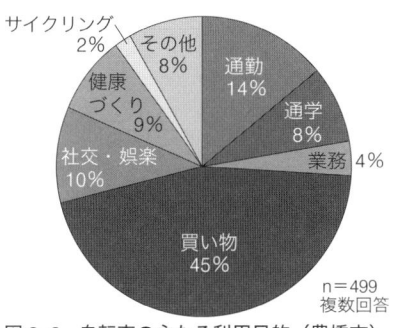

図8・6 自転車の主たる利用目的（豊橋市）
（出典：豊橋市の自転車利用に関する市民アンケート調査結果（2012年実施））

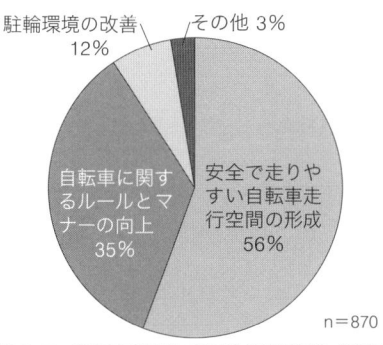

図8・7 自転車利用に必要な環境整備（豊橋市）（出典：図8・6と同じ）

るのである。

　具体的には、自転車利用者の利用目的、利用路線、改良点やこれをサポートするための環境や条件の整備について、可能なかぎり明らかにする（図8・6、8・7）。たとえば、通勤目的であれば、なるべく短時間で到着できる走行空間、買い物目的であれば、荷物も多いのでより安全な走行空間などである。これらにより、継続的な自転車利用のためには、どのようなサポートをするべきかを解明して、必要な施策に反映する。

2 クルマ利用者には、自転車への転換の可能性を明らかにする

　市民のクルマに対する依存心の強さを確かめることと、その依存心の理由や考え方を把握する（図8・8）。すべての移動がクルマでないといけないか、クルマの移動によるマイナス面などを具体的に認識しているかなどを啓発し、逆に生活習慣病の予防やこれに伴う医療費、ガソリン代、税金その他の維持費、渋滞災害時の活用の可能性などをしっかりととらえて訴えるなど、その関心のある項目に応じた転換策を具体のメリットにより、提示する。

　特にクルマの日常移動については、その目的、移動距離、クルマ利用の理由などの実態を明らかにする。これと併せて、自転車で行けそうな距離、

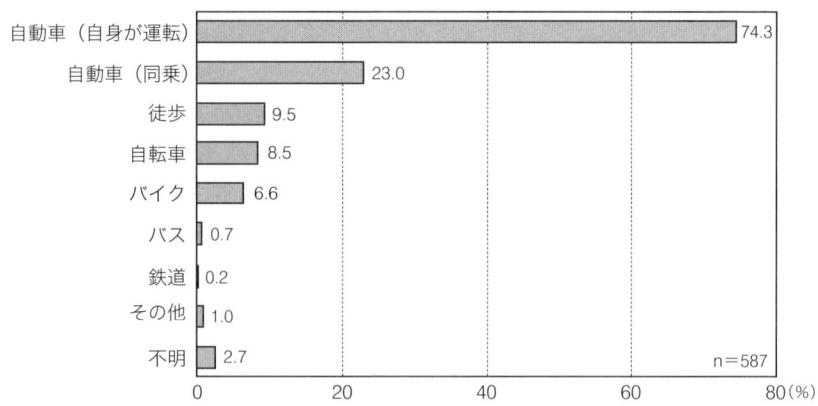

```
自動車（自身が運転）  74.3
自動車（同乗）       23.0
徒歩              9.5
自転車            8.5
バイク            6.6
バス             0.7
鉄道             0.2
その他            1.0
不明             2.7
                                    n=587
```

図8・8　食料品などの買い物に利用する交通手段（出典：(公財) 山梨総合研究所「南アルプス市公共交通のあり方調査アンケート報告書」2007年12月）

健康や病気予防、ガソリンの価格などに対する関心、自転車利用のための条件（自転車道などの空間のみならず、勾配のある地域や高齢者などに電動アシスト自転車など）を聞き、自転車利用の可能性を明らかにする。このようなデータに基づいた分析により、自転車利用への転換の可能性を客観的に把握し示す。可能であれば、具体的なメリットを数値で計算して、数値やデータを示す。そして、クルマの多くの移動では自転車の利用可能性があることを明確にして、近距離での移動に自転車をもっぱら利用することを薦めるなど、しっかりと自転車への転換の方向性を示すようにする。

(3) 観光、イベントも重要だが市民の日常の利用促進にも軸足を置く

　自転車施策の目的をどこに置くかにもよるが、もし、仮に、多様なメリットを市民が享受することを重視するなら、観光やイベントも大事だが市民自身の自転車利用促進（クルマからの転換）も忘れてはならない。

　もちろん、自転車の大きなメリットである観光促進や地域活性化のツールとして、割り切って自転車活用を考えることもありうる。しかし、市民にとっては、それらは自転車利用を間接的に考えるきっかけにはなるもの

の、直接的に、市民が健康になるわけではなく、また、ガソリン代・医療費が減るわけではないので、クルマから自転車などへの転換が進むわけではない。市民のためであれば、日常的な自転車利用目的を尊重すべきであり、併せて、イベントや観光目的の自転車を考えるべきである。

　ただし、第6章で紹介した奈良県自転車利用促進計画に示されているように観光を目的としているものの、観光利用が究極的には自転車利用を市民の間に根づかせる一過程であるという戦略はありうる。これは、単なる観光偏重ではない。ちなみに、この計画は「広域的な周遊観光を促し、県内における滞在型観光の拡大による観光振興や地域活性化を目ざすとともに、県民の健康増進や環境にやさしいまちづくり等を進めるため」策定されたと説明されている（同県ホームページ）。

（4）車道は危なそうだなどという感覚的な判断に引きずられない

　第1章では、歩道通行が自転車にとってきわめて危険であること、車道通行は左側通行のルールをしっかり守りクルマに自己の存在をアピールしていれば、安全であることを客観的なデータを示して縷々説明している。しかし、自転車計画を考える際には、どうしても車道が危なそうだという感覚で施策を組み立てる傾向があった。さすがに、ガイドラインが制定されてからは、そのような施策の組み立ては大きく後退しているが、意識の底には存在する。自転車とクルマが同じ空間を走行するのであるから、危険性がないではない。まったく事故がゼロであることは、だれも保証できない。しかし、第1章で明らかにしたように相対的にどちらの方が事故が少ないかという客観的な危険性をしっかり見ることが重要である。もちろん、車道でも危険な箇所は存在する。その場合は、その箇所を改良することやネットワーク対象から除外して別の安全なルートを選択するべきであって、全面的に車道を危険視するのは適当ではない。

(5) 最近の我が国の自転車計画の動きを長所短所を含めて参考にする

　自転車計画の策定状況は、統計的には第1節で述べたとおりであり、回答のあった市町村では、約1割程度にとどまっている。しかも、総合計画的なものはもっと少ないと思われる。そこで第1節のアンケート調査における全国の自治体の自転車施策や自転車計画での細目別の採用項目を整理すると表8·11のようなものになる。

　これによると、総論の項目を有する自治体はきわめて少ない。自転車の活用の目的（健康、環境など）を持つものでもわずか5.7％であり、もっとも重要と考えられる「位置づけ」に至っては3.4％である。これに対して、各論については、自転車の放置対策を実施している自治体がもっとも多く（78.1％）、次いで駐輪空間の整備（60.6％）であり、自転車の駐輪対策は全国で相当実施されている。また、これに次いで多いのが、課題別施策としての自転車のルールとマナー対策（27.5％）や安全対策（22.3％）というソフト面の対策である。これに対して、走行空間の整備は15.8％、さらに用途別施策はごくわずかである（1.1％）。このように駐輪対策や交通安全対策は多く採用されているが、直接の自転車利用促進策となるものはわずかであると言える。これらは、今後自転車計画などを検討するまたは再検討する際の参考になる。

　また、少ないとはいえ、地方公共団体では自転車計画の策定が特に最近盛んになってきている。自転車計画の策定の事例と特徴を整理すると表8·12のようなものがある。

　宇都宮市では、自転車のメリットを、健康、環境、快適、経済、交通安全の五つのK（頭文字）に効果があるものとし、チャレンジ目標として自転車の交通分担率20％の実現を目ざしている。また、北九州市では、自転車の交通分担率の目標値を大幅に引き上げ、これに向かって努力する計画となっている。金沢市は別に紹介するが、具体的かつ積極的に走行空間の設定を実施する計画である。それから、少し古くなるが、2007年に策定さ

表8・11　全国の自治体の自転車施策または自転車計画における採用項目

自転車施策または自転車計画に採用されている項目							割合%	団体数
1 総論	自転車活用の目的、位置づけ・目標	①目的	自転車の活用の目的				5.7	32
		②メリット	項目別の内容（自転車利用の大義名分）				2.3	13
		③位置づけ	自転車優遇、自動車・公共交通との関係				3.4	19
		④目標設定	自転車の交通分担率 走行空間延長など				1.2 0.9	75
2 各論	(1)用途別施策	①通勤	②買い物	③通学	④観光回遊	⑤営業業務など	1.1	6
	(2)空間別施策	①空間（インフラ）	走行空間 駐輪空間				15.8 60.6	89 340
		②手段（上物）	レンタサイクル 地図作成など				10.2 4.8	57 27
	(3)課題別施策	①自転車の放置対策					78.1	438
		②自転車の安全対策					22.3	125
		③自転車ルールとマナー対策					27.5	145
		④雨などの天候、勾配（電動アシスト普及）対策など					—	—

出典：前著『成功する自転車まちづくり』p.218に示した施策構成に基づき古倉整理。数値は（公財）自転車駐車場整備センター「自転車駐車施策に関するアンケート調査」（2011年、回収率561/1067＝52.6%）に基づき古倉作成。

表8・12　自転車計画の国内事例

	計画	総論の特徴	各論の施策内容
1	宇都宮市 （2010年から10年間）	メリットを5K（健康、環境、快適、経済、交通安全）、チャレンジ目標値（分担率20%、満足度50%）	①施策の4本柱（安全・快適・楽しく・健康とエコに使える）、②延長25.4 km、③自転車の駅、マップ、宮サイクルステーション、通勤など
2	北九州市 （2012年から10年間）	目標値（分担率7.5→20%、自転車事故10万トリップに1回に削減）、メリット数値提示、自転車アカデミー、自転車プラザ（シャワーなど）	①ハード施策（走行空間ネットワーク、駐輪空間、公共交通との連携、走行駐輪ネットワークなど）、②ソフト施策（教育、通勤、健康、ライフスタイルの利用促進）
3	金沢市まちなか自転車利用環境向上計画 （2011年）	目標値・メリットなどの総論はないが、利用環境計画（走行・駐輪）のハード・ソフト施策にすぐれる。	①走行空間と駐輪空間、さらにコミュニティサイクルをメインにして、②ルールとマナーが付け加えられている。総合計画ではない。
4	エコサイクルシティ計画安城 （2007年～2014年）	総合計画として必要な項目が多く含まれている。目標値：自転車分担率19→24（2010年）→30%（2014年）。他施策との連携。	①空間づくり（走行・駐輪）、②意識づくり（気づく、守る）、③仕組みづくり（使う、変わる）、市民・事業者・行政の推進体制、通勤奨励、模範的な計画

出典：各市の計画に基づき古倉整理。

れた安城市の自転車計画は、当時の我が国では先進的な体系や内容を備えている。

(6) 総論と管理面が重要

　以上を含めて、最近の自転車計画の内容などを踏まえると、表8・13のような検討の際のポイントが整理できる。検討の際のチェック項目として参考にされたい。計画の項目として、特に目新しいものは、④の管理である。走行空間の管理を行政が力を入れて継続して実施していることが目に見えることは、自転車利用者にとっても、クルマ利用者にとっても、自転車利用の持続または自転車への転換の大きな契機である。

　また、総論は抽象的なものや各論にリンクしていないようなものはあまり意味がなく、具体的な目標値など実質的に各論を導き出すようなものを期待したい。

表8・13　自転車計画検討の際のポイント

①	総論	自転車のメリットの具体的詳細な提示、位置づけの明確化（近距離では施策上優遇するなど）、目標値の設定などによる、各論施策とのリンク
②	ハード	走行空間のネットワークによる整備と走行空間の機能別の分類（主要幹線道、補助幹線道、地域道など）、車道上および交差点での空間の確保
③	ソフト	自転車走行の優先または配慮のための施策、情報化（信号制御、GPSなど）、対象者別の施策（高齢者、子ども、歩行者、自転車どうし、ドライバーなど）を策定
④	管理	整備だけではなく、管理も重視（除雪、清掃、舗装、照明など）
⑤	他の主体	市民・事業者および庁内組織との連携・分担
⑥	他の施策	自転車施策の他の施策（公共交通施策、健康、観光、子育てなどの各施策）での活用

出典：古倉整理。

❻ 自転車走行空間の施策からより総合性のある施策へ

(1) 自転車施策はより幅の広い方向へ

　自転車政策は、今後、現在の狭い範囲の政策から、より幅広い施策へと拡大することが必要である。その必要な方向性を次にあげる。
　　①走行空間中心から総合的な政策へ
　　②地方施策中心から国の施策へ
　　③公共交通中心から自転車を重視した交通政策へ
　①は、走行空間に重点のあるガイドラインができたので、従来以上に、走行空間が中心の自転車計画が多く策定されつつある。自転車の走行空間の整備は各論の施策の一つであり、これを含んだ総合的な政策を推進することが効果的かつ継続的な自転車利用の推進に寄与する。
　②は、自転車施策がいまだ地方に定着していない現状を見ると、地方分権の世の中だからといって、国は後ろに引いて、自転車政策を地方に投げ出さない方がよい。国が自転車のメリット、位置づけや方向性、施策のメニュー、施策の方法などをしっかりと示した国の自転車計画を策定していく必要がある。地方分権の進んだ先進国ですら、自転車政策はまず国が責任を持って計画を策定し、自転車政策の基本を示したうえで地方を先導している。
　③は、公共交通が中心の交通政策も大切だが、これに偏りすぎている。交通政策基本法が制定されたが、同法にあるように環境負荷低減でもっとも効果のある手段は自転車であり、また、交通の適切な役割分担にも大きく寄与できる。公共交通に偏ることなく、自転車を重要な交通手段として交通政策で位置づけ、他の交通手段との優劣を明示すること、自転車政策が単独で存在するのではなく、自転車と公共交通が連携するなど交通政策のなかでしっかりとした位置づけを持つことが必要である。

(2) 国の最新の動きを活用する独創的な自転車施策の展開を

　以上のような流れを十分に把握して、理解し、咀嚼し、これを活用することが重要である。

　政府のガイドラインは、ソフト施策をも提唱しており、ハード施策のみのガイドラインではない。自転車ネットワーク計画を含めた総合的な自転車計画の策定を考えることが重要である。

　この場合に、ソフト面の施策を付け足しのような位置づけにするべきではない。また、これらのハード・ソフト施策両面の各論に加えて、総論として自転車の位置づけや目標を具体的に設定して、これに基づいて、明確なニーズや課題にしっかりと対応した自転車ネットワークを計画し、加えて駐輪空間や安全教育、用途別や課題別の施策などを体系化した自転車計画を策定することが望ましいと考える。何年もかけて自転車利用促進のために施策を講ずるわけであるから、走行空間に重点がかかりすぎた各論偏重の計画ではなく、総論とソフト施策を含めた総合的なバランスのよい計画が、自転車の利用を真の意味で支え、推進することになる。

第9章 国交省・警察庁のガイドラインとネットワークの作り方

1. ガイドライン策定の効果

　国交省の「2013年度自転車ネットワーク計画の策定状況に関する調査結果」によれば、2012年度から計画検討が進捗した67市区町村の約半数 (48%) は、ガイドラインの発出が契機となっていると回答しており、国交省・警察庁のガイドラインの策定そのものがネットワーク計画の策定を促したと解釈できる。また、ガイドラインで参考になった部分としては、全体として計画・設計手法が示されたとするものが16件、具体の整備形態が示されたとするものが14件、計画策定の必要性が示されたとするものが8

項目	件数
自転車通行空間の計画・設計手法（全般）が示された	16
具体の整備形態が示された（自動車速度・交通量の目安、空間的制約の対処等）	14
自転車ネットワーク計画策定の必要性が示された	8
路線の選定方法が示された	4
その他	3

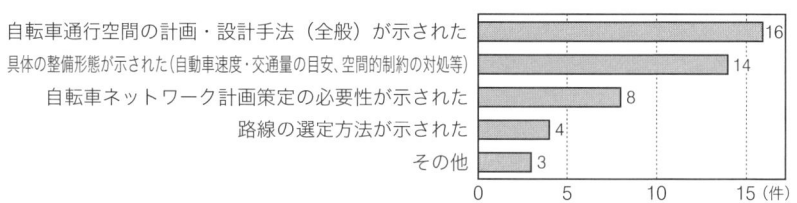

図9・1　ガイドラインが参考になった部分　(出典:国交省「2013年度自転車ネットワーク計画の策定状況に関する調査結果」に基づき古倉整理。全国1738市区町村（東京電力福島第1原子力発電所事故により2013年4月現在で警戒区域に指定されていた市区町村を除く全国の市区町村を対象))

件などとなっており、さまざまな形で影響を与えていることがわかる。今後これらをより進展させることが必要である（図9・1）。

❷. ネットワークの創出のポイント

（1）自転車走行空間をネットワークで作る

　今まで単発で一つの路線の限られた区間のみに整備してきた自転車空間を、ネットワークで整備することにしたことは大きな意義があることは第2章で指摘したとおりである。このガイドラインにおけるネットワークの計画の策定の方法は具体的である。さらに、ネットワークに含まれる個々の路線の通行空間の整備の仕方も、歩道上での整備が原則なくなり、代わりに、車道で自転車とクルマが同じ空間をシェアする混在型が選択肢に入った。自転車事故の大半を占める交差点での扱いも、徹底して走行空間を車道に求めるようにして、矢羽根印などの法定外表示と自転車横断帯の撤去により、安全を確保するようにしている。これで、我が国にもようやく欧米並みの安全快適な自転車走行区間のネットワークが本格的に整備されることとなったと言える。

　自転車走行空間の整備を行おうとする自治体は、このガイドラインに基づいたネットワーク計画を作成し、このなかで、ネットワークを構成する路線ごとにガイドラインの基準に基づき整備手法（自転車道、自転車専用通行帯（レーン）または混在の別）を設定することで、ガイドラインに基づいた空間整備が実践されることになる。これを契機にして、今まで自転車ネットワーク計画が策定されていなかったり、検討すらなされていない自治体においても、単発ではなく相互につながったネットワークによる走行空間の整備の推進が図られる気運が高まっている。

(2) ネットワーク路線の選定の方法

　まず、ネットワーク路線は、表9・1の種類の欄に該当する路線を適宜組み合わせることとされている（ガイドライン p. I-7）。

　ここで、①〜③は、現実の課題やニーズに対応する路線、④は新規のニーズに対応する路線、⑤は既存の専用空間をなぞる路線、⑥はその他ネットワークをつなぐ路線であると言える。これらは、課題やニーズへ対応するというものが中心となっており、これらのうちから適宜組み合わせて選定するものとされている。

　ここで、①〜⑥の選定は、実施主体に任せられているので、ややもすると、可能なかぎり多くの項目に該当する路線を選定し、総花的な選択になりがちになると思われる。また、都市内の自転車空間のネットワークは、可能なかぎり粗密がないようまんべんなく設定したいと考えるのが、通常であろうと思われるからである。しかし、目的や課題を明確にして、これに必要な箇所に設ければよいのであるから、均一レベルの空間提供のための密度を重視するか、目的や課題を重視して、必要なものに限定するかは判断が分かれる。

表9・1　自転車ネットワーク路線の選定

種類	要点
①地域内における自転車利用の主要路線としての役割を担う、公共交通施設、学校、地域の核となる商業施設およびスポーツ関連施設などの大規模集客施設、主な居住地区などを結ぶ路線	主要施設、居住地区などを結ぶ路線
②自転車と歩行者の錯綜や自転車関連の事故が多い路線の安全性を向上させるため、自転車通行空間を確保する路線	安全性の向上のための路線
③地域の課題やニーズに応じて自転車の利用を促進する路線	課題やニーズのある路線
④自転車の利用増加が見込める、沿道で新たに施設立地が予定されている路線	新たに需要増の見込める路線
⑤すでに自転車の通行空間（自転車道、自転車専用通行帯（レーン）、自転車専用道路）が整備されている路線	既存の通行空間のある路線
⑥その他自転車ネットワークの連続性を確保するために必要な路線	連続性確保のための路線

出典：ガイドラインなどに基づき古倉整理。

(3) 自転車の位置づけや利用目的を十分に明確にする

　しかし、このネットワーク計画は、その都市において、自転車利用の方向性、用途などをどのように考えるのかという重要な点を考えないと、入れ物を作って、魂を入れないものとなる。通勤・通学での自転車活用によるエコで健康なまちを作ることでもよいし、利用目的では自転車による買い物が一番多いため、買い物利用での自転車利用を促進して中心市街地の活性化を図るためのネットワークを整備することでもよい。最初にネットワーク計画ありきではなく、自転車ネットワーク計画を立てる前に、まず、この都市での自転車利用をどのようにしたいのかを具体的に検討し、この自転車ネットワークに持たせる役割などの位置づけを明確にするべきである。

　なお、そのネットワークの利用目的は二の次で、とにかく自転車利用が盛んに行われている路線を選択するというネットワーク計画がある。これも結構ではあるが、現状追随型になり、何のためにネットワークを作るかという利用目的があいまいになる。自転車利用が多い路線に必ずそこを通る自転車の利用目的があるはずであり、その目的のためのネットワークの形成がなされて初めて、意味のある自転車利用が推進される。たまたま同じ路線に複数の目的の利用が重なっていることもあるが、それぞれの目的ごとに目的地やその後の走行空間が異なる。どのような自転車によるまちづくりを進めたいかが、このネットワーク形成の目的や路線選択を左右する。とにかく自転車利用が多い路線をカバーして利用促進を図りたいというのは物理的な収容空間という入れ物を作るだけになってしまうのである。

(4) 走行空間のネットワークは最初からあまり欲張らない

　最初から多くの目的を持った空間整備をネットワーク整備として取り込むと、壮大なネットワーク形成となるとともに、これに合わせた利用促進のためのソフト施策も多くの目的に合わせた多種多様なものを用意する必

要があるので焦点がぼけたものになり、結局は全体としてストーリー性のない総花的なものとなる。

　利用用途や課題に焦点を合わせて、目標やストーリーのある自転車走行の路線を選定して、段階的に徐々に拡大していくことが適当であると考える。2011年に着手された奈良県の自転車ネットワークは観光を目的に、これに必要な路線に限定して取り込んで、3カ年で標識と路面表示の整備を進めている。これと併せて、おもてなしなどの官民の連携の観光目的のソフト施策をセットで講じている。この観光ネットワークの整備後は、通勤・通学や買い物など市民の日常の利用のためのネットワークを検討して、この観光のためのネットワークでカバーしていない必要な路線を新たに選定して、この観光ネットワークに加えることにより、他の用途のネットワークにも活用できるというプログラムが検討されている。

　このような、戦略的に項目を絞りながら、その項目に合わせた路線を選定して自転車ネットワーク形成を進め、これが完成したら、さらに計画的に次の利用用途や課題に対応する路線に拡大していくのが、効果的な自転車計画である。なお、外国の例では、米国のポートランド市には、質のレベルごとに3段階（通常のネットワークレベル、低ストレスのネットワークレベルおよび世界的なネットワークレベル）に分けた自転車ネットワーク計画をプログラム的に年度に分けて整備する戦略性を持った計画がある。

　また、「豊橋市自転車活用推進計画」では、通勤・通学や買い物の各用途のネットワークを考えて、順次それぞれを整備していき、最終的に全体のネットワークが構成される仕組みとなっている。

(5) 総合的な自転車計画が必要

　ガイドラインには、「Ⅲ 利用ルールの徹底」および「Ⅳ 自転車利用の総合的な取組」という部分があることは先述のとおりである。

　前者のⅢでは、自転車通行環境の整備と併せて、取り組むべき利用ルー

ルの徹底方策を示すとともに、後者のⅣでは、安全で快適な自転車の利用環境を創出するための「自転車通行空間の効果的利用への取組」(駐停車・荷さばき車両対策および放置自転車対策)と「自転車の利用促進」(自転車マップ、サイクルアンドライドなどの自転車利用促進策)を提示している。これらはガイドラインに基づくネットワーク整備とセットで検討すべきものを示しているが、このメニューを含めてさらにそれ以外の施策が一体となった各種ソフト施策がバランスよく組み込まれた自転車計画が同時にまたは並行して策定されることが望ましい。

　自転車計画は、その都市の買い物、通勤などの現実の利用用途を勘案し、自転車の位置づけ、利用目標の設定、その利用用途のために必要となる走行空間の整備(ハード施策)やその利用用途を推進するソフト施策を体系的にパックで組み合わせて推進することでストーリー性も生まれ、住民にわかりやすいものとなるのである。

3. ネットワーク計画の最前線

(1) 千葉市の「ちばチャリ・すいすいプラン」

　このガイドラインの策定前から、また、策定されてからも、これに基づきネットワーク計画の策定や具体の路線での社会実験などが各地で行われている。

　表9・2のネットワーク計画の例示では、ネットワークの延長が記載されているが、延長が長いこととともに、その整備の考え方や方針、これに基づくネットワークの内容などを総合的に評価すべきである。特に、ガイドラインに基づき、今後の自転車走行空間を適切に配置し、自転車利用者の安全・快適な走行空間を確保し、自転車利用を促進することが、そのネッ

表 9·2　本文や資料などに延長記載のある都市内のネットワーク計画の例

ネットワーク計画名称	ネットワーク延長	目標年次
静岡市自転車道ネットワーク整備計画（2009 年 3 月）	293.9 km	2024 年度
奈良県自転車利用促進計画（2010 年 12 月）	593.0 km	2014 年度
東京都自転車走行空間整備推進計画（2012 年 10 月）	221.0 km	2020 年度
松山市自転車ネットワーク計画（2013 年 8 月）	43.8 km	一部の路線についておおむね 5 年
ちばチャリ・すいすいプラン（2013 年 8 月）	331.4 km	おおむね 30 年後

出典：各計画および奈良県における広域的な自転車利用ネットワーク路線概要資料など。
注 1：松山市は計画の p. 28 での自転車道（4.0 km）、自転車専用通行帯（1.1 km）、混在（38.1 km）および未定（0.6 km）の合計である。
注 2：その他、宇都宮市自転車のまち推進計画（2010 年 12 月）で 2015 年までに 26.4 km のネットワークを整備するなどさまざまな計画での記述があるが、これらは、ネットワーク計画ではなく、自転車の総合計画のなかでの一部であるので、表からは除外している。

表 9·3　ちばチャリ・すいすいプランの整備形態

整備形態	自転車専用通行帯	車道混在	自転車道	現道活用	計
計画延長	207.0 km	38.3 km	53.5 km	32.6 km	331.4 km

出典：千葉市「ちばチャリ・すいすいプラン」2013 年 8 月。

トワーク空間の評価を左右する。

そのなかで、2013 年 8 月に策定された総延長 331.4 km の千葉市の自転車ネットワーク計画の特徴について述べる。これには六つの特徴があると言える。

1 車道上の専用空間主体の計画延長が長いこと

第 1 の特徴は、専用空間が中心の長い計画延長である。自転車専用通行帯（レーン）207.0 km を主体とした 331.4 km の自転車ネットワークを構築する計画であることである（表 9·3）。

奈良県が 593 km の主として観光目的のネットワークを構築しているが、

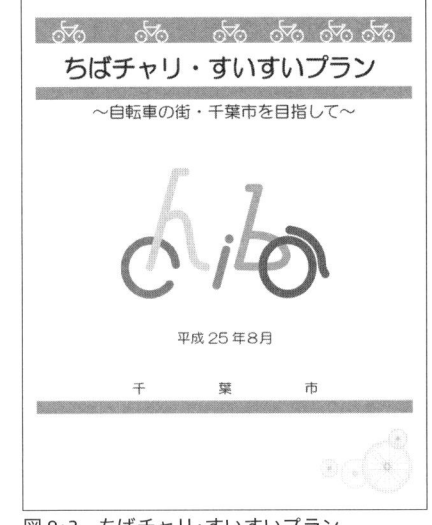

図 9·2　ちばチャリ・すいすいプラン
（出典：表 9·3 と同じ）

これは、現道活用型で、主として標識や路面表示により、県土全体のネットワークを構築するものであり、自転車専用通行帯や自転車道などの専用空間が主体のものではない。千葉市のような都市内での長い延長をネットワークで構築するのは、我が国では初めてのことである。なお、静岡市が今回のガイドラインが出される前の2009年に策定したネットワーク計画は、歩道上の整備形態も選択肢に含まれて総延長293.9 kmとなっているが、千葉市のものは、自転車の車道上の専用空間の比率がきわめて高い。

2 長期の計画であること

　第2の特徴は、おおむね30年後の長期を目ざした計画であることである。このような長期の計画は、諸外国では見かけるが、我が国ではあまり例がない。これは、ネットワークが壮大であることもあるが、やはり、可能なかぎり長期的な展望に立って、全体を見ながら、計画の実現を図るためと考えられ、このような期間の設定も好ましい。

　長期間にかけて絶えず自転車走行空間の整備を実施していくと、だんだんと走行空間の改良が進むことを市民が目の当たりにすることで、自転車施策に対する一般の関心も継続することになるうえ、行政も自転車利用促進策の息の長い取り組みに当たることになる。自転車施策は、クルマ社会では継続性が特に重要であるが、計画内容が短期に実現すると、後の施策の管理がなかなか行われなくなる傾向もある。ただし、長期間の実施の場合は、実際上は、期間を分けて実施するプログラム計画が必要である。

3 ネットワークの階層化が図られている

　第3の特徴は、330 kmのネットワークは次の三つの機能で構成されていることである。

　　①市域間・市内各区を連絡する「広域ネットワーク路線」：約120 km
　　②生活機能拠点にアクセスする「拠点ネットワーク路線」：約110 km
　　③上記路線を補完する「地域ネットワーク路線」：約100 km

これは12章で紹介するポートランドの段階構成と似ているが、ポートランドのような自転車地区という面的な自転車優先地区はないこと、次に示すように、自転車専用通行帯や混在など物理的な形態別の分類の計画延長は示されているが、広域、拠点などの機能別延長は示されていないなど、どうしても機能別よりも形態別の整備に重点が置かれているように見える。

④ 各路線について具体的な整備手法が明らかにされていること

　第4に、表9・4のようにガイドラインに沿った整備形態が具体的に示されている。計画のなかに、ネットワーク対象路線ごとに自転車専用通行帯、自転車道および混在または現道活用の別の整備形態が示されている。

　また、その実施時期も、短期（1〜5年）、中期（6〜10年）または長期（10〜20年後）の別が明らかとなっている。また、千葉市以外の管理主体のものも含んで表示されており、走行空間としては、管理主体を問わず総合的なネットワークの形成を内容としていることがわかる。

　このように30年後を目ざした長期的な計画でありながら、きわめて具体的な内容が定められている。整備計画ではまず、14年度から5年程度をかけて、自転車専用通行帯30 km、車道混在10 kmをそれぞれ整備し、その後約5年かけて、これら2種類の路線を30 km延長する。これで、既存の自転車専用通行帯などを含め、合計で約100 kmを整備することとなる。車道と柵や縁石で区切る「自転車道」は、構造物の設置や用地買収が必要な場合もあるため、14年度から10年間は整備しないこととなっている。

⑤ 目標の密度と指標達成の評価方法

　第5に、このネットワークができ上がる場合のネットワークの密度が示されている。これにより、「都心部でおおむね5分以内、郊外部おおむね10分以内に自転車ネットワーク路線にアクセスが可能となる」とされている。具体的には、市街地でおおむね1〜2 kmメッシュ、郊外部でおおむね3〜4 kmメッシュの自転車ネットワークが構成されることとなる[*1]。

表 9・4　千葉市のネットワーク計画での整備形態および実施時期（短期、中期および長期の別）

区	路線名	区間延長(km)	計画区分	整備計画（整備形態・整備時期）※整備形態の詳細については、別途協議後決定			道路管理者
				短期(1~5年)2014~2018年度	中期(5~10年)2019~2023年度	長期(10~30年後)	
中央区	新町若松町線（千葉駅~地下道入口）	0.2	長期	－	－	自転車専用通行帯	千葉市
中央区	新町若松町線（地下道入口~高品）	1.4	長期	－	－	自転車専用通行帯	千葉市
若葉区	新町若松町線（高品~R16）	1.0	短期	混在	－	自転車専用通行帯	千葉市
若葉区	新町若松町線（R16~都賀大草線）	1.5	短期	混在	－	自転車専用通行帯	千葉市
中央区	寒川町1号線	0.5	長期	－	－	自転車専用通行帯	千葉市
中央区	千葉大網線　市場町4号線　外	0.9	長期	－	－	自転車専用通行帯	千葉市
中央区	国道126号(直轄)(中央2丁目~広小路交差点)	0.3	－	－	－	自転車専用通行帯	国交省
中央区	国道126号（市）（広小路~区境）	1.6	長期	－	混在	－	千葉市
稲毛区	国道126号（市）（区境~穴川犢橋線）	1.5	長期	－	混在	－	千葉市
稲毛区	穴川犢橋町線（R126~R126）	0.2	長期	－	－	自転車専用通行帯	千葉市
稲毛区	穴川犢橋町線（R126~柏台小前）	1.2	短期	自転車専用通行帯	－	－	千葉市
稲毛区	穴川犢橋町線（柏台小前~宮長橋）	0.5	短期	混在	－	自転車専用通行帯	千葉市
中央区	磯辺茂呂町線（区境大網街道~区堺：浜四）	1.2	長期	－	自然道活用	自転車道	千葉市
緑区	磯辺茂呂町線（区境：浜四~行政境）	3.2	長期	－	－	自転車道	千葉市
稲毛区	新港穴川線（新横副道）	2.0	(済)	自転車専用通行帯済	－	－	千葉市
稲毛区	新港穴川線・R126（市管理区間）	0.8	長期	－	－	自転車専用通行帯	千葉市
稲毛区	国道16号（直轄）（稲毛区区間）	3.8	－	－	－	自転車道	国交省
花見川区	国道16号（直轄）（花見川区区間）	4.3	－	－	－	自転車道	国交省
花見川区	国道14号（直轄）（花見川区区間）	4.7	－	－	－	自転車道	国交省
稲毛区	国道14号（直轄）（稲毛区区間）	3.1	－	国交省幅広路肩	－	自転車道	国交省
中央区	国道14号(直轄)(中央区：~本千葉停車場線)	2.4	－	国交省幅広路肩	－	自転車道	国交省
中央区	国道14号（直轄）（本千葉停車場線以南）	6.5	－	－	－	自転車道	国交省
若葉区	国道51号（直轄）	1.6	－	国交省幅広路肩	－	自転車道	国交省
若葉区	国道51号（直轄）	2.9	－	－	－	自転車道	国交省
緑区	千葉外房有料道路（市外含む全線）	14.3	－	－	－	自転車道	千葉県
	計	120.7					
短期路線		10.3					
中期路線		12.5					
長期路線		35.6					
千葉市管理道路以外		60.3					

出典：「ちばチャリ・すいすいプラン」pp. 31-32。

表9・5　ちばチャリ・すいすいプランの指標と評価方法

指標	評価方法
①整備延長	整備率による評価
②自転車に関係する事故件数の減少	整備前後の事故件数による評価
③歩行者・自転車利用者の安心感の向上	アンケート調査による評価
④自転車の利用促進	整備前後の自転車交通量による評価

出典：「ちばチャリ・すいすいプラン」p. 13。

　また、指標達成の評価については、最近の自転車計画ではよく行われるようになってきたが、表9・5の四つの指標により評価することとされ、ネットワークの形成の効果が数字的に評価できるようにしている。

　ただし、可能であれば、自転車の交通分担率を設定できればよいが、そのデータが目標年次などとの関係でなかなか調査されないため、結果が得られないことがネックとなっている。

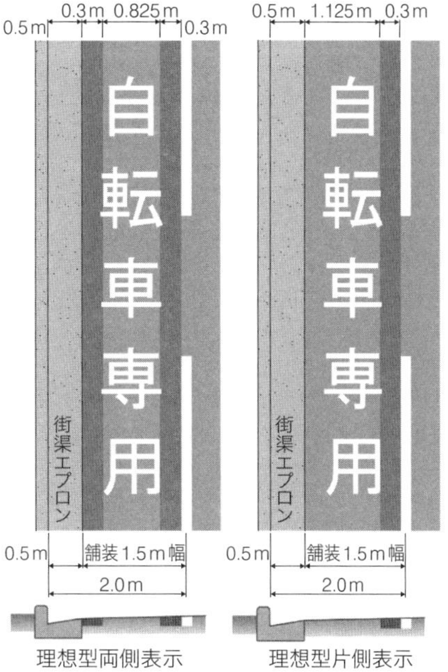

図9・3　自転車専用通行帯の路面表示
(出典：「ちばチャリ・すいすいプラン」4-1 整備手法)

⑥ 自転車利用者に配慮した自転車専用通行帯と混在区間

　第6に、特徴的な整備形態では、専用区間について、自転車専用通行帯の幅を十分に確保するようにしている。これは、「自転車の走行速度は、人によって差が大きいことから、自転車専用通行帯内での追い越しを加味する必要があるとともに、クルマ交通からの威圧感軽減のため、理想型として2.0mの幅員（街渠エプロン含む）」とするものとされている（図9・3）。高齢者などの自転車専用通行帯の走行なども考えた場合にも理想的である。

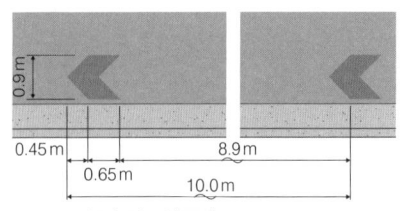

図9・4　混在型の路面表示
(出典:「ちばチャリ・すいすいプラン」p. 19)

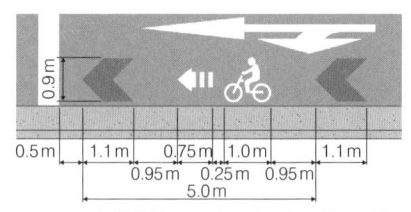

図9・5　交差点前における矢羽根の設置間隔
(出典:「ちばチャリ・すいすいプラン」p. 20)

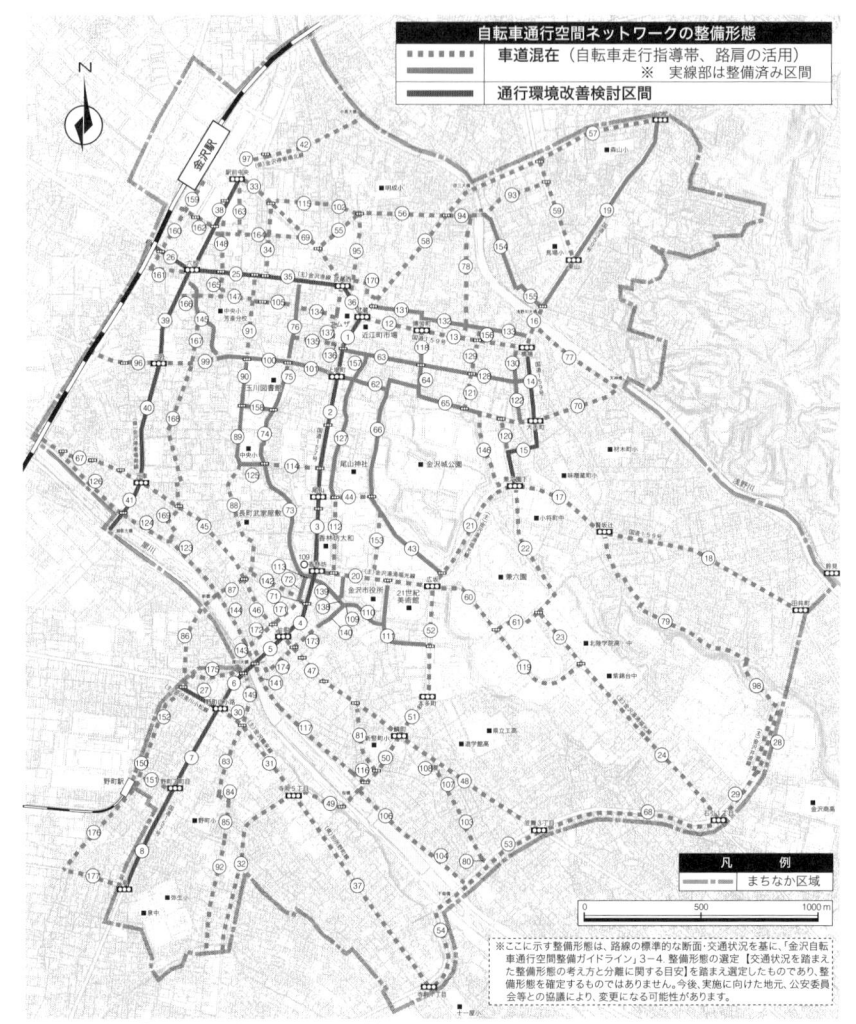

図9・6　金沢市なちなかネットワークの地図　(出典:金沢市まちなか 自転車利用環境向上計画 p. 55)

世界の先進都市の自転車専用通行帯（コペンハーゲンなど）レベルの幅員である。ただし、予算、用地などの制約があり、最小の 1.0 m の場合もある。

次に、混在区間では、矢羽根印を幅 90 cm とし、10 m ごとに設けることや、交差点手前や交差点ではそれぞれ、適当な間隔での設置を行うこととし、自転車の安全快適な走行をサポートすることとしている（図 9・4、9・5）。

（2）金沢の裏道活用ネットワーク

城下町のように狭い道路しかないところでは、幹線道路のみを頼りにしてネットワークを形成することは難しい。金沢市では、まちなか自転車ネットワークとして、幹線道路を補完する裏道を積極的にネットワークに取り込んで、全体のネットワーク計画が策定されている。自転車ネットワークは何も幹線道路上のみで構成するものではない。裏道の安全性・快適性を評価して、積極的にこれを取り込み、ネットワークとして構成する努力も必要である（図 9・6）。

この金沢市のまちなかネットワークで重要な点は、次の諸点である。

1 裏道のネットワークはきわめて狭い空間に路面表示で設定

裏道のネットワークがきわめて斬新である。裏道は通常は幅員が狭く、また、交差点も見通しが悪い。しかし、クルマとの共存関係を明確にすれば、十分に活用可能であることがポイントである（図 9・7〜9・10）。

たとえば総幅員 6.6 m の場合は、図のように歩行者空間を 1.0 m および自転車空間（指導帯）を 0.6 m とするなどである。

2 適切な路面表示と速度規制・駐車禁止措置を併用

裏道はクルマとの混在にはぎりぎりの空間であるが、速度規制を 20〜30 km/h、駐車禁止として、安全を確保するようにしている。また、路面に自転車のマークを設け、さらに、クルマが無理な追越をしないような指導

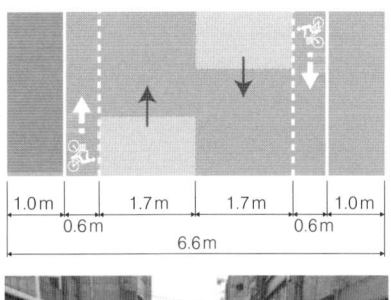

図9・7　幅員6.6 m の双方向通行

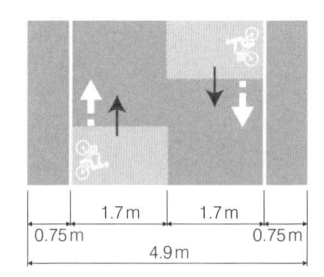

図9・8　幅員4.9 m の双方向通行

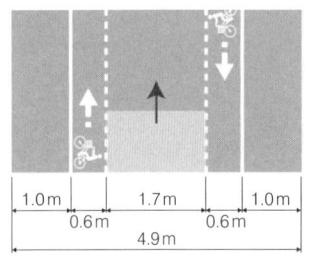

図9・9　幅員4.9 m の一方通行

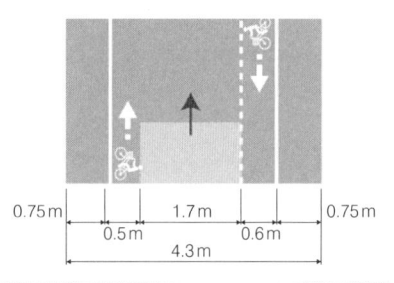

図9・10　幅員4.3 m の一方通行

(図9・7〜図9・10まで　出典：金沢市まちなかネットワーク計画 pp. 65 - 68)

226

図9・11　左側通行するように路面表示

図9・12　クルマに自転車を追越さないよう警告する路面表示。手前には大きな黄色の×印が描かれている。

図9・13　交差点の出会い頭防止

のマークがあり、かつ、脇道との交差点には出会い頭事故を避けるための路面上のマークがしっかりと設けられている（図9・11〜9・13）。

　自転車で実際に走行してみても、クルマの速度も遅く、特に危険を感じることはない。このような表示に守られているという安心感がある。

3 信号機のある交差点での前出し停止線

　また、信号機のある交差点では、

図9・14　交差点の信号確認と前出し停止線
（図9・11〜図9・14まで　古倉撮影）

第9章　国交省・警察庁のガイドラインとネットワークの作り方　227

信号確認の指導と自転車専用通行帯（レーン）ではないが、停止線の前出しがなされている点も特徴的である（図9・14）。

※

　以上のようなネットワーク形成と安全向上の措置を講ずることにより、金沢市の自転車の交通量は目に見えて増加し、逆に事故は顕著に減少している（金沢市の全交通事故件数に占める自転車事故の件数は2008年の20.4％から2012年の14.5％に減少している）。このように裏道の速度規制と駐車禁止、さらに前出し停止線などにより、狭い幅員を活用する方策を講じて、安全なネットワークを構成しているのである。

④ ガイドラインと自転車ネットワークの課題

(1) ネットワーク拡大の課題と今後の方向

　国の画期的なガイドラインについて、さらに長期的には、表9・6のような自治体の中での広範囲なネットワークへの拡大や自治体の範囲を超えた都市全域、都市間、さらに全国ネットワークの形成戦略が必要である。さらに、ガイドラインではカバーされていない自転車施策の部分について、必要な点を提示したい。

　第1に、新しいネットワークを形成する路線のみに適用があることになっているが、それ以外の路線についても、その内容は可能なかぎり適用があるべきである。ネットワーク計画を策定した都市の中で、この計画の対象とする路線とそうでない路線で、自転車走行空間の内容が異なることは、自転車利用者のみならず、クルマ利用者にとっても、混乱するもとである。道路利用者は、ネットワーク計画の対象路線かどうかは、明確な路線表示がなされないかぎりわからない。このため、ネットワーク計画の対

象外の路線でも新設、改良などが行われる場合はもちろん、そうでない場合も、可能なかぎり歩道上の通行空間の利用を控えて車道での走行をするような路面表示や啓発をするなど、ガイドラインの原則が全体的に普及するような努力が必要である（ガイドラインにもネットワーク路線対象外にもできるだけ参考にするとあるが、もっと積極的に検討すべきである）。

第2に、ガイドラインは都市単位での都市内ネットワーク形成を図るものであるが、その枠を超えて、広域的なものとすべきである。

第3に、ガイドラインによる空間形成を円滑に図るためには、自転車のクルマより優位な位置づけをどうしても必要とする。総論などでドライバーと共有することができるような具体のメリットを示して、車道での位置づけに対する理解を得ることにより、これを前提にした空間の整備と走行を確保すべきである。

第4に、国が車道を原則にしたガイドラインを示した以上、車道走行の安全性を国が責任を持って提示することが必要である。車道走行は相対的

表9·6　ガイドラインによるネットワーク拡大の課題と今後の方向

1	ネットワーク計画に含まれない路線への適用	ガイドラインは、ネットワーク計画を策定した対象路線に適用されるが、それ以外は適用がない。しかし、対象路線以外が歩道走行中心だと同じまちの中で取り扱いが異なることになる。できるだけ、参考にするとのことであるが、今後の課題。
2	都市内ネットから全国ネットワークへ	都市内のクローズなネットワークから、都市全域、都市間および全国のネットワークの形成が課題
3	自転車のクルマよりも優位な位置づけ	ガイドラインによる原則車道での空間形成では、自転車はどうしても車道上では劣位になるので、メリットをドライバーと共有して、車道でのしっかりした位置づけ必要が課題
4	車道走行の安全性の提示	地方では車道走行に躊躇する傾向がある。安全性をしっかりと責任を持って国が提示することが課題
5	走行空間とセットの駐輪空間提供	走行空間のみが自転車利用環境整備ではない。世界でも駐輪空間は走行空間とセットでの整備が課題。
6	走行空間とセットのソフト施策	通勤手当の支給、買い物優遇など、もっと空間を使ってもらうメリットを提供するソフト施策が課題。
7	走行空間の管理面の施策を重視	ネットワークを形成しても、利用継続策が必要であり、通行台数を表示するバイシクルカウンター、自転車優先信号、自転車走行空間の除雪など、管理の面で自転車への特別の配慮が課題

出典：古倉整理。

に安全であること、特に自転車専用通行帯（レーン）などの専用空間や混在でも矢羽印を施した路面表示がある場合は、より安全性が高いことをしっかりと示すことにより、地方に多い車道走行に対する躊躇を払拭する必要がある。

第5に、自転車利用環境は走行空間のみで構成されていないことが重要である。自転車による移動の目的地で多くの人が集まる場所に、状況に応じて官民が役割分担して駐輪空間を提供するようにすることが必要である。これは世界の自転車政策では当然のことである。

第6に、ネットワークの走行空間の提供のみならず、通勤手当の支給、買い物優遇などその走行空間の用途別に即したソフト施策をセットで講じることである。これにより、一層の自転車の利用促進を図ることができる。

第7に、ネットワークの継続的な利用を確保するために、管理面での自転車へのきめ細かい配慮が行われることが必要である。

(2) 都市交通機能を重視した自転車ネットワークへ

さらに、12章で紹介するポートランド市の自転車計画や千葉市のちばチャリ・すいすいプランのように、主要幹線自転車道、幹線自転車道、補助幹線自転車道など、通常の都市計画道路での分類のような都市における自転車走行空間の機能や位置づけによる分類も今後検討すべきである。従来型の走行空間の分類は、自転車道、自転車専用通行帯（レーン）などいわゆる物理的形態により行われてきた。もちろん、これは今後も必要であるが、全体のネットワークを構成する路線が都市内でどのような機能や位置づけを持っているのかを明確に示すことが、都市全体の中での自転車走行空間の組み合わせ方や配置の仕方を左右する。ネットワークは、ニーズや課題に対応した空間設定の積み上げであるが、一方では、これらが、どのような密度になって、どのような機能、サービスレベルの自転車空間を都市住民に提供するかが重要である。

ガイドラインに掲げられた自転車ネットワーク対象の個々の路線は、課題やニーズに対応したものであり、これの組合せにより、選定され、整備されていくものである。どちらかと言うと、ミクロの個々のニーズや課題に対応する路線に着目して積み上げているが、逆に都市計画の立場からは、今後の都市全体の中での自転車による移動交通を基本とする自転車ネットワークの位置づけなど、マクロからみた自転車ネットワーク体系を最終的に形成することが望ましい。また、この場合コンパクトシティでの主たる移動手段としても検討の必要がある。

　ただし、都市間均一の密度が必ずしも必要であるのではなく、それぞれの地区の土地利用や自転車の用途などにより、異なることも当然である。

（3）自転車ネットワーク計画への国の後押し

　自転車は都市化の進展している都市地域のみでの活用を図るべきものではない。

　表9・7は国勢調査における都道府県別の自転車通勤・通学の割合であるが、全国の都道府県の通勤・通学時の自転車利用割合を見ても、上位は、大都市ばかりではない。また、下位の長崎県および沖縄県でも、それぞれ3.2％、2.8％あり、他の都道府県は7％以上、全国の全体で11.2％である。45位の鹿児島県の7％の自転車の利用割合でも、国際的に見ても、非常に高い数値である。

　通勤・通学に限定しない国別の自転車分担率では、1位のオランダ、2位のデンマークはそれぞれ27％および19％であるが、3位のドイツで10％となっており、日本の国勢調査の全体の平均よりも低い。また、イタリア5％、フランス5％、英国2％などに至っては、かなり低い（欧州の数値はオランダの資料）。国際的に見て決して日本の地方での自転車利用が低すぎるわけではなく、自転車利用はしっかり根づいている。自転車を利用する人、あるいは、自転車を潜在的に利用できる人はもっと多く存在する。

表9・7 国勢調査による通勤・通学者の自転車の利用割合（2010年国勢調査）

都道府県	利用割合	都道府県	利用割合	都道府県	利用割合
①大阪府	20.91%	⑰福岡県	10.68%	㉝秋田県	8.57%
②愛媛県	17.62%	⑱山口県	10.49%	㉞岐阜県	8.52%
③京都府	17.01%	⑲鳥取県	10.45%	㉟北海道	8.27%
④高知県	16.35%	⑳滋賀県	10.21%	㊱石川県	8.15%
⑤岡山県	13.90%	㉑佐賀県	10.08%	㊲福島県	8.01%
⑥香川県	13.75%	㉒大分県	9.71%	㊳山梨県	7.99%
⑦徳島県	13.74%	㉓青森県	9.55%	㊴茨城県	7.93%
⑧東京都	13.45%	㉔宮城県	9.48%	㊵奈良県	7.80%
⑨埼玉県	13.43%	㉕島根県	9.39%	㊶三重県	7.68%
⑩広島県	12.84%	㉖栃木県	9.23%	㊷長野県	7.43%
⑪兵庫県	12.28%	㉗千葉県	9.07%	㊸新潟県	7.31%
⑫愛知県	11.93%	㉘群馬県	8.95%	㊹富山県	7.08%
⑬熊本県	11.70%	㉙岩手県	8.72%	㊺鹿児島県	7.05%
⑭和歌山県	11.34%	㉚神奈川県	8.71%	㊻長崎県	3.21%
⑮宮崎県	11.29%	㉛福井県	8.60%	㊼沖縄県	2.82%
⑯静岡県	10.78%	㉜山形県	8.59%	全国	11.21%

出典：2012年国勢調査の通勤・通学時の利用交通手段に基づき古倉整理。利用交通手段が自転車のみの人数の全通勤・通学者数に対する割合。

　問題は、これを支える可能性のある空間が埋もれている、すなわち、そのポテンシャルが存在するのに、顕在化させていないことにある。

　鳴り物入りで策定されたガイドラインは、都市化の進展した自転車利用の盛んな都市などでは浸透しつつあるが、せっかく自転車利用がある程度あり、利用促進の可能性が高い地方も多く存在するにもかかわらず、全国的な進展の兆しが少ない。健康や地球環境の推進、生活習慣病の予防、医療費・介護費の削減、子育て推進、高齢者の移動確保などは、国レベルでの重要な共通課題である。このような課題を解決できるポテンシャルの高い自転車について、その利用促進の切り札であるネットワークの策定を地方に任せきるのではなく、国レベルで積極的に推進する必要性が高い。

　実際、次章で紹介するように先進国では国がしっかりと役割を果たしている。

第4部

世界最先端の自転車計画とネットワーク

しっかりした自転車の位置づけと総合的な戦略

第10章
世界の自転車計画から学ぶ

1. 先進国では国レベルの自転車計画を持っている

　世界の先進国や先進都市の自転車計画の先進性は、なにも走行空間や駐輪空間、安全教育など我が国でもよく見られるような各論の項目ではない。しっかりとした自転車の位置づけ、自転車の目標値、自転車の利用用途などを明確に打ち出す総論があることと、さらに、これを基にした徹底して斬新的かつ先端的な各論の内容である。先進的な各論は先進的な総論があればこそ可能になるのである。日本でも、十分参考になるような内容が豊富に含まれているので、少しでも、先端的な内容を取り入れて新しい自転車の潮流を反映した自転車計画を作っていただきたい。

　筆者は、月刊誌「自転車・バイク・自動車駐車場　パーキングプレス」（サイカパーキング㈱）に、「欧米自転車先進諸国の自転車政策」と題して、2002年5月から2014年4月時点で12年間144回毎月連載を続け、世界の先進国や先進都市の自転車政策を我が国と比較しながら紹介をしてきている。海外から我が国で学ぶべき自転車政策のエッセンスを紹介すれば次のような諸点になると考える。

(1) 世界の先進国の先端的な自転車計画を学ぶ

　おおよそ世界の先進国においては、国レベルの自転車政策を有しており、その国レベルの政策の方針のもとで、具体の自転車施策を実施している。各国の自転車政策について、明確にその内容がわかるものが自転車計画である。これらの国では、国が自ら自転車計画を策定し、自転車の位置づけや目標など自転車政策の基本を示し、地方の自転車計画を先導している。

　世界の自転車計画を見てみると、米国などではヨーロッパの自転車政策を学んでおり、積極的によい面を取り入れようとしている。その米国の自転車計画や政策の内容も、日本よりもはるかに進んでいる。欧米の先進的な政策を学び、これから採用できるものは積極的に取り入れるべきである。我が国では、欧米と道路事情や自転車環境が異なることを理由として、相当程度道路整備が進んで走行空間が確保できそうな都市でも、自転車に割くことができる車道空間は少ないとして、欧米並みの政策は採用が難しいとされてしまう。そうすると、欧米のすぐれた自転車政策は永久に採用できないことになる。いわば、自転車政策の鎖国状態である。

　もちろん、何でもかんでも欧米の方が進んでいるというわけではない。たとえば、次に述べる世界最先端の都市ロンドンの革新的自転車計画である「ロンドン自転車革命」について見ると、その各論は、項目として見るかぎり、目新しいものは少ない。わざわざこれを参考とすべきものでもない。しかし、同じ「走行空間の整備」といっても、たとえば、起点から終点まで交差点を含めて完全に連続性を持たせた13本の放射状の自転車スーパーハイウェイ（自転車専用通行帯（レーン））を車道上に設けつつあるのである。これは自転車が「唯一主要な移動手段」の位置づけがあればこそで、東京23区とほぼ同じ道路面積比率しかないロンドンの狭い車道上で、クルマの既得空間を割いて、クルマの空間に相当しわ寄せをしながら、整備が進められている。先進性は、まさに、しっかりとした視点の総論とこれを受けたこのような一貫性のある自転車空間整備であり、我が国で通

常見られるようなクルマや沿道に気を使いながら整備する自転車の走行空間ではない。また、市民が安心して、車道空間で自転車利用ができるのも、自転車の優先的な位置づけがあればこそである。

(2) 国レベルで自転車計画や自転車施策が必要な理由

　地方分権の推進の観点からは、自転車施策は地方に任せておけばよいと考える人も多い。しかし、先進の各国を見ていると、どうしても国が政策を樹立し、自転車計画を立て、施策を実施する必要性があると思わざるをえない。

　第1に、地球温暖化対策や国民の健康対策など国レベルでの実現の必要のある施策課題が存在する。クルマからの転換などによる二酸化炭素の排出の抑制は、国や世界レベルでの急務である。また、国民の健康の増進や生活習慣病の対策、国民医療費の削減などは国が自ら取り組むべき重要施策である。この国レベルの重要課題に対して自転車施策が大きな効果を発揮することは明らかである。アメリカ連邦政府は、自転車施策に関しては国レベルで強力に州政府や自治体の施策に関与する連邦法を定めているが、その理由は、国レベルの必要性（医療費の削減と石油輸入の削減のため、クルマの利用を削減する必要性がある）があるためである[*1]。

　第2に、自転車は、大きなメリットを持っている半面、物理的、社会的、政策的、さらに政治的に弱い存在である。地域はどっぷりとクルマ依存型社会につかっている。これは這い出ることができないアリ地獄のようなものである。国が相当のてこ入れをしないと、国レベルでも大きなメリットを持つにもかかわらず、自転車利用は地方で淘汰され、そのメリットを活かせないまま、結局はクルマ依存型の地域社会に押し戻されてしまう。器（枠組み）は国が用意するが、あとは地方任せで推進できるような生易しい施策ではない。また、地方が単発的に対処していては、地方のなかでの重点的な施策体系は構築できない。

第3に、オランダなどの経験では自転車施策の地方間の格差があり、自転車交通が交通政策の一要素として取り入れられるかどうかにより、自転車利用のレベルやインフラの落差が激しいことが指摘されている*2。国が自転車を有用なものとして推進する以上は、国が先導して、総論・各論の自転車政策を底上げする必要がある。各論の施策は地方が実施するにしても、地方に放り投げるのではなく、一定の水準を確保することや自転車道ネットワークを構築して格差を解消して、底上げし、自転車が利用される最低限の条件を地方に具備してもらうことが適当であり、これは国しかできない。

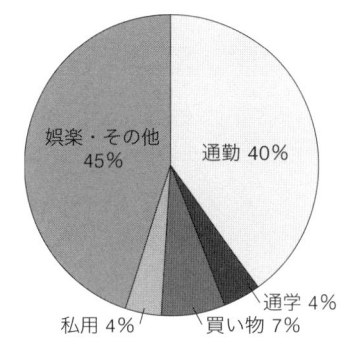

図10・1　イギリスの全国自転車道ネットワークにおける主たる利用目的（出典：全国自転車道ネットワーク2005年モニターレポートより、図7・10再掲）

　第4に、自転車の走行空間についてである。自転車の利用は単なる都市内の移動のみを担うものではなく、都市間やさらにもっと都道府県を超えた広域的な移動を支えるためにつながっていることが重要である。そして、広域的に対処する必要上、ネットワークの区間内にある「自転車施策に熱心でない都市」を巻き込むことが必要である。また、自転車の移動は閉鎖的な都市内の範囲にとどまらない移動需要がある。イギリスでの全国自転車道ネットワークは地域の近距離の通勤・通学にもおおいに活用されている（図10・1）。さらに、この広域的な移動は、災害時などにクルマや鉄道を部分的に補完する重要なネットワークになりうる。このためにも、あらかじめ全国的なネットワークの構築が求められる。これは国しかできない。

　要は、どのようにしたら一番自転車の利用をより盛んにすることができるかである。国レベルで享受できる多くのメリットを持っていること、また、国レベルでの具体のてこ入れを必要としており、これがないと結果的には衰退してしまうことを十分に認識する必要がある。

以上に参考となる見解として、オランダ政府は、「他のヨーロッパ諸国と比較してオランダの自転車政策は分権化している」としているなかで、この分権化された自転車政策に関する国の役割を、①自転車政策の基本的な枠組みの設定、②国レベルでのみ調整できる基本的問題への対処、③資金調達および④研究開発と普及の四つあげている。しかし、この①の基本的な枠組みとして、「地方公共団体等は他の政策より優先して徒歩と自転車の活用を推進すること」を国の方針として提示している[*3]。重要な点はしっかりと国が方向性を示しているのであり、我が国のように、自転車政策の基本的な部分を地方に任せているのではない。

(3) 自転車先進国の施策の最新の状況

1 国レベルの自転車施策の実施状況

　これらの国レベルの自転車施策の最新の状況は表10・1のとおりである。特に、最近では、ドイツ、オーストリア、オーストラリア、フランスなどに動きがある。また、米国は、1994年の国レベルでの目標値を設定した「国家自転車・歩行者調査」が国の自転車政策の基本となっているが、これについて、5年後、10年後および15年後の成果をレビューした報告書を出していることや、これに基づき連邦レベルの自転車歩行者予算を大幅に増加させていることなどから、この政策が継続的かつ強力に実施されていることがわかる。

2 国レベルの目標値の設定

　次に目立つのが国レベルの自転車計画の数値目標値の設定である（表10・2）。
　大きくは2点あり、一つは、自転車の分担率の設定と自転車事故の削減の目標がセットで設定されているケースが多い[*4]こと、もう一つは、国レベルで当該目標の具体的な数値を設定していることである。

表 10・1　国レベルの自転車施策の実施状況

オランダ	1990年「自転車マスタープラン」制定。2000年自転車施策は国から、自治体でつくる自転車協議会に移行。
アメリカ	1994年連邦政府「国家自転車・歩行者調査」。ISTEA法（1992～1997年）、TEA21法（1998～2003年）、SAFETEA法（2004～2009年）など連邦法制定。「国家自転車・歩行者調査」による連邦自転車計画策定後5年（1999年）、10年（2004年）および15年（2009年）に実施状況のレビューが連邦交通省によりなされている。
イギリス	1996年「国家自転車戦略」策定。1997年と1999年にレビューを行い、さらに2005年に本格的なレビューを実施し、これに基づき体制を大幅に改定。
ドイツ	2002年「国家自転車計画」（2002～2012年）策定。2012年「国家自転車計画2020」策定。
ノルウェー	2003年の国家交通計画のなかで国家自転車戦略を策定（2006～2015年）。
オーストリア	2006年「自転車マスタープラン」策定。2011年改訂（2011～2015年）。
フランス	2007年「国家自転車計画」策定。
オーストラリア	1993年「国家自転車戦略を制定（1999年（1999～2004年）。2005年（2005～2010年）と2010年（2011～2016年）改定）。
ニュージーランド	2005年国の「歩行者自転車利用促進計画」を策定。
（参考）日本	国レベルの自転車計画はない。

出典：各国の資料に基づき古倉作成（前著『自転車利用促進のためのソフト施策』など参照）。

表 10・2　国レベルの自転車計画における各国の目標値の設定状況

オランダ	2010年までに1986年に比較して ①自転車利用を30%、鉄道利用を15%増加。 ②自転車交通事故死亡者を50%削減。
ドイツ	2020年に全トリップの15%の自転車の分担率（都市地域8%を13%に、地方部11%を16%にする）。
アメリカ	①自転車と歩行者の合計のトリップ数割合を倍増（7.9%から15.8%に）。 ②自転車と歩行者の交通事故死傷者を10%削減。
イギリス	①1996年と比較して、2002年までに自転車トリップ数を倍増、さらに2012年までに倍増する。 ②全交通事故死者および重傷者の2010年40%削減（対1994～1998年平均）。
ノルウェー	①全国の自転車分担率8%、自転車都市の分担率50%。 ②事故数を自動車以下にする。
デンマーク	①3km以下の自動車トリップの3分の1を自転車に。 ②自動車以外の交通安全の向上。
オーストリア	2015年国レベルで10%の分担率。
オーストラリア	2016年までに自転車の利用者数を2倍にする。
フランス	国レベル：10%、都市レベル：5%（2008年レビューで追加設定）。
（参考）日本	国レベルの目標値はない。

出典：表10・1の各国の自転車計画などに基づき古倉作成。

2. 自転車優先の総論が決め手

(1) 世界の先進都市に学ぶ

① 先端性・先進性がある自転車計画

　世界の最先端の自転車計画を持つ自転車先進都市として参考になるのは、ロンドン、ポートランドおよびコペンハーゲンである（表10・3）。これらの都市は2010年から2011年に相次いで先進的かつ画期的な自転車計画を策定した。これらの計画は、今後の15年から20年間を目標にして、新しい考え方や内容を持つ計画である。今後の我が国の自転車計画を考えるに当たり、このような内容の一端でも参考にすることができれば、我が国の自転車計画もおおいに進展するのではないかと考える。

　ここで、これらの三つを取り上げたのは、それぞれに、自転車の利用に関して、できたばかりでいろいろな側面で先端性や先進的な取り組みを持った内容を持っていること、自転車利用者に焦点を当て、その利用促進をもっぱら考えた施策であること、長期の明確な目標値を有していることなどの特徴があるからである。これらの都市以外にも、これらの一部を有しているような都市はあるかもしれないが、このような条件がすべて整った、しっかりとした計画を有している都市は、少なくとも、筆者の知るかぎりでは存在しない。ロンドン、ポートランドの個々の内容については後述するので、コペンハーゲンに焦点を当て、必要に応じて他の都市も取り

表10・3　世界の自転車政策の最先端都市の自転車計画

自転車先進都市	計画名	目標年次
ロンドン	ロンドン自転車革命（2010年）	2026年
ポートランド	ポートランド自転車計画（2010年）	2030年
コペンハーゲン	コペンハーゲン自転車戦略（2011年）	2025年

出典：各計画に基づき古倉整理。

上げながら、その特徴を見てみよう。これらの 2010 年代に策定されている自転車計画は 2000 年代までに策定されたものに対して比較にならないほど、進化を遂げており、さまざまなコンセプトや内容の工夫、自転車に係る優れた政策技術の進歩の跡が見られる。

② 自転車利用を長期に継続して住民の間に定着させる計画

　先述のように、筆者は自転車先進国や都市を長年調査・研究してきたが、世界の都市で先端的な自転車計画を策定している都市は、共通して優れた特徴を持つと言える。第 1 に、自転車計画を策定した国や都市のなかで、うまくいっている先進国や先進都市は、そろって、体系的総合的な自転車政策を組み立てている。地道であるがこれがしっかりとした自転車利用を国民や市民に根づかせる一番の方法である。第 2 に、いきなり走行空間の整備計画などの各論中心の計画に取りかかるのではなく、自転車の持つ大きなメリットを具体的にじっくりと評価し、これに基づく優先した位置づけを与え、明確な利用用途、目標値の設定などを総論としてしっかりと定めている。第 3 に、これに基づき、この目標達成に必要かつ十分な範囲の走行空間や駐輪空間、安全対策などの各論の斬新かつ強力な施策を計画に含めている。

(2) 参考とすべきは卓越した総論の先進性

① 自転車都市としての位置づけを打ち出す。

　これらの三つの都市は、まず、総論で自転車を最重要または最優先の移動手段として位置づけ、それぞれ「自転車革命」「世界レベルの都市」または「世界最良の自転車都市」という高レベルの自転車のまちづくりを目標に掲げている（表 10・4）。これらは、単なる言葉上の表現ではなく、実質を伴う内容を有している。

表10・4　コペンハーゲン自転車戦略（2011年）の総論

1.	自転車まちづくりのメリット	①より住みよいまち（空間的余裕、低騒音、きれいな大気、健康な市民、経済的な生活） ②ハイクオリティな生活（高いアクセス性、自然活動・文化活動・スポーツ活動・購買活動に短距離で行けるルートで自転車は手段となる） ③社会的利益（他の移動手段に比較して、渋滞の緩和、病欠の減少、長寿の達成、道路の舗装や亀裂の減少、汚染の減少） ④都市のブランド性の向上（最高の自転車都市、生活質の向上都市、自転車施策で他の模範となる都市など）
2.	最終目標	世界最良の自転車都市になること
3.	目標	①コペンハーゲンにおいて、自転車通勤する人の割合を35％から50％に増加 ②自転車利用者の重傷や死亡の危険性を2005年の70％まで減少 ③安全性、迅速性、快適性の満足度＋自転車文化形成による環境への好影響
4.	基本的必要事項	①自転車は、最速かつもっとも容易に移動できる手段であることが基本 ②自転車走行を強く優先すること、これにより、他の交通手段よりも自転車の所要時間を短縮し続けることが必要（トンネル、橋梁などによりショートカット、一方通行逆走、広場の横断、緑道の通行、交通静穏化対策などにより、他の交通手段よりも速度を確保することが重要である。 ③施策の高度化が必要であること、コペンハーゲンでは自転車道を絶えず拡張し続けなければならないこと、新規自転車利用者を生み出すには新しい自転車施策を講ずる必要があること（道路上のクルマ空間を転用して自転車空間を作る、車両牽引付き自転車の駐輪施設を整備するなど）、企業・商業地域・公共交通機関・自治体などと連携すること、自転車利用可能性のある人びとに体系的に自転車利用を働きかけることなどである。 ④自転車交通を優先し、かつ、自転車政策の高度化を図ること通じて、安全・迅速・快適な自転車利用と都市生活の負担軽減の四つの目的を実現することが、世界最高の自転車都市となるために必要である。

出典：コペンハーゲン自転車政策2011-2025の資料をもとに古倉整理。

2 高い目標値の設定と自転車利用者のことを徹底して考えた環境整備

　たとえば、コペンハーゲンは、自転車通勤の比率を前代未聞の50％に引き上げ、また、交通事故件数を70％削減するなど具体的先端的な目標値を設定している。根底にあるベーシックな共通点は、徹底して自転車利用者に優しい環境（突き詰めて言えば、クルマに対しては徹底して自転車が優遇された環境）を目ざしている点である。

　このような自転車の位置づけは、先進国といえども、簡単に設定できるものではない。すなわち、クルマ依存型のまちづくりがなされていることも、日本とそれほど大きな差はない。また、クルマ依存型社会により、中心市街地が衰退するなどの課題を抱えている。しかし、自転車の持つ多様

なかつ多大なメリットがあるために、これを大義名分として、自転車利用をクルマに対して優遇する施策を講ずるということを自転車計画の総論で明確にしている。これが総論のもっとも重要な役目である。単なる抽象的な文言で総論を構成しているわけではない。

(3) 各論の施策はその項目ではなく内容に注目する

①自転車優先の総論が各論の質を決める

自転車をクルマより優先するなどのしっかりした総論があるため、項目は同じでも斬新な内容になっている。たとえば、ポートランドでは走行空間に整備について、飛躍的に高密度のネットワークの設定を行うとともに、このネットワーク体系のなかから一定の密度での「低ストレスの路線」の設定を行う。また、整備形態として、自転車道のほか、自転車専用通行帯（レーン）があるのは当然であるが、このような通常の通行帯のほか、広幅員、緩衝帯付き、自転車追越空間付きなどを設ける。クルマとの混在空間では、自転車優先道（bicycle boulevard）、自転車誘導帯、自転車配慮型の質の高い共用道路などを採用して、徹底して自転車を優先する空間を提供しようとしている（後述のポーランドの事例を参照）。

② 数値目標とリンクした目的が明確な走行空間の整備

我が国では、たとえば「はしる」では、3種類の走行空間（自転車道、自転車専用通行帯または車道での混在）のどの形態を選択するというような物理的な形態による内容であり、そのはしる空間を何のために作るのかは、きわめてあいまいである。ガイドラインでは、自転車の交通量の多い路線、安全性を向上させる路線、実現性のある路線、主要な施設へのアクセス路線などが路線選定の基準として示されている。もちろん説明としては多少の目的性は持っているが、目標などの総論との関係、自転車の用途や利用の目的などはあまり明確ではない。ハードの空間整備先行という感

が強い。

　コペンハーゲンは、その目標である自転車での移動時間の短縮（2010年に比較して2025年に15％短縮）の達成のために、ショートカットや自転車専用の橋梁の整備などによるネットワークの走行空間整備を行うとともに、ポートランドでは、自転車利用者が低ストレスでかつ身近にアクセスできるような質と密度の高い走行空間を80％の住民に提供することを目的にしている。このように、単なる物理的なネットワーク空間の整備計画ではなく、しっかりとしたコンセプトや機能や役割を前面に出して、これらの具体的な目標を実現するための空間整備をしている。

　また、目標を一定のものに絞り、これに必要な空間を整備する（といっても全体の延長は長いが）ものであり、我が国が総花的な空間ネットワークを目ざすため、逆に、コンセプト性が薄く、また、目的性も不明確なネットワーク計画になってしまうことと異なるものである。

❸. 自転車通勤5割以上を目ざすコペンハーゲン

　コペンハーゲンの自転車計画（2011年）の特徴は、第1に、「世界最良の自転車都市」になることである。第2に、この目的のために、多岐にわたる目標値を設定していることである。第3に、その目標値の設定が高い水準であり、しかも、今後より高く設定しようとしていることである。

(1) 目ざすなら世界最良の自転車都市

　コペンハーゲンは、世界最良の自転車都市（決して one of the best cities ではなく、唯一の the best city である）を目ざして、絶えず自転車施策を高度化している。これは、ここまででよいというものではない。これから

も絶えずこれ以上を目ざす必要があり、これにより、世界の自転車都市の間の競争に勝つこと、そのために継続して自転車政策をレベルアップすることを意味している。2002年の計画では、表10・5のように、自転車通勤割合を40%に増加させるとしていたが、2011年の計画では、表10・6のように、目標を50%にした。ヨーロッパの都市で通勤・通学時の自転車分担率が40%を超える都市はないため、この50%は未知の領域であるとしている。しかし、この目標を含めて表10・5のような目標を掲げて、世界最良の都市を目ざして、継続して自転車政策を展開しようとしているのである。

　2011年の計画を、2002年の自転車政策と比較してみると、より多くの項

表10・5　コペンハーゲン自転車政策2002～2012年の目標値

①自転車による通勤割合を34%から40%に増加
②自転車利用者の死傷のリスクを50%削減
③日常利用の自転車が安全であると体感できる市民を57%から80%に増加
④5km以上の移動速度を10%増加
⑤路面の快適性への不満を5%以下にする

出典：コペンハーゲン自転車戦略2011-2025に基づき古倉整理。

表10・6　コペンハーゲン自転車戦略（2011年）の目標値

目標値	基準年	2015年	2020年	2025年
(1)自転車への転換				
通勤・通学の自転車の割合	2010年：35%	50%	50%	50%
(2)環境の質の改善				
①3車線の自転車専用通行帯のネットワークに占める比率	2010年：25%	40%	60%	80%
②自転車による移動時間の短縮の割合	対2010年	5%	10%	15%
③日常利用の自転車が安全と体感できる市民の割合	2010年：67%	80%	85%	90%
④重傷以上の自転車事故負傷者の削減の割合	対2005年	50%	60%	70%
⑤自転車走行空間が良好な管理状態と見る市民の割合	2010年：50%	70%	75%	80%
⑥自転車文化が自転車利用を積極的に推進していると見る市民の割合	2010年：67%	70%	75%	80%

出典：表10・5と同じ。

目について数値目標が設定されていること、期間を段階的に区切ってより詳細に設定されていることがわかる。この目標はかなり具体的で、単なる目標値ではなく、次の各論の施策に直接リンクしている点が特徴である。

(2) 目標達成のための施策を提示

コペンハーゲンの自転車戦略2025にかがけられている具体策は、おおむねこの目標に沿うように設定されていて、わかりやすい。目標の設定とこのための施策の対応を計画に基づき整理すると表10・7となる。

これらのなかで特徴的な施策をピックアップして、例示する。まず、3車線の自転車道や自転車専用通行帯（レーン）である（図10・2）。通勤・通学を支えるために主要幹線の自転車走行空間を拡幅し、多くの自転車交通量とスピード差による追い越しなどを可能とするものである[*5]。

自転車の目標で50％の分担率を達成するために新たに5万5000人に自転車による通勤・通学をさせることになるが、さらにこれに誘引するような施策の努力が必要である[*6]。すなわち、時間の短縮のために橋梁やショートカットの区間、高齢者や学校へのルートのボトルネックの解消な

表10・7　コペンハーゲンの目標と各論の施策の明確なリンク

	目標	各論の施策
(1)	通勤・通学割合	自転車通行空間の優先的と革新的整備。良好な駐輪場、更衣室、自転車修理の提供、自転車通学路の整備
(2)	①3車線保有率	自転車道および自転車専用通行帯の整備
	②移動時間短縮率	自転車スーパーハイウェイ、一方通行解除、ショートカット、速度制限、公共交通との連携、赤信号右折可など
	③安全の体感率	グリーン自転車道整備、交差点の改良、ボトルネック解消、自転車・バス専用道路、交通安全の広報啓発、自転車通学路の整備、学校での安全教育
	④死傷者数削減率	
	⑤良好管理評価率	スムーズな路面、除雪や清掃、有効な駐輪場整備、自転車向けサービスの向上（空気入れ、天気予報など）、職場学校との連携
	⑥文化面の評価率	ライフスタイルとイメージの形成策（自転車利用のメリットの広報啓発、ライフスタイルの提供、自転車利用促進の啓発など）

出典：表10・5と同じ。(1)～(2)①～⑥は、表10・6の欄に対応している。

どを積極的に行う[*7]。また、後ろに荷物や子どもを乗せる車両を連結した自転車を収容するための駐輪施設の供給、自転車による買い物の奨励と大型店ショッピングセンターでの駐輪施設の提供の要請などを行う[*8]。まちづくりとして、自転車はもっともスペースを必要としない移動手段であるため、都市生活により多くのスペースを生み出すことを組み込んだ自転車まちづくりも進めることができる[*9]。

図10・2　3車線の自転車道や自転車専用通行帯（3台が並走している）（出典：表10・5と同じ。）

　以上のように、さまざまな形で参考になりそうな先進的な内容が含まれている。

　日本では、すでに、各地で自転車都市または自転車のまちを標榜する地方公共団体が増加している。これがどんどん増えていくことはよいことではあるが、横並びを意識しすぎて、他との差別化をどのようにするのかが課題である。

　もし、地球環境や健康を改善するために自転車を推進するとすれば、それは、50年100年以上のオーダーの施策展開である。そうだとすると、息の長い自転車まちづくりは、時代の変遷を乗り越えて、また、環境の変化を取り入れて地域の環境に根ざした個性のあるものが必然的に要求されることになる。他と同じようなコンセプトや方針、内容という魅力に乏しいものであってはならない。

　自転車施策はわくわくするような内容があってこそ自転車は活用されるのである。

第11章 自転車を唯一の主要交通手段と位置づけたロンドン

1. 最先端の自転車の位置づけ

(1) 国の自転車戦略に併せて作成されたロンドン自転車戦略(1997年)

　ロンドンは、ロンドン自転車戦略1997を作成して、2012年までにすべての移動の10％を自転車で行うようにすること、すなわち、1996年の4倍にすることを目標としてきた。これは、1996年の国の自転車戦略があったればこそ、目標もこれに併せて策定がなされたものである。その後、2004年2月に、これを実施するために、前市長のケン・リビングストーンによりロンドン自転車実行計画2004が策定された。そして、この実現のために900kmの自転車走行空間ネットワーク（「ロンドン自転車ネットワーク」）の形成を目ざして、8年間の事業を進めてきた（表11・1）。

表11・1　ロンドン自転車ネットワークの整備の総延長の推移

年	2003	2004	2005	2006	2007	2008	2009	2010	計画
総延長 km	315	350	437	495	551	606	645	683	900

出典：ロンドン自転車ネットワークの資料に基づき古倉整理。

表11・2　ロンドン自転車実行計画2004の目標

①短期目標	自転車利用の水準を増加させるための施策の前進およびベンチマークの確立
②中期目標	自転車による移動の交通全体に占める割合の増加、年間の1人あたり自転車の移動の増加、ロンドンの自転車インフラと自転車環境の向上による自転車利用可能性および利用者満足度の増進
③長期目標	2020年までに自転車利用の水準を、200％増加させる

出典：同計画に基づき古倉整理。

表11・3　ロンドン自転車革命（2010）の総論の一部

①2026年までに自転車利用を400％増加（目標値）
②自転車が首都での唯一主要交通手段（位置づけ）
③自転車利用促進の理由としてのメリット（市民、生活、交通、地球環境、生活、地域など）
④死傷者数の削減（特に重量貨物車によるもの）
⑤市のすべての行政施策に自転車の組み込み
⑥自転車を毎日の健康運動として推進　など

出典：ロンドン自転車革命に基づき古倉整理。

　これは、その後2010年のロンドン自転車革命に基づく特別区事業に引き継がれている。

　また、ロンドン自転車実行計画2004では、自転車利用の水準を、2000年に比較して、2010年までに80％、2020年までに200％引き上げることとしていた。そして、短期と中期および長期に分けて目標を設定していた（表11・2）。

　2008年にロンドン市長に当選したボリス市長は、この自転車計画の第1次の目標年次である節目の2010年に「ロンドン自転車革命」を新たに策定して、事実上はこれに切り替えた。この目標値は、今まで以上に高くかつ画期的であり、2026年までに自転車利用を400％増加させることとした（表11・3）。ただし、この自転車革命は、後に述べるように、かなり具体的かつ基礎的なデータに基づいた需要予測をしており、また、これに基づいて実施する施策も、前の計画よりも具体的かつ強力なものである。

(2) 自転車を唯一の主要交通手段と位置づける

　最大の特徴は、この計画での自転車の位置づけを首都で「唯一の主要交通手段」としている点である。上述のような大きな目標値と次に述べる強力な各論の施策を打つために、ロンドンの地下鉄のテロ事件などでゆらいだ公共交通の信頼性の低下をも踏まえて、今までになく高い位置づけを与えたものと考えられる。

　しかし、背景にそのような事情があったにせよ、自転車の近距離におけるメリットが経済的、健康的、環境的および時間的な側面で他の交通手段に比較して優れていることを考えれば、今後の長期的なあり方についての当然の帰結である。なお、このような位置づけを参考にして、我が国でも公共交通も含めた交通手段の距離別の体系や位置づけなどを考えなおす時期にきているのではないかと考える。ロンドンの自転車革命が我が国に投じた一石である。

(3) 先端的な各論の施策をしっかりと見る

　一方、各論の項目は、表11・4で例としてあげたロンドンの計画でもコミュニティサイクル、自転車道、交通安全、マナーなど日本で見られるようなものが並んでおり、基本的には我が国と大きな違いはなく、「項目」についての独創性はあまりないと言ってもよい。

　しかし、違いは、次で述べるように、自転車をクルマやさらには地下鉄、

表11・4　ロンドン自転車革命（2010年）の各論（抜粋）

①三つの主要事業（コミュニティサイクル＋通勤用自転車道＋各特別区が実施する特別区事業）
②10個の一般事業（走行環境・駐輪空間・空間情報提供・通勤・通学・訓練・交通安全・マナー・盗難の各対策）
③自転車利用促進策（各種イベント、地区での事業支援など、各種イベント、地区の利用促進キャンペーン）

出典：ロンドン自転車革命に基づき古倉整理。

バスより優先するなどのしっかり先端的な総論があるため、斬新な内容にすることができている点である。

2. コミュニティサイクル

(1) ロンドンでの導入の概要

　ロンドン自転車革命のなかでは、このコミュニティサイクルは、「サイクルハイヤー」と呼ばれていたが、バークレー銀行に5年間の命名権を2500万ポンド（133円＝1ポンドとして、33億円程度）で売却して、「バークレーズサイクルハイヤー」という名称になった。なお、現地では導入した市長の名前を取って「ボリス・バイク」とも呼ばれている。中国の杭州市（4万台）、パリ（2万4000台）に次ぎ、バルセロナ（6000台）と並んで世界第3位の台数であるとされている。また、カナダのモントリオールで稼働している「ビクシー」をベースに車体の43カ所を改良して特注し、ベリブの欠点である破損や毀損の防止対策が強化されている[*1]。なお、このバークレー銀行は、2016年以降は契約を更新しないと報じられており（2013年12月）、今後の資金手当てが課題である。

1 スキーム

　ロンドン中央部では、人びとが職場と店、または家やカフェ間を行き来するためにすばやく簡単に移動できる方策が必要であるが、ロンドンのレンタサイクル事業は、この要望に応えて計画されてきた。市長は、他国の事業から学ぶことで、世界一の事業に発展させることを明言しており、これにより、首都交通の主要な交通手段としての位置づけを有している。2010年の夏から、ロンドン中央部の約400カ所のポートで、6000台のレ

ンタサイクルが、1日24時間、1年中利用可能になった。併せて、自転車ルートや主要目的地についての情報も提供されている。利用者は、約300mごとにある自転車ポートで、自転車の借受・返却ができる。この自転車ポートは、歩道や駐車場、また、病院や大学の建物の敷地のような私有地にも設置されている。

2 導入の効果

　パリ、リヨン、ブリュッセル、ベルリン、シュトゥットガルトなど、多くの街で、すでに同様の事業が導入されており、これらの街での事業によってわかることは、優れたレンタサイクル事業は、交通手段における自転車利用の割合を増やし、人びとに自転車に乗るように誘引し、良好な都市環境に変えていくという効果を持つことである。ロンドンではすでに、自転車に乗る人の数が著しく増えている。今回のレンタサイクル事業で、この傾向に拍車がかかり、自転車の利用可能性を広げることになった。

　また、1日24時間、1年365日いつでも簡単に、利用できるレンタサイクル事業は、ロンドンに、以下のような新しい便益を創出した。

　　①持続可能かつ環境負荷の少ない交通手段の提供（自転車を交通手段の主役にする）
　　②ロンドンの居住者、ビジネス客、レジャー客、観光客の利便性向上
　　③ロンドンの都心部内の移動を容易にする——多くの短距離移動は、自転車利用によってより迅速になる
　　④ロンドン地下鉄、バスの混雑を緩和する
　　⑤駐輪の安全性、盗難の恐れおよび保守と保管についての自転車利用の障害がなくなる
　　⑥ロンドンの都心部における自転車トリップ数が新たに1日あたり4万回増える

③ 運営と利用方法

レンタサイクル事業は、ロンドン交通庁（TfL）に代わって、SERCO という民間会社 によって、建設、運営、維持されている。このレンタサイクルの新規加入料は、24時間利用1ポンド、年間利用45ポンドであり、利用料金は、最初の30分は無料、1時間1ポンドから24時間50ポンドまで、料金が逓増していく。

（2）総合的な施策の一環としての実施

この事業の前から、総延長900 kmに及ぶロンドン自転車ネットワークの形成が進んでおり、これが自転車の利用インフラになっており、これに加えて、後述のスーパーハイウェイも整備されつつある。

① 交通安全対策

自転車利用者数の増加に伴い、安全性を確保しなければならない。ロンドンレンタサイクル事業には、以下の事業が一体的に用意されている。

　①自転車訓練の改善と安全用品購買の奨励
　②自転車安全向上実行計画（2010年3月）の実施（52の実行計画）[*2]
　③ 大人向けの自転車の訓練の提供、およびレンタサイクル事業を通じた高度なモニタリングの実施
　④ルート情報の継続的な提供
　⑤重量車輌と自転車の間の安全性を改善する利用キャンペーン
　⑥重量車輌の配達のピークの回避や的確な安全運転への対応
　⑦ドライバーに対して安全性向上のための注意情報を提供すること、その他の安全利用の広報啓発　など

② 利用需要の調査・把握

また、レンタサイクル事業の実施に当たっては、自転車利用に対する需

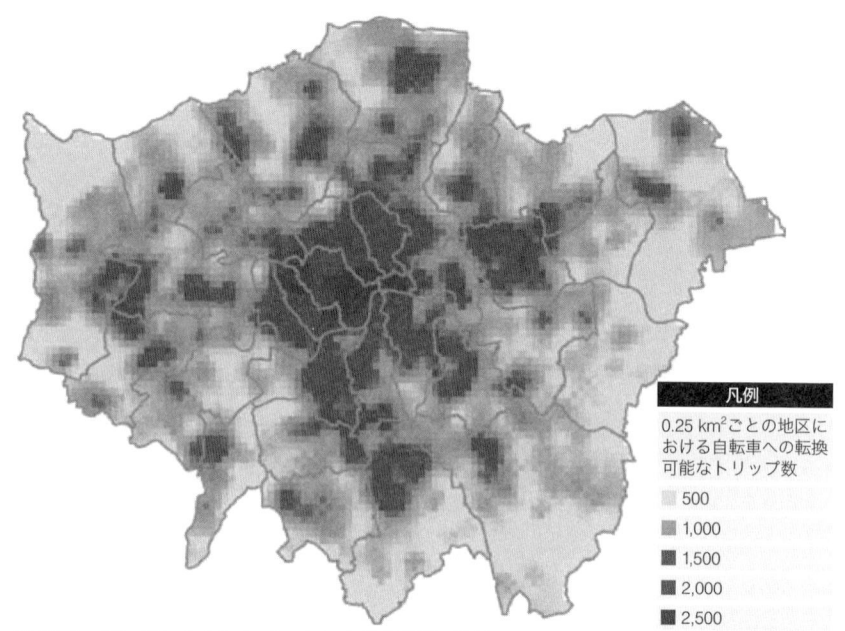

図11・1 ロンドンの 0.25 km² ごとの自転車利用可能性メッシュデータ（自転車利用需要）
(出典：「ロンドン自転車革命」から抜粋。1万9000世帯4万2000人のデータから分析したもの)

凡例
0.25 km² ごとの地区における自転車への転換可能なトリップ数
500
1,000
1,500
2,000
2,500

要分析、利用可能な場所の解析、レンタサイクル事業のメリットや顕在的なリスク、利用機会の有無研究などを実施した。

図11・1を見ると、4万2000人のデータに基づき、0.25 km² の地区ごとに自転車への転換可能なトリップ数を算出するなど、詳細な需要分析をしている。

(3) バークレーサイクルハイヤーの現況と今後

2013年度のロンドン市の資料によると、550カ所以上のドッキングステーションで8000台以上の自転車が用意されている。ドッキングステーションは、300〜500 m ごとに配置されている[*3]。なお、我が国では、目的施設までの我慢できる駐輪場の位置の距離限界は 150 m 程度である（各

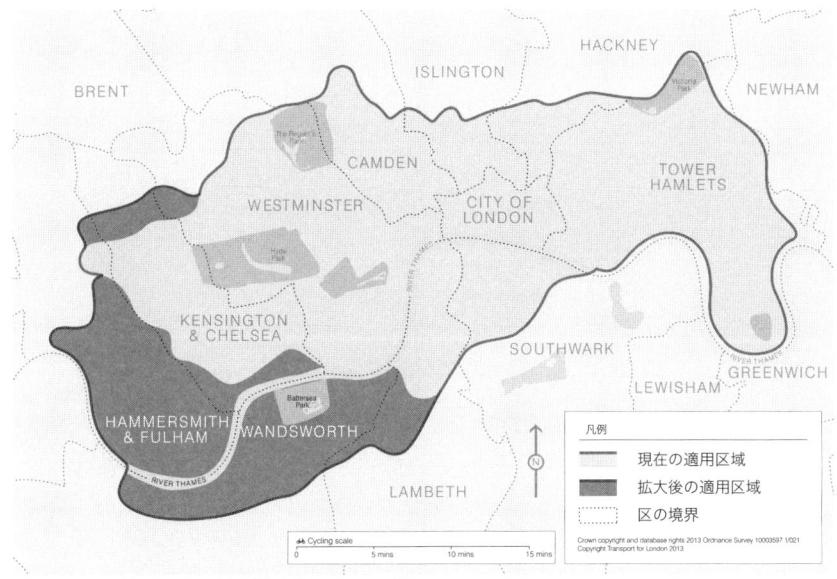

図 11・2　現状の運用区域と拡大後の運用区域 (出典：ロンドン市資料)

種アンケート)。そうすると、300 m に 1 カ所程度あれば、最寄りのポートまで 150 m の距離となるので、利用可能性は高いと思われる。

　2013 年 11 月現在、その営業区域は図 11・2 のとおりであり、中心部のシティを核として、その周辺区に限定されている。ただし、需要を把握した結果、図の濃い灰色の部分に当たる南西の部分が拡大されようとしている。

　また、利用状況もどんどん伸びてきており、2010 年の 12 月 3 日から 2013 年 10 月まで、会員数約 19 万人、利用回数約 1800 万回、非会員を含めると約 2600 万回の利用がある。2013 年 10 月の 1 カ月間で、65 万回の利用があり、1 日あたり 2 万 1800 回の利用となっている。自転車の数を 8000 台とすると、1 日に 1 台あたり 2.7 回の利用である。1 日に 1 台あたり 5 回の利用が採算の一つの目安ということであるとすると、今後さらに利用を推進する必要がある。なお、この数値は毎月更新されて発表されている[4]。

（4）コミュニティサイクル成功の条件

　世界のコミュニティサイクルの多くは、ベリブ型の電磁ロック式ポートを置いて運用・管理している。しかも、都市の中に同じような高い密度で設けている。このため、対象区域全域に恒常的に大きな需要がないと経営は難しい。自転車による移動需要の発生の可能性が大きいこと、およびその地域にいる人たちが自転車を持ち合わせていないことの二つが、コミュニティサイクルの需要を左右する重要な要素である。コミュニティサイクルを活用したほうが、さまざまなメリットがあることはわかっている。しかし、現実にこれを活発に利用して、そのメリットを享受するには、我が国の現実に合った作り付けが必要である*5。

　第1に、これを利用しようする需要をしっかりと把握することである。当たり前ではあるが、ロンドンのシェアサイクル事業では、$0.25\ km^2$ごとに自転車に転換される可能性のあるトリップがどの程度あるかなどを詳細に分析をし、これが高い地域を対象にしている。我が国では実験段階の利用者に対するアンケートの回答は好評だが、実験に参加していない大多数の人の需要を冷静に分析する必要がある。

　第2に、その地域にいる人たちが自転車を持ち合わせていないことである。フランスやイギリスと違い我が国は自転車保有率が高い。居住地では多くの人が保有しているので、観光地や事務所地、営業の出先などで自転車を持ち合わせていないシーンに的をしぼる必要がある。仮に、自転車を持ち合わせている人にも使ってもらおうとするなら、自分では買えない電動アシストやブランド自転車の提供、駅前駐輪場の料金よりも月2〜3割程度安い料金の設定など、自分の自転車より有利な条件設定がないといけない。

　第3に、このシェアサイクルを単独で導入するのではなく、走行空間のネットワーク整備、周到な安全対策、情報提供など自転車利用をサポートする総合的な施策をセットで用意することである。単純に自転車の車体を

転車による通勤需要をしっかり調査し、これに基づいて路線のルートの設定をしていることなど、我が国で行われている自転車ネットワーク整備計画に大きな参考になる可能性が高い。

　さらに、これ自体は、オリンピックを直接の目的とはされていないが、一部の整備がオリンピックと軌を一にすることで、地球環境にやさしいオリンピックの実施を間接的にアッピールしようとしたものと理解できる。

(1) 自転車スーパーハイウェイは通勤目的の連続した空間

　これはロンドン中心部に向かって相当の距離を自転車で通勤する人たちに対して、安全で高水準の走行空間を提供する通勤目的のものである。中心部に向かう既存の通勤経路を使い、安全かつ直線で連続し、かつ、十分に路面表示がなされ、わかりやすい案内のあるルートを提供している。

　また、スーパーハイウェイは、アウターロンドンおよびインナーロンドンと中心部との間の増加の一途をたどる自転車通勤のニーズにも対応すると期待されている。これにより、通勤の移動に革命をもたらすほど自転車通勤者が大幅に増え、すべての道路利用者に態度の変化をもたらすことに寄与し、2010年に比較して毎日最大12万の自転車によるトリップが新たに生み出されると予測されている。なお、東京都23区内在住の自転車通勤者（直行型）は、約45.4万人（2010年国勢調査結果）であるから、この12万の通勤トリップの増加はきわめて大きな数値である。

① ルートは通勤目的に限定して12本の放射状路線に設定

　スーパーハイウェイは、12本が図11・3のように計画されている。現在は、2号線、3号線、7号線および8号線が完成している。また、これに続いて、5号線が開通する。また、11号が2014年、4号、6号、10号および12号が2015年に完成予定である[*6]。

貸し付けるだけでは利用促進は図りにくい。

　第4に、費用のかかる最新鋭機器とメンテナンスを新たに導入する方法もあるが、駐輪場という既存空間のストックおよびそのスタッフの人的な資源を有効活用することも有効である。我が国で本格実施している阪急レンタサイクルや世田谷区のガヤリンは、駅前の駐輪場を活用して、ここにレンタサイクルを併設して経費を節減している。幸いに、我が国には、規模の大きな駐輪場が駅前に多数存在する。この人的・土地的な資源を活用し、駅を起点に公共交通と連携して発生する自転車の通勤、通学、観光、営業などの移動需要に焦点を当てて的確に対応する方策もある。

　最後に、一律に30分以内無料の設定など海外のシステムをそのまま導入するのではなく、たとえば、シェアサイクルの規模、ポートの密度、利用目的、街の特性などに応じた我が国に適した多様な密度、時間設定など日本版シェアシステムの構築の検討が必要である。

③. 総合施策としての自転車スーパーハイウェイ

　ロンドンでは、従前から総延長900 kmの計画を持つロンドン自転車ネットワークの整備が行われてきたが、専用空間の設置区間もあるもの距離案内の標識のみでクルマとの混在区間も多かった。そこで、弾丸自車道ともいうべき通勤目的に焦点を当てた超自転車道を創設した。こ自転車スーパーハイウェイと言われ、第1に、走行空間および交差点造や機能が直線的・連続的であり、第2に、単なる走行空間というの整備のみではなく、これと関連した総合的な自転車通勤施策を実施いること、第3に、我が国のネットワークと異なり、通勤目的という、が限定されていること、および、ロンドンの中心部から放射状に郊びており、原則として相互に連続していないこと、第4に、地区ご

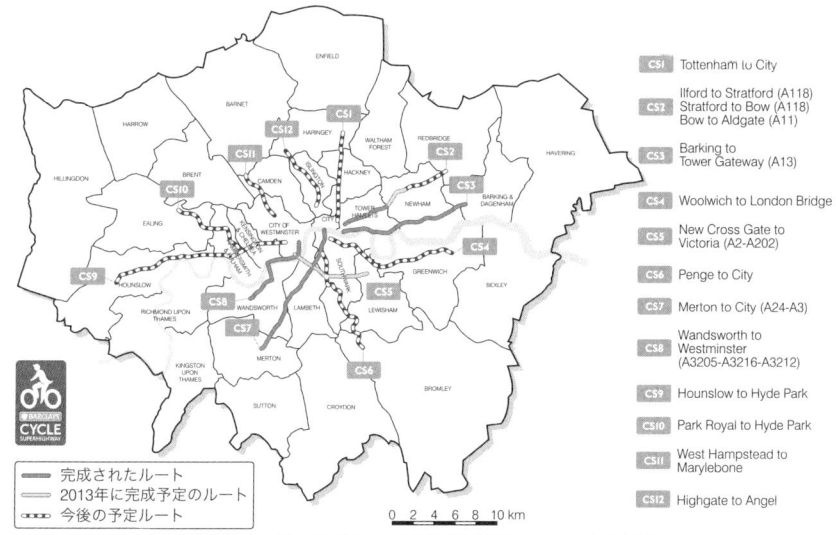

図11・3 ロンドン自転車スーパーハイウェイの地図 (出典:ロンドン交通庁資料)

凡例:
- 完成されたルート
- 2013年に完成予定のルート
- 今後の予定ルート

CS1	Tottenham to City
CS2	Ilford to Stratford (A118) / Stratford to Bow (A118) / Bow to Aldgate (A11)
CS3	Barking to Tower Gateway (A13)
CS4	Woolwich to London Bridge
CS5	New Cross Gate to Victoria (A2-A202)
CS6	Penge to City
CS7	Merton to City (A24-A3)
CS8	Wandsworth to Westminster (A3205-A3216-A3212)
CS9	Hounslow to Hyde Park
CS10	Park Royal to Hyde Park
CS11	West Hampstead to Marylebone
CS12	Highgate to Angel

2 安全性快適性にもっぱら配慮

ルートの路線は次のように自転車通勤者に対する配慮がなされている。

図11・4 スーパーハイウェイの路面表示と路線番号 (出典:ロンドン交通庁ホームページ)

① ルートの出発点から終点まで、路面に、途切れることのない、はっきりとした、青色を入れる
② 特別な安全施策を講じてスーパーハイウェイのルートの安全性を向上する
③ ロンドン中心部への直線的で信頼できるルートを確保する
④ 均質性を持つ連続した路面に仕上げる
⑤ 快適に走行できる路面を有し、かつ、障害物を最小に抑える

このように、すべてのスーパーハイウェイには、特有の青い色が塗装され、道路上の自転車空間の存在を他の道路利用者に知らせるとともに、自転車利用者も走行しやすくしている。路面表示を使うことで、他の標識と

第11章 自転車を唯一の主要交通手段と位置づけたロンドン

の混在や路上の混乱を避けることになる。スーパーハイウェイを他の自転車ルートと区別するために、このルートの路面表示は特有のデザインにしている。すなわち、路面に自転車のマークとルート番号がつけられている（図 11・4）。

3 交差点も安全快適

交差点では、次の具体的な安全対策を実施している。
　①前に出した自転車専用停止区画（バイクボックス）を設置（クルマの前に出て停止する前出し停止線）
　②交差点内にも青い色で自転車走行帯を設置
　③現在設置していない箇所への自転車専用通行帯（レーン）の新設と現在あるレーンの可能な箇所への延伸
　④幅員不足により自転車専用通行帯が導入できない交差点でのマークの表示
　⑤他の交通の高速での無秩序な左折を禁止
　⑥他の道路利用者によるジグザグ走行を減らす目的で安全帯を導入
　⑦自転車利用者のためのより広い空間の確保および危険箇所を減らすための安全帯の確保
　⑧自転車用の交差点における自転車交通容量の増加

4 自転車通勤需要に基づくルートの位置や配置

　各ルートの位置や配置は、自転車通勤の潜在需要の分析によって決められる。具体的には通勤者トリップの起点、終点（目的地）、人口動態が調査され、自転車通勤の起点である住宅地で 200m の六角形のメッシュごとに潜在需要を図 11・5 のような形で分析している。

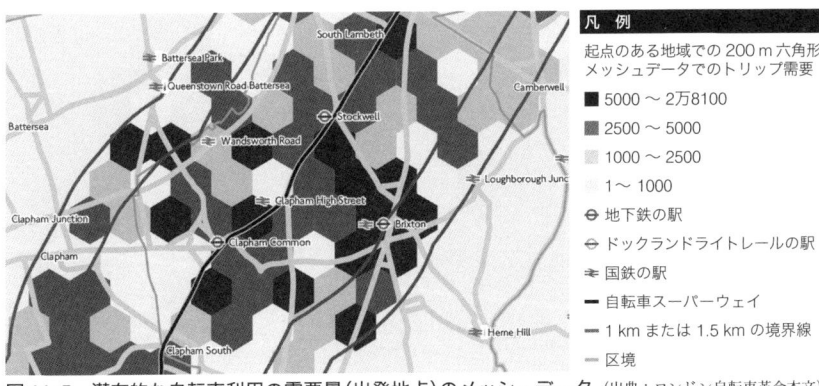

図11・5　潜在的な自転車利用の需要量(出発地点)のメッシュデータ　(出典：ロンドン自転車革命本文)

(2) 自転車利用促進策も実施

　スーパーハイウェイ計画は、高規格道路と自転車というスマートな交通手段を組み合わせた特色のある計画である。これらが合わさることによって、スーパーハイウェイは、魅力的で、速くて、安全な通勤空間になることができ、人びとが、確信を持って、進んでスーパーハイウェイを利用するようになる。

　このため、自転車利用を奨励するべく、さまざまなより質の高い交通施策が、スーパーハイウェイの起点である居住地と終点である職場地域において計画されている。これらの施策は、ルート沿いの住民、事業者、運送業者、利害関係団体など広範な利害関係者の協力により実行される。

　①対象とする地域内におけるスーパーハイウェイの認知度を高めるとともに、すべての通勤者における自転車のイメージを改善する
　②自転車への転換を促進し、それによって他の交通手段の混雑を減らす
　③スーパーハイウェイの起点である居住地と終点である職場での自転車利用の障害を調査し、企業や他の団体と協力してこれをなくすようにする
　④自転車自体およびスーパーハイウェイの安全性を高める

⑤盗難の削減とそのルートを使う通勤者を増やすための実験の実施
⑥将来の自転車通勤の予備軍である大学生や高校生にもこのハイウェイを広報啓発する

1 居住地での施策

ロンドン交通庁（TfL）の援助を受けて、スーパーハイウェイの起点である居住地の特別区では、ルート周辺の居住地区における駐輪場を改善すること、自転車通勤のための訓練と自転車の点検を支援すること、地元の通勤イベントを通して自転車通勤の可能性を伸ばすことなどの施策を講じている。奨励策の焦点は、通勤者の間での自転車の利点に関する認識を高めることである。

2 安全性の確保

別に策定している自転車安全実行計画に従って、スーパーハイウェイでの安全性の向上を図るため次のような安全の課題について取り組むこととしている。

①ルートに沿って、たとえば信号機に自転車利用者がより見えやすくなるトリクシーミラー（凸面鏡のカーブミラー）を設置するなどの新しい試行の実施
②運送業者と協力して、スーパーハイウェイの可能な場所では、一番混雑する時間帯の配達を避けるようにする
③フレネルレンズ（車体側面を確認するための補助的サイドミラー）を、ルートを利用する運送ドライバーに配布し装着してもらうとともに、質の高い運転を奨励する運輸ドライバー推進計画（FORS）が奨励される
④バス運転手に対して、自転車を認識するための訓練と情報、特にスーパーハイウェイのルートに関する情報を提供する
⑤スーパーハイウェイの自転車に関する安全性の全情報の提供

表 11・5　スーパーハイウェイとセットの自転車通勤奨励の総合的施策

①	通勤計画の策定	スーパーハイウェイ沿いの企業と協定して企業・地域ぐるみで奨励（300 以上とすでに協定）
②	施設整備の奨励	駐輪場、シャワーなどの整備資金を提供
③	訓練、通勤手当、修理など	自転車訓練、自転車を備品購入（節税、従業員に貸与）、修理、通勤手当、盗難保障など
④	企業利益の増大	通勤費用の 3 〜 5 割削減

出典：ロンドン自転車革命に基づき古倉整理。

⑥スーパーハイウェイのあるルート沿いの特別区および職場を通して、自転車利用者への自転車利用のための訓練を行う。

3 企業や他の団体との協力

　ルート周辺の企業は、ルートの利用を社員に推進することについて、重要な役割を担うことになる。また従業員が、より簡単に、より便利に自転車通勤するための設備を提供することについて、重要な役割を担う。スーパーハイウェイから 1.5 km 以内に位置する大企業は、自転車利用の訓練、駐輪場、自転車のメンテナンスおよび安全性の情報を社員に提供する場合には支援が受けられる。2010 年夏に始まった二つのパイロットルート沿いにある 300 社以上が、早い段階から関心を示していた。これらのために、スーパーハイウェイとセットで講じられる総合的施策を整理すると表 11・5 のようになる。

第12章 最先端の自転車施策のコンセプトがつまったポートランドの自転車計画

1. 多くの先端的なコンセプトが満載

ポートランドの自転車計画（2010年）は、走行空間の量的な面と質的な面で圧倒的に斬新な内容が記述されており、今後の我が国の自転車計画の模範になると考えるものである（表12・1、12・2）。一方、それ以上に、ソフト面で新しい先進的なコンセプトを包含しており、参考とすべき項目や内容が多い。これらのいくつかをあげると、次のようなものがある。

1 近隣住区などのまちづくりコンセプトとの連携

ポートランドの20分近隣住区というまちづくりのコンセプトとリンクして、自転車でその住区内の人びとの移動をまかなうとしている。このために、自転車走行空間を段階的な構成とし、また、一般の走行空間に加えてよりストレスの少ない走行空間を設けるとともにその密度を重視して、きめ細かくネットワークを張り巡らして、この地区内の移動を自転車で行うことが容易になるように工夫されている。

表12・1　ポートランド自転車計画2010の総論

①自転車の具体的なメリット（安全性、環境、健康、公平性、活動的、費用対効果）
②自転車施策の重点的対象（車両、安全、子ども、高齢者、歩行者、自転車どうし）
③施策体系の基本的あり方（他の政策体系、計画体系との連携・変更要求）
④自転車政策の位置づけ（他の政策より優先的位置づけ、自転車が社会・環境・経済的に最良）
⑤自転車走行空間の新たな分類（幹線自転車道、地域自転車道、自転車地区の3種）

出典：ポートランド自転車計画に基づき古倉整理。

表12・2　ポートランド自転車計画2010の各論

利用環境（ハード面の施策）	①自転車空間ネットワークの拡大 ②自転車走行空間の基準 ③自転車駐車場 ④自転車と他の交通手段との連携 ⑤環境にやさしい交通手段のネットワーク ⑥自転車走行空間の運営・管理 ⑦中心市街地における自転車道
利用促進（ソフト面の施策）	①自転車利用の奨励 ②安全のための教育と法律による詳細な義務化 ③自転車利用者のための案内標識・表示
実施体制（実施プログラム）	①実行のための全体的取り組み ②自転車道の整備の実施基準 ③ネットワーク形成の実施戦略 ④戦略実行シナリオ ⑤評価と測定

出典：表12・1と同じ。

2 自転車と高齢者、子ども、歩行者など特定の層に対する配慮

　今後、高齢者が移動に自転車をもっと利用するようになること、このために高齢者が必要とする広い走行空間を供給するとともに、信号、標識、路面表示なども改善が必要であること、自転車は歩行者に対する配慮を要すること、子どもたちには自転車利用に必要な知識をしっかりと教えるなどさまざまな層に対応して自転車施策を提唱しているが、このようなきめ細かな配慮が自転車施策に要求されるとしている。

3 自転車への興味の度合いにより住民を四つのタイプに分けて広報啓発する

　自転車に対する興味の度合いにより、四つのタイプに住民を分類して、これに応じた対策を考えることも行われている。すなわち、①自転車利用に興味があり、かつ不安がない人（全体の1〜2％程度）、②自転車利用に興味がありかつ安全性を信頼している人（同1割程度）、③自転車利用に興味があるが安全性に不安がある人（同5割程度）、および④自転車利用には

利用に興味がありかつ安全性を信頼する		
	利用に興味があるが不安	利用に興味がない

利用に興味があり、かつ不安がない

図 12・1　住民の自転車に対する興味の度合いの構成比（%の記入はない）(出典：ポートランド自転車計画 2030)

興味がない人（3分の1程度）である。このように興味や安全性への不安状況に応じた分類を考慮に入れて、自転車利用促進のためのテーマや題材を変えて広報啓発をすることとしている（図 12・1）。

4 市の他分野の施策に自転車の活用を入れ込むようにする

自転車は多機能であり、観光、健康施策、環境施策など色々な施策に活用できる。そこで積極的に自転車の効用を説いて、市のあらゆる可能性のある施策に自転車の活用を働きかけ、取り入れるように仕向けることや、市の総合計画の改訂時に自転車活用を入れ込むことなどを自転車計画で述べている。

また、住民参加を徹底して実施しており、これにより、自転車利用に対する関心を持ってもらうようにしていることなど、数多くの新しいコンセプトや方法論、内容が含まれている。

2. 走行空間の全体像

より積極的に自転車利用を推進するには、上記のような走行空間の安心感の醸成のみならず、自転車利用者が積極的に走行したくなるような空間設定が必要である。そこで、自転車利用者が走行したくなるような空間構成を目ざしているポートランドの自転車計画をもとにして、我が国に参考となる走行空間に関する事項を紹介・提案したい。

なお、次に述べるようなポートランドの広幅員自転車専用通行帯（レーン）、自転車優先道、自転車優先地区などの設定は、我が国の道路交通法や道路構造令、ガイドラインなどでは存在しない。しかし、我が国の道路交通法などはどちらかと言うと最低の基準を定めている面もあり、それ以上の安心・低ストレス空間の提供は、決して矛盾するものではないので、おおいに参考にすべきである。また、今後の課題として、地方公共団体が道路構造令を定めることができるように地方分権改革で措置されたので、その際には検討すべきである。

（1）自転車走行空間の形態別のきめ細かな分類

ポートランド自転車計画では、自転車道や自転車専用通行帯（レーン）

表12・3　自転車走行空間のメニューの全体体系（②の広幅員自転車専用通行帯の5種を入れて11種類の空間）

Ⅰ 一般道の専用空間の種類	①自転車専用通行帯	8インチ幅の縞模様と自転車記号で指定された道路の部分。自転車が専用で移動することが保障されている。
	②広幅員自転車専用通行帯	(1)広幅員自転車専用通行帯、(2)緩衝帯付き自転車専用通行帯、(3)自転車追い越し専用通行帯、(4)カラー自転車専用通行帯、(5)時間限定自転車専用通行帯。これらの新しい種類の自転車専用通行帯は、自転車利用者に対して、より多くの自転車交通容量とより快適な走行環境を提供しうる。
	③自転車道	車道に隣接しているが、自動車交通からは物的障壁や他の分離方法で分離されている自転車専用通行空間。
Ⅱ 一般道の混在空間の種類	①自転車優先道路	自転車の優先通行権のある道路。
	②自転車誘導通行帯	自転車には優先権があるが、強制的ではない。自動車は近くの車を追い越すために、自転車専用通行帯に進入してもよい。
	③質の高い共有道路	自転車に優先権は与えられていないが、数々の工夫で自転車の移動を円滑にする。
Ⅲ 一般道以外の空間	トレイル（自転車散策道）	緑地の中、川沿いや廃線跡など道路以外の自然的環境類似の場所にある自転車道で、日本のレクリエーション用の自転車（歩行者）専用道に近い。ただし、我が国ではレクリエーションやサイクリングのものとして活用されているが、これを既存の都市内ネットワークと直結させて、低ストレスの都市の移動空間として利用するものである。

出典：ポートランド自転車計画2030に基づき古倉整理。

などについて物理的にどのような空間形態をとるかという形態別の分類を11種類（一般6種類と広幅員自転車専用通行帯5種）に細分化しているのである。路線ごとに一覧表で示すと表12・3のような体系になる。

　これを見ると、今までの自転車道、自転車専用通行帯および自転車共用の区分とは異なり、よりきめ細かく設定されている。

　また、ポートランドでは、高齢者などに対する自転車政策も考慮しており、彼らが走行する路線などについては、ふらつきなどを考慮してより広幅員の通行帯を採用するよう考慮されている。なお、この広幅員の通行帯は、クルマの交通量が多いかまたは速度が速い場合に選択されることとなっている。

(2) さまざまな配慮のある広幅員自転車専用通行帯

　これらの自転車専用走行空間のうち広幅員自転車専用通行帯（レーン）の詳細は表12・4で示すとおりである。

　これらはいずれも、自転車利用者の安全性と快適性の観点から、より幅の広い空間を確保するものであるが、特に(1)の広幅員自転車専用通行帯は、2台の自転車が会話をすることができるような併走（同乗者と話ができるのはクルマにのみのメリットとされている）を可能とするコペンハーゲンの例も視野に入れて、快適性の向上を図るものであり、また(5)では自転車の通行量が少ない場合のみクルマの駐車空間を認めることによる沿道駐車需要との調整も図るなど、さまざまな形で自転車利用者の快適な走行を支援しているのである。

(3) 車道上の自転車優先を徹底する混在空間

　いかに先進都市といえども、すべての自転車ネットワークを専用空間でカバーすることはできない。そこで、混在空間でネットワーク路線を確保

表12・4　広幅員自転車専用通行帯（新しいコンセプトの自転車専用通行帯であり、自転車利用者に対して、より多くの自転車交通容量とより快適な走行環境を提供しうるもの）

(1)広幅員自転車専用通行帯	2から2.5ｍと通常の自転車専用通行帯よりも幅員を多く取るもの。高齢化社会を迎えて高齢者などが安心して通行することを容易にしたり、または併走を認めて会話をしながら自転車を走行することを認めるなど、高度に安全快適な走行空間を提供しうるものである（コペンハーゲンにも例がある）。	
(2)緩衝帯付き自転車専用通行帯	リブ付きのラインを引くとともに、車道側に30 cm程度の余裕空間（バッファゾーン）を設けるもの	
(3)自転車追い越し専用通行帯	1.5 mの走行通行帯に対して速度の速い自転車の追い越しのためにさらに1.5 mの幅員を設けるもの	
(4)カラー自転車専用通行帯	自動車交通の激しい路線で、明確に他の道路利用者に自転車専用部分であると識別できるようするもの	
(5)時間限定自転車専用通行帯	自転車専用通行帯とクルマの路上駐車帯の両方の幅を確保できない場合に、自転車の通行量の少ないときのみ駐車を認め、他のときは自転車専用通行帯とするもの。（例：7〜9時から15〜19時までは自転車専用）	

出典：ポートランド自転車計画付属資料。

する必要性がある。しかし、このポートランでは、この混在空間に工夫を凝らして、積極的にこれを活用して、自転車の安全快適な空間を確保している。

① 多様な混在空間の種類

　自転車走行空間のうち、車道上の混在空間の設置は、専用空間よりも混雑の少ない道路を対象とすることは我が国と同様である。このタイプの道路では、③の質の高い共用道路を除いては、自転車走行を法律的にも物理的にも優先することとなっている（表12・5）。

表12・5　自転車とクルマが混在する自転車走行空間の種類

①自転車優先道路 		自動車の交通量が少なく、スピードも遅い道路である。ここでは、自転車走行は優先権を与えられている。信号、標識、その他の措置により、自動車の通過交通を抑制して交通量を抑えるものである。この結果、混雑する地域の道路でも、安全で快適な自転車の交差点通過を実現する。自動車交通を他の通りに無理なく誘導することができる箇所で、もっとも整備を進める。
②自転車誘導通行帯 		ストライプの模様を入れた専用的ではない自転車通行帯である。一般的に、両サイドに自転車誘導通行帯を設け、中央寄りには、十分な幅の自動車通行車線がある。自転車には優先権があるが、自動車は近くの車を追い越すために、自転車誘導通行帯に進入してもよい。自転車走行空間の幅は1.5 m程度確保するが、その分クルマの走行空間をせまくする。①の自転車優先道以上の交通量とスピードがある場所に適用される。近くに平行に走るルートがないので、車を他の通りに誘導することがほとんどできない場所にも、この自転車誘導通行帯は有効である。たくさんの自転車の移動が直ちに見込めない場所に、この自転車誘導通行帯を適用する。
③質の高い共有道路 		この道路は、自転車に優先権は与えられていないが、自転車用の信号と標識によって、自動車の運転手に道路上の自転車に配慮させるとともに、交通静穏化方策（カーミング）や交差点処理方法により、自転車の移動を円滑にするものである。相対的に交通量の少ない道路に適する。

出典：ポートランド自転車計画本文および付属資料。

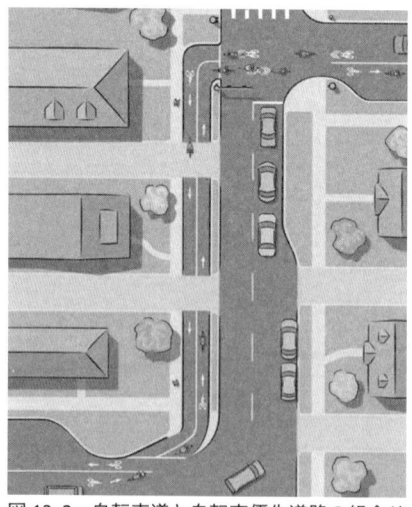

図12・2　自転車道と自転車優先道路の組合せの例　(出典：ポートランド自転車計画2030)

　また、この③の質の高い共用道路には信号や道路の構造など他の側面で自転車をサポートする仕組みがある。

　このように見ると、自転車ネットワークに取り込むからには、徹底して、自転車の利用を優遇するという思想が明確に出ている。クルマとの混在空間の場合は、法的または構造的に自転車を優遇し、支援するのである。我が国のガイドラインの混在型のように、自転

車とクルマのどちらを優先するかを明確にしていないような空間とは異なっている。総論としての自転車の位置づけとともに、このような混在空間など現場での自転車の優遇、支援の強化についても、今後の参考にしたいものである。

(4) トレイル(自転車散策道)を自転車ネットワークに取り込む

　米国ではトレイルと呼ばれている一般道路以外の場所にある自転車歩行者専用道で、完全にクルマ交通から分離されているいわば自転車散策道(日本での自転車歩行者専用道に近い)である。川沿いやその他の自然の多い場所や連続の緑地帯などをつないでいる。また、廃線となった鉄道などで通行可能なものに設けられている。この自転車専用道を、自転車ネットワークの一環として取り入れるか、または、これを延伸して既存の自転車ネットワークとの結節点を設けるなどしている。

　河川の堤防上など一般道路から切り離した自転車道は、我が国では大規模自転車道などとして、すでに相当の延長が整備されている。しかし、多くのものはサイクリング道路として独立してレクレーションなどに活用されることを目ざしており、他の道路とのネットワークを組むことが少ない。

　しかし、河川の堤防などを活用して設けられている場合は、異なる都府県や市町村にまたがっていることも多い。これを今後期待される広域のネットワーク作りに活用すべきである。このためには、都市内のネットワークとの結節点をあらかじめ組み込むが、少なくともこれとの連携を図って、自転車ネットワークの一環として機能させることが必要である。

❸ 自転車ネットワークの密度を確保する

(1) 密度という質の側面も重要視する

　ポートランドの自転車計画では、その延長の壮大さもさることながら、きわめてきめ細かい密度のネットワークを形成している点が重要である[*1]。

　いわば、延長がネットワークの量的側面を表すとすれば、密度はネットワークのサービスの質を示すものである。すなわち、量および質の両方の側面を意識してネットワークを形作ることも必要である。ポートランドの2030年の計画では、自転車が最寄りのネットワークにわずかな距離でたどりつけるように密度をきめ細かく設定している。それは2030年の計画と2009年の各自転車ネットワーク地図を比較すると一目瞭然である（図12・3）。

　すなわち、2030年における自転車走行空間のネットワークは800フィー

2009年現状　　　　　　　　　　2030年計画
図12・3　ポートランド自転車計画における現状図と2030年の自転車ネットワーク
(出典：ポートランド自転車計画2030)

ト (244 m) ごとに設けるとしている。ただしこれは、一般の自転車走行空間のネットワークであり、このなかに次の低ストレスのネットワークという質的にレベルの高いネットワークを含んだものである。

(2) 低ストレスの自転車走行空間の密度を高める

　ポートランド市の空間設計の基本的コンセプトは、新しい自転車利用者を誘引するために、低ストレスの自転車空間というより質の高い空間の割合を増やすことにある。このために、世界最良の空間設計の基本原則を五つあげている。①安全性、②快適性、③魅力性、④直接性および⑤結合性である。それぞれは、当然の項目ではあるが、このような基準を明確に思想として前面に出して明示している点が優れていると言うべきである。

　そして一般の走行空間のネットワークから、表12・3の広幅員自転車専用通行帯（レーン）、自転車道、トレイルなど、自転車利用者が真の意味で安全快適に走行できるいわば心地よい低ストレスの空間に、0.25マイル（400 m）以内でアクセスできることを目ざしている。言いかえると、0.5マイル（800 m）ごとに1本が設けられることになる。さらに、このメリットを受ける都市住民の人口比率を80％とすることを目標にしている。このように自転車利用者の快適な走行を確保することを徹底的に考えて、一般の自転車ネットワークと低ストレスのネットワークの2段構えでのネットワークを整備するのである。

　計画には、「自転車空間へのアクセス可能性分析（Bikeway Network Gap Analysis）」という自転車空間にアクセスできるかどうかを分析した地図が示されている。図12・4で濃く塗られたところは2008年の現状での低ストレスの自転車空間へ0.25マイル以下でアクセスできない地域である。現状でもほとんどが濃い色であり、低ストレスの自転車走行空間に0.25マイル以下でアクセスできる住民は全体の30％未満である。また、1996年計画が完成したとしても図12・5のように50％にとどまっており、あまり解消しない。

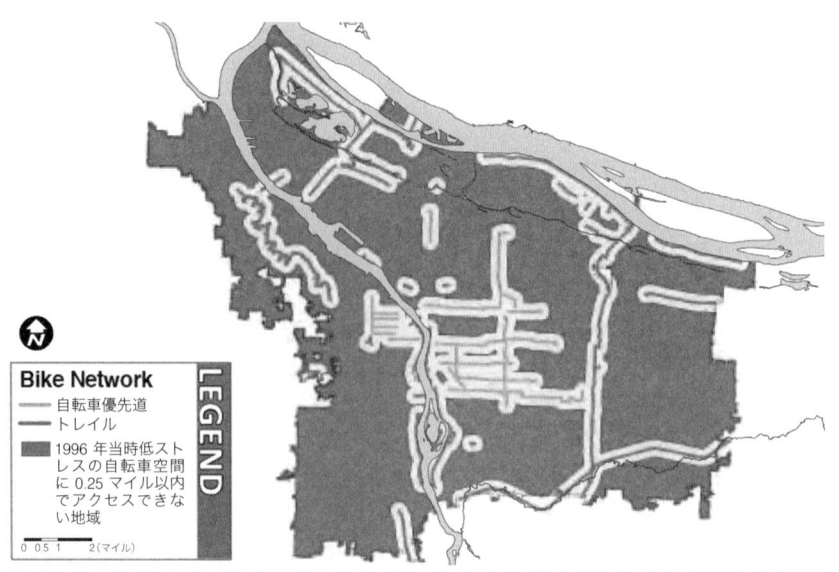

図12・4　低ストレスの自転車走行空間への 0.25 マイル以内でのアクセスの可否（2008 年の現状）
（出典：ポートランド自転車計画）

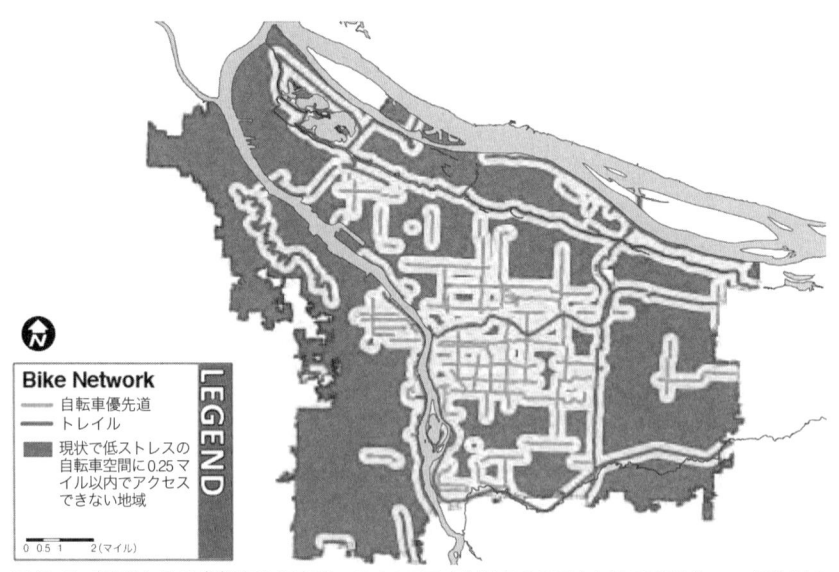

図12・5　低ストレスの自転車走行空間への 0.25 マイル以内でのアクセスの可否（1996 年計画の完成時）（出典：図12・4 と同じ）

しかし今後、既存の自転車走行空間を低ストレスの空間に変え、最終的には住民全体の80％が低ストレスの自転車空間に0.25マイル以下でアクセスできるようにして、世界レベルの走行空間を形成することをめざしている。

(3) 優先順位を決めプログラム的に整備する

ポートランドでは、次のような優先順位や整備手順を設定し、目的にあったプログラムを設定している。
　①地域や街の中心部、メインストリート、雇用の中心地、商業地区、乗り換え地点、駅、公共施設、学校、公園、娯楽施設などのニーズの高い地点へアクセスする自転車ネットワークを優先させる
　②現在あるネットワーク計画の完成のために不足する路線のリストを定期的に評価し、その完成のための優先順位を決める
　③ポートランド全域の近隣地区では、地区内の移動を自転車でまかなうため、低ストレスの自転車ルートの体系を構築して整備する
など戦略的なプログラムでネットワーク形成を進めて、図12・3に見られるようなきわめてきめ細かい驚異的な密度が徐々にでき上がることとなっている。

(4) まちづくりとリンクした自転車ネットワークの段階別構成

ポートランドの自転車ネットワークは、まちづくりと一体としてセットされている。すなわち、コンパクトなまちづくりのコンセプトとして、「20分近隣住区」を導入して、この中で都市住民は主要な日常用務を足すことができることとし、この移動を自転車によるものとするとされる。

そして、この場合において、自転車走行空間の分類として、主要幹線自転車道（Major City Bikeway）、幹線自転車道（City Bikeway）、地域自転車道（Local Service Bikeway）と自転車地区（Proposed Bicycle District）とい

表12・6　ポートランドの機能別空間における整備形態別延長一覧（2010年計画上）

	距離（単位：マイル）	割合
主要幹線自転車道	205 (328.0 km)	21.0%
トレイル	54 (86.4 km)	5.5%
道路上専用空間	96 (153.6 km)	10.0%
自転車優先道路	49 (78.4 km)	5.0%
自転車誘導通行帯	5 (8.0 km)	0.5%
質の高い共用道路	1 (1.6 km)	0.0%
幹線自転車道	757 (1211.2 km)	79.0%
トレイル	85 (136.0 km)	9.0%
道路上専用空間	394 (630.4 km)	41.0%
自転車優先道路	199 (318.4 km)	21.0%
自転車誘導通行帯	33 (52.8 km)	3.0%
質の高い共用道路	46 (73.6 km)	5.0%

出典：ポートランド自転車計画に基づき古倉整理。

う機能の段階に応じた構成が示されている。

　主要幹線自転車道は、都市の主軸として配置され、1マイル（約1600 m）程度ごとに配置されている。また、幹線自転車道は、その間に1～2本程度配置され（表12・6）、地域自転車道は、それ以外の道路である。また、「自転車地区」とは、商業的、文化的、公共的、そしてレクレーション的な施設が密度高く集中する地区で、行政がクルマよりも自転車による移動をしやすくするべき面的な地区である。その地区内の全道路において、自転車による目的地へのアクセスが可能となる優れた自転車環境が提供される。

　このように都市内のどこにいても、そこから一定の短距離以内に低ストレスの自転車走行空間にたどりつけるネットワーク形成と、近隣住区での利用とのリンクを重視しながら、自転車走行需要を適正に処理できる段階別の自転車走行空間の形成を目ざしている。これが真の意味の自転車まちづくりであるとも言える。このような点も今後の我が国の課題である。

(5) 我が国では独自性のあるネットワークの形成を考えるべき

　我が国では、今まで、自転車の走行空間をネットワークで整備するという考えがあまりなく、単発の路線の整備どまりであった。ネットワークを整備するかどうか、また、整備する場合、その整備の水準をどのようするか、国が示した空間整備レベルよりももっと高いレベルの基準で作成するかを含めて、各都市の判断に任せられている。ネットワークによる整備が初めてのところも多いとは思われるが、どうせ策定するなら、可能な範囲で、このポートランドのようなレベルの高い水準を参考にして、その先端的な部分を一部でも取り入れたいものである。そして、何か一つでもよいので、他と異なる内容を入れたい。このポートランド自転車計画は、そのような選択肢としての要素が多く存在する。特に、量的な水準を追求することは及ぶべくもないので、質的な水準で何らかの特色ある空間の形成を追求をすべきであると考える。

1 ネットワークのサービスレベル（質）を意識した密度の設定
　たとえば、ネットワークの密度について、我が国の自転車ネットワークに関するガイドラインでは、このネットワークを整備する区域内では、1〜6 km/km^{2}という密度が参考になるとの記述がある（p.I-7）。これは、330 mから2 kmに1本の密度であるとされている。ポートランドの密度よりは低いにしても、それなりの密度である。都市住民に密度の高いネットワークを提供するのも一つの考え方である。この場合に、商業地、業務地、住宅地などや都心部と郊外部など土地利用の実態などに応じて地域を分けて密度の濃淡をつけること、高齢者や低年齢層の自転車利用の多寡に応じて地域を分けて密度の濃淡をつけることなど、弾力的な密度の設定もありうると考えられる。

2 密度と段階構成を意識した計画

　我が国のガイドライン（p.Ⅰ-7）に掲げられた①から⑥までの分類（表9・1）と、ポートランドでの自転車走行空間の機能や位置づけによる分類を重ね合わせ、よりきめ細かいネットワークの設定や総合的な機能分担などがあってもよいのではないかと考える。

　また、通勤・通学に利用する場合で交通量が極端に一つのルートに集中する路線では、裏道も含めて複数のネットワークを設定するなどして、その地域のみ他の地域よりもネットワーク密度を高くして、これを面的に分散して受け止めるなど、弾力的にネットワークを設定することも考えるべきである。

3 独自のテーマを設定したネットワーク形成

　また、たとえば、ガイドラインでは、ネットワーク対象路線は、六つの項目から選択できるとともに、設計基準は標準的なものである。したがって独自のストーリーからのネットワーク形成を検討することができる。ここでは、たとえば、高齢者の自転車による買い物移動を徹底して安全にする路線とか、病院などに通院する人を支える路線、企業とタイアップした郊外の工業団地に向けた通勤を盛んにする路線、災害時の自転車による避難路にする路線など、地域特有の特定のテーマを組み合わせて選択し、ネットワークを形成するのも独創的である。

　この場合、先述のように、高齢者の買い物の路線では、少し時間がかかってもよいから、安全快適なネットワークとして少し幅広い、または交通量の少ない低ストレスの空間、勾配などが少ない空間を用意するなど、目的に合わせて、ガイドラインの一般基準より質の高いものを検討する。このようにすると、結果的には、その路線は、高齢者などはもちろん一般の人にも低ストレスとなり、高齢者にかぎらず広く自転車利用を促進できる。

引用・参考文献

1章
* 1) 古倉宗治『成功する自転車まちづくり』pp. 178-179
* 2) 古倉宗治『自転車利用促進のためのソフト施策』pp. 269-271
* 3) 毎日新聞2011年1月6日1面トップおよび同日社会面「銀輪の死角」で紹介された筆者の研究に関する記事
* 4) 奈良県「奈良中心市街地自転車ネットワーク計画検討委員会アンケート調査」2013年12月実施
* 5) 地方公共団体に対するヒアリング結果など
* 6) 大脇鉄也ら「交通状況に応じた整備すべき自転車通行空間の選択に関する一考察」第41回土木計画学研究発表会、2010年

2章
* 1) 国交省道路局「『安全で快適な自転車利用環境創出ガイドライン』についてよくあるご質問と回答」
* 2) 豊橋市「自転車通行空間確保社会実験検証結果（速報版）」2013年12月16日
* 3) 『成功する自転車まちづくり』p. 132

4章
* 1) (公財) 交通事故総合分析センター『イタルダ・インフォメーション』No.78、p. 6、2009年
* 2) 大阪市「放置自転車対策について」市政モニター報告書、2010年
* 3) 自転車の交通ルールの徹底方策に関する懇談会「自転車の交通ルールの徹底方策に関する提言」2012年12月27日
* 4) 『成功する自転車まちづくり』pp. 68-74
* 5) 内閣府「駅周辺における放置自転車などの実態調査の集計結果」2011年
* 6) 東京都「旧玉川水道道路における自転車レーンの整備効果」2008年
* 7) 古倉宗治「自転車と交通安全計画（上・下）」(一財) 日本交通安全教育普及協会『交通安全教育』2012年9月号および同10月号

5章
* 1) 太田裕之ら「環境配慮行動における客観的CO_2排出削減量事実情報提供の効果に関する実験研究」『土木学会論文集G』Vol. 63、No. 2、pp. 159-167、2007年
* 2) 『成功する自転車まちづくり』pp. 23-25
* 3) 『成功する自転車まちづくり』p. 33、図1・9、1・10
* 4) 元田良孝ら「高齢者の運転意識と安全のギャップに関する研究」『交通工学研究発表会論文集』29巻、2009年10月

6章
* 1) 『URBAN STUDY』Vol. 34、pp. 1-17、2003年1月
* 2) 『成功する自転車まちづくり』pp. 122-124
* 3) http://jitenshatabi-yado.com/list/index.html

7章
* 1) ㈱セイエンタプライズが運営するオンラインショップ「Seishop（セイショップ）」
* 2) 『成功する自転車まちづくり』pp. 112-114

8章

- *1）国交省「平成25年度自転車ネットワーク計画の策定状況に関する調査」
- *2）2010年国勢調査。人口10万人以上の都市での自家用車のみの通勤・通学者の割合
- *3）『成功する自転車まちづくり』pp. 23 - 25
- *4）同 pp. 32 - 37
- *5）同 pp. 54 - 68
- *6）同 p. 57
- *7）同 pp. 42 - 48
- *8）同 pp. 72 - 74
- *9）同 pp. 45 - 48

9章

- *1）千葉市「ちばチャリ・すいすいプラン」p. 26、2013年8月

10章

- *1）『成功する自転車まちづくり』序章
- *2）オランダ政府「オランダにおける自転車利用」第1章
- *3）同 第2章第4節
- *4）『成功する自転車まちづくり』pp. 218 - 221
- *5）コペンハーゲン市「コペンハーゲン自転車戦略2025」p. 7
- *6）同 p. 8
- *7）同 p. 9
- *8）同 p. 14
- *9）同 p. 15

11章

- *1）（一財）日本自転車普及協会資料
- *2）古倉宗治「自転車と交通安全計画（上・下）」（一財）日本交通安全教育普及協会『交通安全教育』2012年9月号および同10月号
- *3）「バークレイズレンタサイクルでロンドンを探検」ロンドン交通庁 2013 / 14年版
- *4）ロンドン交通庁ホームページ、2013年10月30日時点
- *5）東京新聞2014年1月26日朝刊の論壇に掲載された筆者の提案
- *6）ロンドン交通庁資料

12章

- *1）古倉宗治「欧米自転車先進諸国の自転車政策について（その136）ポートランド市の自転車政策（その15）」『自転車・バイク・自動車駐車場パーキングプレス』No. 41、Vol. 621、2013年8月号など

索 引

[英数]

IRTAD（国際道路統計機関）··················16

[あ]

飛鳥嵐山ルート·····························176
アンケート調査·····························204
安全教育····································90
安全で快適な自転車利用環境創出ガイドライン····························3, 15, 38
案内誘導サイン·····························50
イベント····································206
医療費·····································121
裏道の交差点·······························19
駅前自転車放置台数·························66
エコ通勤··································189
エコツーリズム····························140
縁石線······································65
押しチャリ··································63
おもてなし·································151
オリンピック記念自転車道···················166
オリンピック自転車歩行者道·················167

[か]

介護費·····································121
街頭指導····································43
ガイドライン策定の効果·····················213
過失致死傷罪································94
カラー自転車専用通行帯····················269
観光······································206
緩衝帯付き自転車専用通行帯················269
観戦型·····································155
幹線道路どうしの交差点·····················19
幹線ルート·································142
看板掲出····································43
管理······································210
企画型·····································157
空間的な制約······························184
クルマ依存型······························187
健康経営··································171
公共交通··································211
公共交通との連携···························85

高原ルート·································142
交差点事故··································18
交通安全講習会受講の特典·················104
交通政策··································211
交通政策基本法······························03
交通対策本部································37
広幅員自転車専用通行帯····················269
高齢者への交通安全講習会·················102
高齢者用のデザインのヘルメット·············131
コース設定型······························157
五感······································140
国勢調査··································185
国家自転車・歩行者調査···················238
古都りん··································150
コペンハーゲンの自転車計画(2011年)·····244
コミュニティサイクル·················149, 251
混在··54
コンパクトなまちづくり······················113

[さ]

災害······································164
災害対策··································161
サイクリストの聖地·························157
参加型·····································155
参加型の愛称選定··························143
三大生活習慣病····························122
シーンに応じた自転車活用··················153
時間限定自転車専用通行帯·················269
質の高い共有道路··························270
自転車安全利用五則··························37
自転車運転免許制度·······················106
自転車追い越し専用通行帯·················269
自転車側の一時停止無視や信号無視·········93
自転車空間へのアクセス可能性分析·········273
自転車計画································181
自転車計画の先進性························234
自転車講習··································99
自転車交通安全計画·······················110
自転車スーパーハイウェイ······166, 235, 257
自転車ステーション························151
自転車専用通行帯（レーン）·················31

自転車走行空間の設計のポイント	53	ツアー型	157
自転車駐車場の整備	67	通勤・通学時の利用交通手段	185
自転車駐車場の撤去	67	津波避難	164
自転車駐車場の利用者に安全教育	103	「低ストレス」の自転車空間	52
自転車通勤許可	106	低ストレスの自転車走行空間	273
自転車通勤の安全性	189	電動アシスト三輪自転車	136
自転車道	32	電動アシスト四輪自転車	136
自転車等駐車場の整備のあり方に関するガイドライン	73	転倒しない高齢者向けの自転車	128
		東京オリンピック記念自転車歩行者道	168
自転車による観光イベント	154	東京自転車スーパーハイウェイ	170
自転車ネットワーク計画策定市区町村	183	東京の水と緑のネットワーク構想	169
自転車の位置づけ	216	特別区事業	249
自転車歩行者道	14, 41, 65	徒歩で行ける距離	120
自転車優先道路	270	トレイル（自転車散策道）	271
自転車誘導通行帯	270		
自転車ライフプラン	135	**な**	
自転車利用環境整備ガイドブック	36, 53, 64	ならクル	151
指導帯	225	ならクルサポーター	151
しまなみ海道	152	奈良県自転車利用ネットワークづくりガイドライン	49, 50
しまなみ自転車旅の宿	152	奈良まほろばサイク∞リング	142
車道原則	37	20分近隣地域	115
車道走行に対する恐怖感	43	日本一健康文化都市	136
車道走行の危険感	53	ネットワーク計画	182, 214
車道通行の原則	35	ネットワークの階層化	220
車道通行の比率	26	ネットワーク路線	215
車道のクルマの速度と交通量	54		
車輪止め装置	79	**は**	
重過失致死傷罪	94	バークレーズサイクルハイヤー	251
成人を対象とした講習会	102	東日本大震災	03
世界最良の自転車都市	244	ひっかけ事故	27
全国自転車道ネットワーク	237	びわいち	157
速度規制	225	袋井市	136
損害賠償金	94	普段使い	165
		ヘルメット	130
た		防災自転車	165
大規模自転車道	172	放置対策	66
滞在型の観光	151	補助幹線ルート	142
ターゲットに応じた自転車の利用	153	歩道	18
代替手段	115	歩道原則	37
短時間駐輪	68	歩道上の事故	24
地域貢献活動	110	歩道通行の原則	35
ちばチャリ・すいすいプラン	218		
注意喚起サイン	50		
駐車禁止	225		

ま
前出し停止線 …………………………………… 227
マナー ……………………………………………… 97

や
唯一の主要交通手段 …………………………… 250
有効期限 ………………………………………… 107

ら
らいふ・ウォーカー …………………………… 137
ライフステージ ………………………………… 135
リブ付き区画線 …………………………………… 57
料金の格差 ………………………………………… 83
利用頻度 ………………………………………… 117
利用目的別施策 ………………………………… 191
輪行 ……………………………………………… 151
レンタサイクル ………………………………… 148
路上駐輪施設 ……………………………………… 78
ロハス LOHAS ………………………………… 140
ロンドン自転車革命 …………………………… 249
ロンドン自転車戦略 …………………………… 248

わ
脇道の交差点 ……………………………………… 19

古倉宗治（こくら　むねはる）

1950 年生まれ。

1974 年東京大学卒業。建設省、東京工業大学助教授、㈶民間都市開発推進機構都市研究センター、㈶土地総合研究所等を経て、2008 年から㈱住信基礎研究所（現在、㈱三井住友トラスト基礎研究所）研究理事。

京都大学大学院講師（公共政策大学院及び法科大学院）、麗澤大学経済学部客員教授その他の講師。国土交通省・警察庁「安全で快適な自転車利用環境の創出に向けた検討委員会」、警察庁「自転車の交通ルールの徹底方策に関する懇談会」、国土交通省「都市交通としての自転車利活用推進研究会」、環境省等の国の委員会や、奈良県、鳥取県、川崎市、宇都宮市、姫路市、立川市、浦安市、茅ヶ崎市、上尾市等の地方公共団体の自転車関係の委員会に参加。博士（工学）、学位論文「自転車の安全・快適・迅速な走行空間の確保及び利用促進のためのソフト面の施策に関する研究」（東京大学大学院工学系研究科、2004 年 12 月）。

実践する自転車まちづくり
〜役立つ具体策〜

2014 年 8 月 1 日　初版第 1 刷発行

著　　者	古倉宗治
発 行 者	京極迪宏
発 行 所	株式会社 学芸出版社
	京都市下京区木津屋橋通西洞院東入
	電話 075-343-0811　〒600-8216
印　　刷	イチダ写真製版
製　　本	山崎紙工
装　　丁	上野かおる
編集協力	村角洋一デザイン事務所

© Muneharu Kokura 2014　　　　　　　　　Printed in Japan
ISBN 978-4-7615-3212-3

〈㈳出版者著作権管理機構委託出版物〉
本書の無断複写（電子化を含む）は著作権法上での例外を除き禁じられています。複写される場合は、そのつど事前に、㈳出版者著作権管理機構（電話 03-3513-6969、FAX 03-3513-6979、e-mail: info@jcopy.or.jp）の許諾を得てください。
また本書を代行業者等の第三者に依頼してスキャンやデジタル化することは、たとえ個人や家庭内での利用でも著作権法違反です。

成功する自転車まちづくり
政策と計画のポイント

古倉宗治 著

A5判・256頁・定価 本体2800円＋税

はじめに

序章　あのアメリカが自転車利用促進に500億円もつぎ込む理由

第1章　自転車利用のメリット

1　環境にも家計にもやさしい
自家用車よりも便利で安い/自転車は、移動手段中、車体重量が一番軽い/自家用車は環境負荷が大きい/他の交通手段との比較

2　公共交通との役割分担もできる
ヨーロッパにみる自転車と公共交通との関係/自転車との競合ではなく自家用車との競合を問題視すべし/自転車のメリットを発揮できる距離/徒歩・自転車の分担のあり方/近距離での自転車と他の交通手段との分担/自転車との連携で公共交通の客を増やせる

3　自転車は生活習慣病の予防につながる
生活習慣病の医療費と死亡原因/生活習慣病に対する自転車活用の効果/他の運動と比べた場合の自転車こぎのメリット

4　ライフスタイルも豊かにでき、子供の発達にもよい

5　主体別にみた自転車利用のメリットとその訴え方
主体別・項目別にみた自転車利用のメリット/自転車計画等でのメリットの位置付け方

第2章　自転車の用途別施策

1　促進方策は利用目的別に考えること
自転車の利用目的/利用目的別の施策が必要/自転車の用途別の有効な利用促進施策/まず促進したい利用目的と、それに即した方策を考えよ

2　自転車による通勤 〜企業と従業員の経費節減
自転車通勤のメリット/就業者の通勤の実態/企業の自転車通勤に対する態度/自転車通勤の有効な促進策/自転車通勤の推進に対する具体的な取り組み

3　自転車による買物 〜自転車客こそ良いお客
買物に行くのは車、自転車、徒歩？/自転車による買物のメリット/「車で来る客こそ良客」ではない/自転車による買物の有効な奨励策/自転車による買物の奨励策の方向および実例

4 自転車による通学 〜健康と環境教育の切り札
　　自転車通学の状況/自転車通学のメリット/自転車通学の有効な推進策/自転車通学等の推進による子供の環境教育の意義

5 自転車による回遊・レクリエーション 〜地域活性化
　　4275kmにおよぶわが国の大規模自転車道/自転車による回遊レクリエーションのメリット/回遊レクリエーション利用の有効な推進策/自転車利用の奨励方策の実

6 その他の自転車利用用途
　　日常利用/業務利用

第3章　自転車の空間別施策

1 専用空間の確保のみにこだわっている日本の取り組み
　　自転車専用空間の確保がベター/歩行者にも自転車にも危ない歩道通行/世界の自転車先進国は車と自転車の共用空間が主流/ネットワークの重要性

2 自転車と車の共用空間への施策
　　車との共用空間はそれほど危険か/車道に自転車の走行空間は十分にある

3 自転車専用走行空間確保への施策
　　専用空間を確保する方策/自転車専用レーン(自転車専用通行帯)が切り札

4 自転車の駐輪空間
　　自転車利用を促進する駐輪場/駅前の需要と供給の総合バランスのとり方/駐輪空間の提供責任は誰にあるか/総合的な駐輪空間の需給の取り方/自治体の負担軽減

5 所有自転車およびレンタサイクル
　　日本は自転車使い捨ての時代/レンタサイクルの導入は利用者の意向をよく把握して/大きなメリットを持つコミュニティサイクル〜利用用途と利用範囲のコンセプトを明確に/企業向けのレンタサイクルの可能性〜ちがさき方式レンタサイクル

6 自転車の走行空間の情報提供の方法
　　自転車地図の現状/地図による安全性の情報提供/地図とセットでの自転車マニュアルの提供/安全性の自己チェックの方法

第4章　自転車の課題別施策

1 自転車の放置の課題 〜駅前駐輪需要の軽減施策
　　自転車放置とその対策の状況/自転車利用促進を柱とした駅前自転車放置対策

2 自転車の安全の課題 〜安全性の向上施策
　　自転車利用が増えたら事故率は減る/自転車利用促進に参入後は事故が減っている

3 ルール・マナーの課題 〜レベルアップのための施策
　　自転車利用促進とルール、マナー/自転車がルール、マナーを守れるような環境整備/原則の車道通行によるルール、マナーの実際的な体得/即効性のある対策

4 その他の課題
　　雨に弱いという課題〜雨に強くなる対策/自転車の盗難に関する課題〜盗難防止の対策

第5章　わが国の自転車政策および自転車計画とその策定の方法

1 進んでいる世界の自転車政策と日本への応用の可能性
　　〜アメリカ、オランダ、ドイツなど
　　先進国の自転車政策の推移/国が策定を進めている自転車計画/先進国の自転車政策や自転車計画から学ぶ三つの重要な点自

2 わが国のこれまでの自転車政策
　　わが国のまちづくりの変遷と自転車/まだまだ拡大の余地があるわが国の自転車利用/わが国の自転車政策の推移/自転車専用空間の整備を進める通行環境整備モデル地区(2008)

3 自治体の自転車施策の状況と自転車計画の課題
　　アンケートにみる自治体の施策の状況/国の自転車政策・自転車計画の課題〜「自転車先進都市」(2001〜2004)/わが国の自転車計画の問題点のまとめ

4 自転車計画のあるべき姿
　　わが国の取り組むべき項目/目標設定/目標達成のための計画・施策の組み立て方/国と地方との役割分担/交通基本法のあり方

終章　今後の自転車政策の方向

注・参考文献
索引
おわりに

【好評既刊書】

○自転車コミュニティビジネス　エコに楽しく地域を変える

近藤隆二郎 編著　五環生活、輪の国びわ湖推進協議会 著

四六判・184 頁・定価 1900 円＋税

空前の自転車ブームを受けて新しい自転車ビジネスが次々におこり、地域を変え始めている。「自転車の移動力を活かす」「自転車の楽しみ方を提案する」「よりよい自転車社会をデザインする」の切り口で、多彩に展開する全国の自転車ビジネスの現状と可能性を一挙紹介。「自転車をもっと活かしたい」アナタのための初のガイド。

○〈改訂版〉まちづくりのための交通戦略　パッケージ・アプローチのすすめ

山中英生・小谷通泰・新田保次 著

B5 変判・192 頁・定価 3800 円＋税

低炭素化、高齢社会への対応のため、歩いて暮らせるまち、人と環境に優しい交通への転換が始まった。成功のためには、明確な目的とビジョンをもった「戦略」が必要であり、目的達成の決め手は様々な手法を絡めるパッケージ・アプローチによる自治体の取り組みにある。世界で急展開する交通施策の理論・手法と先進事例を紹介。

○フライブルクのまちづくり　ソーシャル・エコロジー住宅地ヴォーバン

村上 敦 著

A5 判・256 頁・定価 2600 円＋税

徹底した省エネと自然エネルギーの利用で、通常の住宅地に比べ、エネルギー消費を半減、二酸化炭素排出を 7 割削減。さらに画期的なマイカー抑制策で、自動車所有者が自転車所有者の 10 分の 1 という車のないまちを実現。環境先進国ドイツで最も野心的なサステイナブルコミュニティを住民主導で成功に導いた軌跡に迫る。

○コミュニティ交通のつくりかた　現場が教える成功のしくみ

森栗茂一 編著　猪井博登・野木秀康 ほか 著

四六判・208 頁・定価 1800 円＋税

地域づくり・まちづくりの基礎に交通がある。議論の場づくり、役割分担、工程表と評価、フィードバック手法などを、大都市郊外・地方都市・過疎化地域の事例から紹介。あわせて交通 NPO のネットワーク活動も語った。住民、事業者、行政が、どんな取り組みをし活性化できたのか？　夢を育み地域を躍動させる姿を当事者が語る。

○子どもが道草できるまちづくり　通学路の交通問題を考える

仙田 満・上岡直見 編

四六判・224 頁・定価 2000 円＋税

交通事故、大気汚染、肥満、自立への悪影響。クルマ社会は子どもを危険にさらしている。クルマ優先が前提の従来の対策・教育では根本的な解決に繋がらない。安心な通学路、子どもの遊び空間を取り戻すことで、子どももまちも豊かに育つ。人間優先社会に転換する具体的な政策・事例も交え、通学環境と子どもの安全を問い直す。

○元気なローカル線のつくりかた

堀内重人 著

四六判・216 頁・定価 2000 円＋税

長く苦しい状況にある地方の鉄道。しかし近年、新しい経営手法とサービス改善の努力で経営の危機から再生した路線が現れ始めた。公募社長によるユニークな改革、上下分離経営や子会社化による経営改善など、全国の事例から鉄道存続には何が必要かを考える。